本项目受中国王力集团资助

本书是国家社科基金重大项目"我国质量安全评价与网络预警方法研究"（批准号：11&ZD158）的成果

中国质量发展观测系列报告

2013年中国质量发展观测报告

微观的产品质量驱动中国宏观经济增长质量提升

程 虹 李丹丹 罗连发 著

QUALITY OBSERVATION REPORT

中国社会科学出版社

图书在版编目（CIP）数据

2013 年中国质量发展观测报告：微观的产品质量驱动中国宏观经济增长质量提升／
程虹等著 . —北京：中国社会科学出版社，2014.5
ISBN 978 - 7 - 5161 - 4663 - 7

Ⅰ.①2… Ⅱ.①程… Ⅲ.①质量管理—调查报告—中国—2013 Ⅳ.①F279.23

中国版本图书馆 CIP 数据核字（2014）第 186134 号

出 版 人 赵剑英
选题策划 田 文
责任编辑 徐 申
特约编辑 曹 纯
责任校对 李 莉
责任印制 李 建

出 版 中国社会科学出版社
社 址 北京鼓楼西大街甲 158 号（邮编 100720）
网 址 http://www.csspw.cn
中文域名：中国社科网 010 - 64070619
发 行 部 010 - 84083685
门 市 部 010 - 84029450
经 销 新华书店及其他书店

印 刷 北京市大兴区新魏印刷厂
装 订 廊坊市广阳区广增装订厂
版 次 2014 年 5 月第 1 版
印 次 2014 年 5 月第 1 次印刷

开 本 880×1230 1/16
印 张 18.5
插 页 2
字 数 415 千字
定 价 88.00 元

寻找经济增长新动力(代序)

我国经济已经从10%的高速增长转变为6%—8%中高速增长的新阶段,而人均收入水平在联合国统计的187个国家和地区中仍排名第101位。经济增长的任务十分紧迫,而传统的增长动力却在不断地衰减。寻找经济增长的新动力,就成为我国实践和理论的重大命题,也成为2013年中国质量观测调查的基本目标。

武汉大学质量院通过2013年的质量观测调查,以详实的大数据证明,微观的产品(服务、工程等)质量决定了宏观的经济增长质量。我国宏观经济增长质量所要实现的4个目标,包括GDP的持续稳定增长、结构的优化、资源产出效率的提高和社会福利的改善,从根本上都取决于微观产品质量的不断提高。

微观产品质量决定宏观经济增长质量,质量是我国未来经济增长的新动力。2013年的调查较之于2012年在样本数量、区域选择和问题类型上都有新的增加和调整,同时又遭遇罕见的酷暑。面对巨大的压力,由武汉大学质量院的老师和近300名学生共同组成的调查团队,依然充满了高质量的成就感和幸福感。因为,我们共同收获了对中国经济增长新动力的新发现。

这一新发现的主要成果——"珞珈质量指数",一经发布,就得到了新华网、人民网、搜狐网和新浪网等新媒体的广泛传播,央广经济频道作为专题节目进行现场直播。很多决策部门和有关省市政府也高度重视这一调查数据,并基于数据的主要成果提出具体的应用方案。

社会对质量观测调查数据和主要结论的强烈反响,并没有出乎武汉大学质量院研究者的意料,因为武汉大学质量院长期的理论研究证明,无论是政府还是企业,要推动经济的增长,都必须以质量为基本动力。作为本次质量观测调查的主要支持者——中国王力集团,已经用生动的实践证明,正是因为坚持"质量永远是生命"的企业发展战略,才能够在短短的十余年间,成为中国门业的领军者、持续发展的领跑者、质量创新的领导者。

2012年观测报告的序言提出我们的愿景:做中国质量的建设者。《2013年中国质量发展观测报告》就是这一愿景的行动,那就是将质量的学术研究和问题分析,与进入新常态的中国经济增长紧紧地结合在一起,通过武汉大学质量院和湖北省宏观质量管理协同创新中心的研究,使质量这一我国经济增长的新动力更为强劲!

武汉大学质量院院长、湖北省宏观质量管理协同创新中心主任

2014年5月于樱顶

目　录

第三篇　年度质量总体指数与关键指标统计结果

第四篇　统计结果的结构分析与年度对比

第五篇　一般性结论与政策启示

附　　录

微观的产品质量影响下的宏观经济增长质量

——2013 年质量观测报告总论

武汉大学质量发展战略研究院 2013 年的质量观测在全国 29 个省区 92 个城市展开,对 6217 个消费者进行了调查,调查的内容涵盖了产品、服务、工程和环境等方面。产品、服务、工程等构成一、二、三产业发展内容的质量是具体而微观的,因而本报告将产品、服务、工程和环境等领域的质量界定为微观的质量(以下简称"微观的产品质量")。经济增长质量的关键指标如经济总量的增长、经济结构的优化、投入产出效率的提升、市场制度的完善、社会福利的改善等方面具有宏观特征,因而在本报告中将这些方面界定为宏观经济增长质量。按照质量强国理论以及微观的产品质量决定宏观的经济增长质量的理论,微观的产品质量"在推动国家强大的各类要素中具有不可替代的作用"[1],同时微观的产品质量是决定经济增长质量的核心要素[2]。基于调查数据的分析表明,微观的产品质量的年度变化与宏观的经济增长质量的关键性评价指标之间具有高度正相关性,进一步验证了微观的产品质量决定宏观经济增长质量的理论。以下分别围绕着 GDP 的增长、经济的健康性、产业结构变动、消费增长、社会福利水平、产品国际竞争能力、市场化动力、环境质量、投入产出效率等方面来具体地论证微观的产品质量与宏观经济增长质量之间的数量关系,并对 2014 年在微观的产品质量影响下的经济增长质量变动趋势进行预测。

一 微观的产品质量变动显著地影响我国 GDP 的增长

衡量一国财富最核心的指标就是国内生产总值(GDP),即一个地区在一定时期内所生产的所有产品和服务的市场价值总和。因而经济增长的质量,离不开构成经济一、二、三产业的产品(服务、工程等)微观领域的质量,作为经济增长质量最为重要的一个方面就是要使 GDP 稳定可持续增长。数据分析表明,微观的产品(服务、工程)质量显著地影响了我国的经济增长。2013 年我国的总体质量安全指数为 66.52 分,与上年度基本持平,质量满意指数为 64.51 分,较上一年增长了 2.49 分,增长率为 4.01%。表明我国的质量安全性进入一个上升周期,质量的底线有了较为稳固的基础,质量的满意度取得了较大进步。在质量满意的四个领域中,有三个领域取得了较大增长,服务、工程和环境分别较上一年度增长了 3.79、4.9 和 3.03 个百分点,产品的质量虽然总体上有所下降,但在家用电器、日用消费品等主要领域也出现了一定增

---

〔1〕 程虹、陈昕洲、罗连发:《质量强国战略若干重大问题研究》,《宏观质量研究》2013 年第 3 期,第 2 页。
〔2〕 程虹、李丹丹:《一个关于宏观经济增长质量的一般理论——基于微观产品质量的解释》,《武汉大学学报(哲学社会科学版)》2014 年第 3 期,第 147 页。

长。微观的产品质量进步是我国经济能够在较大的下行压力下仍然保持平稳增长的根本基础。相关性分析表明,我国区域的质量安全与质量满意指数,同区域经济 GDP 增长率之间具有正相关关系,其相关系数分别为 0.116 和 0.178。此外,我国的货物出口总量达到了 2.2 万亿美元,增长了 7.9%,[1]继续保持了世界第一出口大国的地位。区域的年度质量发展与区域年度经济增长情况相一致,在质量发展方面 2013 年总体质量排名第一位的是天津,其总指数为 69.02 分,质量安全指数为 70.07 分,质量满意指数为 70.00 分,质量公共服务指数为 67.02 分,均排在所有省区的第一名,仅有公民质量素质排在第六名。在宏观经济增长领域我国 2013 年省级人均 GDP 排名第一的是天津,其人均 GDP 为 10.16 万元,从 2011 年开始连续三年成为处于全国省级人均 GDP 第一的位置。以上事实表明,微观质量与总体的宏观经济增长之间有着密切的相关性,质量的改善是我国经济增长的根本基础,经济总量的可持续性增长离不开微观质量的提升。

二　质量安全的稳定性决定我国经济增长的健康性

经济增长的健康性就是要使得经济总体增长较平稳,实现这一目标的前提就是要让市场既没有短缺,也没有大范围的生产过剩,使得市场供需基本均衡。质量安全的产品能够保证产品达到基本的健康环保标准,从而能够满足社会大多数人最基本的需求,保证了市场的基本均衡。如果大量产品是不安全的,那么一方面会导致安全产品的短缺,另一方面出现不安全产品的大量过剩。我国产品质量的总体安全性决定了经济增长的健康性。我国的质量安全评价已经达到了 66.52 分,高于质量满意评价 2.01 分,与 2012 年的安全指数基本持平。这表明,我国的质量安全已经处于一个较为稳定的上升周期,虽然质量安全问题在一定范围内存在,但质量安全问题已经不是我国质量治理的主要问题,影响总体质量水平提升是消费者体验性的质量满意问题。质量安全既保障了我国产品的底线也保障了我国经济发展的底线,我国经济之所以能够在外需增长乏力以及政府刺激性政策退出的条件下,仍然取得了 GDP 7.7%,货物出口 7.9% 的增长速度,并且在趋势上呈现"总体向好"的健康发展态势,取得这一成绩的重要前提就是产品质量的安全性能够得到总体的保障,总体上消费者对于中国产品质量的总体安全性具有信心。2013 年度在拉动经济增长的三个要素中,出口增长低位走稳,总体增长率为 7.9%,投资增长波动较大,只有国内消费需求基本保持了较为平稳的增长,增长率在 10% ~12% 之间,[2]是支撑经济总体平衡较快增长最为重要的动力。产品、服务等微观领域的质量水平是我国国内消费平稳增长的重要前提,从而是保障我国经济增长质量总体健康的决定性要素。

三　服务质量的进步促进了我国产业结构的高度化

经济增长质量在结构上的表现是要使得产业结构高度化,即第三产业在经济中的

---

〔1〕　国家统计局:《中华人民共和国 2013 年国民经济和社会发展统计公报》。
〔2〕　张立群:《2013-2014 年经济形势分析与展望》,《经济学动态》2014 年第 1 期。

比重不断上升。服务业的发展更加注重消费者的体验性,只有质量的不断提升才能拉动其需求的不断增长,因而质量对于驱动产业结构的变动起着基础性的作用。数据分析表明,服务质量的进步促进了我国第三产业的发展,进而促进了我国经济结构的优化。在2013年调查的产品、服务、工程和环境质量中,我国服务质量满意度较上一年增长了3.79%,其相对位次也从第二位变成了第一位。服务业中的互联网、医疗、公交、物业等产业均有了大幅上升,分别增长了4.51分、4.01分、5.09分和2.32分,服务业质量的整体水平有了较大程度的提升,并且在医疗、物业等短板领域取得了较大突破。我国服务业的满意度增长明显与我国服务业的实际增长状况高度吻合,2013年我国的第三产业增加值增长率为8.3%,占GDP的比重为46.1%,首次超过了第二产业的比重,超过了2.2个百分点,成为我国三次产业中第一大产业,年度增长率也超过了第二产业0.5个百分点。在我国的对外贸易中,服务业出口增长10.6%,高出货物出口的增长率2.7个百分点。服务业的PMI指数在整个2013年的12个月均超过了制造业的PMI,增长态势明显好于制造业,其最低点为53.9,最高点为56.3,而制造业的PMI最低为50.1,接近了荣枯分水线,最高点为51.4,[1]服务业与制造业在PMI上这种差异性表现是2008年以来首次出现的状况。经济结构高度化的一个重要表现是第三产业比重的不断上升,质量观测的数据分析表明质量的大幅提升,为消费者提供了更好的用户体验,刺激了消费者对于服务的新的消费需求增长,从而促进我国经济结构的高度化。

四 产品质量的波动显著影响了GDP增长的稳定性

产品质量满意水平直接影响了消费者的消费需求能力,并间接对投资、出口等产生影响,进而带来经济的波动性,我国国内消费和对外出口中主要还是产品,产品质量的波动性是经济总量波动的重要诱致性因素。数据表明,四大领域的质量满意度中产品质量出现了一定的波动性,总体指数为62.08分,较上一年度下降了4.08%,在可回溯比较的10个产品项目中,有5个领域的指数出现了增长,分别是:家用电器、日用消费品、药品、农业生产资料和化妆品;4个出现了下降,分别是:汽车、食品、粮油和乳制品;1个保持不变,是肉制品。国家质检总局公布的数据也显示,2013年产品质量监督抽查合格率为88.9%,较上一年下降了0.9个百分点,两组数据共同说明了我国在产品质量上发展的根基不牢。产品质量满意度水平的下降与实体经济的变化高度一致,2013年净出口贡献率为−4.4%,较上一年下降了2.2个百分点,外贸需求增长乏力。回归分析结果表明,在控制收入等影响消费支出的主要因素以后,产品质量满意度对于消费的拉动效应并不显著,在各个具体的产品项目中仅有日用消费品质量满意度的作用是显著的,其提高1分所能够带来的消费增长为0.83个百分点,服务质量满意度增长1分所能够带来的月消费支出增长为1.17个百分点,这一结果进一步表明,我国的总体质量中服务业的质量状况较好,显著地促进了居民消费的增长,而产品质量整体上其质量发展

[1] 数据来源:新华社中国金融信息网(http://dc.xinhua08.com/17/)。

水平不稳定,没有成为促进消费增长的主要动力。由于产品质量满意性的增长根基不稳固,影响了国内、国外需求的增长,是导致我国整体经济波动的主要原因。虽然服务业在我国经济中的比重已经超过了第二产业,但是产品的出口和国内消费仍然是我国经济增长的重要基础,特别是在出口中我国的货物出口占到了90%以上,是我国贸易顺差的主要来源,稳定的产品质量对于我国经济增长质量仍然不可或缺。若能积极地改善我国产品质量状况,其对消费增长的潜力非常巨大。现有的产品质量总体满意度与70分的"较好"水平还有7.92分的差距,除了家用电器等少数领域以外,主要产品项目的质量满意水平均还没达到"较好"的水平,如能取得与服务业总体的消费支出弹性值,将极大地促进国内消费需求的增长。

五　质量体验的高要求制约了我国潜在消费能力的释放

安全性是质量的底线要求,但是在供给比较充实的前提下,满足了安全性的产品或服务并不一定是消费者需要且愿意购买的,只有在安全性得以满足的同时,能够更好地满足消费者对于产品或服务的体验感,才能真正地拉动消费增长,我国质量发展中消费者对于质量体验高要求与质量满意总体水平不足导致了我国消费水平的释放不足。质量观测数据表明,质量安全评价指数高于质量满意指数,两者的总体差距为1.38分,家用电器、日用消费品、汽车等领域质量安全与质量满意的差值分别为0.93分、1.42分和0.93分,质量满意的区域间变异系数为33.17,质量安全的区域间变动系数为20.67,质量满意的波动性较质量安全的波动性要大。这表明,消费者对于产品性能、个体性化体验满意度等方面的质量需求还没有得到满足,质量的满意度方面发展仍相对滞后,质量发展的这一结构性问题,是导致我国当前消费需求增长不足的根本性原因。据统计,2013年我国社会消费品零售总额较上一年实际增长为13.1%,增长了1个百分点,较2011年回落1.83个百分点,社会消费总体增长较为乏力。在GDP的三大驱动力中,消费的贡献率从2012年的51.8%下降为50%,下降了1.8个百点,而投资的贡献率则由50.4%上升到54.4%,超过了最终消费的贡献率4.4个百分点。虽然我国一直强调通过扩大内需的政策措施来调整经济发展的结构,主要是扩大政府的投资需求、提高居民收入、加大民生保障的投入等,这种以政府为主导的需求刺激政策,在短期内能够促进经济以较高速度增长,但是从长期来看并不利于经济的持续性增长,并可能导致严重的结构性矛盾,如:地方政府债务严重、部分领域的投资过剩、通货膨胀压力增加、民间投资受到挤压等。经济增长不能有效地转移到消费需求的增长上来将导致经济增长结构性矛盾持续存在,而导致这一问题的主要原因就在于我国产品质量在满足消费者更高层次需求方面仍然不足。转变经济增长方式,保持经济稳定快速增长,并不能直接地依靠政府的结构调整行为,而应在微观上改善产品质量,尤其是对于产品更好地满足消费者需求方面进行更为合理的政策设计。

六　产品质量水平影响宏观经济的投入产出效率

经济增长质量在结果上的表现就是要以尽可能少的资源投入,获得尽可能多的产出数量。市场经济环境中,在同样的资源要素投入下,优质的产品能够获得更高的价格,就是使得构成经济的具体的产品和服务能够得到更高的市场价值,因而质量是提高经济投入产出效率的基础性要素。基于微观产品质量的相关性数据表明,我国区域的质量满意度指数与每万元 GDP 的平均能耗值(以吨标准煤计算)之间的相关系数为 -0.1,与每万元 GDP 的用电量之间的相关系数为 -0.08,服务质量满意度与每万元 GDP 能耗值的相关性系数为 -0.19,与每万元 GDP 的用电量之间的相关系数为 -0.18,因此产品质量提升通过获得更高的价格降低了单位 GDP 的能耗以直接地提高了投入产出的效率,而服务质量的提升则一方面提高了经济的总产出水平,另一方面使得资源更多地流向服务业进而使得经济结构中高耗能的产业比重降低。以上数据均表明,一般而言质量水平越高的地区,其单位 GDP 所需要消耗的能源值就越低,证明了产品质量水平可显著地影响经济发展的投入产出效率。

七 质量水平决定了资源在行业与区域间的配置效率

通过竞争机制对资源的优化配置,就是让资源从产出效率较低的行业或区域自由地流向产出效率较高的行业或区域,价格是资源配置的信号,而价格背后更为重要的信号是质量,只有优质才能优价,因而质量水平的高低直接地决定了资源配置的方向,也决定了经济中区域和行业结构的调整。2013 年度,我国的产品质量中,指数最高的仍然是家用电器,为 70.5 分,并且较上一年度有了 1 分的增长。数据显示,2013 年中国家电行业主营业务收入预计将接近 1.3 万亿元,增幅达到 14%—15%;利润总额约为 730 亿元,增幅超过 25%,[1] 家用电器行业竞争从早期的价格竞争转向了质量竞争。品质好、用户体验好的中高端家用电器增长明显,经过激烈的市场竞争,在质量创新能力上较好的优秀企业脱颖而出,如:海尔、格力、美的等。质量评价较高的行业其产业总体增长的速度较快。在区域层面,我国东中西部地区的产品质量满意度指数分别是 63.23 分、62.23 分和 60.90 分,服务质量满意度分别是 66.03 分、64.38 分和 63.51 分,均呈现出依次递减的关系,这与我国经济的区域结构完全一致,这表明资源要素在区域间的流动与区域的质量总体水平是密切相关的,具有更高的质量创新能力的区域才能吸纳更多的资源要素流入,从而获得更高的经济发展水平。结构调整的基础是市场,市场促进经济效率的主要路径就是将资源从产出低的行业或区域自由地转移到产出高的行业或区域,而在当前条件下市场对于资源在行业间、区域间的调整已不再是基于数量的调整,而是基于质量的调整,质量水平的高低直接决定了资源的流动方向。

八 消费者质量意识与能力的不对称影响我国产品国际竞争能力提升

经济增长质量提升的一个重要标志是要使得增长从投资驱动型转向消费驱动型,

---

〔1〕 资料来源:《2013 年家用电器行业运行形势回顾及 2014 年发展展望报告》。

消费的增长既取决于收入的增长,同时很大程度上受到消费者的消费心理与消费行为的影响,或者说受消费者质量综合素质的影响,较高的消费者素质能够引导企业生产高质量的产品,进而提升经济的总体竞争力,而消费者质量素质不高则不利于产品质量水平的提升。在我国消费者质量素质评价中,质量意识、质量行为与质量知识的指数分别为 69.49 分、64.05 分和 62.72 分,质量意识分别超过质量行为能力和质量知识能力 5.45 分和 6.77 分,反映出消费者的质量意识超前,与实现消费者权利的质量行动能力和质量知识能力欠缺的矛盾。转型时期,我国消费者的质量意识超前于质量行动与质量知识的这种特征,对于我国经济发展产生了直接影响,其突出表现是对于国产产品的质量信任度相较于国外产品而言较低,使得我国产品在国际竞争中受阻。2013 年我国的出口增长率为 7.9%,与 2012 年度持平,进口增长了 8.9%,高于出口增长率 1 个百分点,较 2012 年度的进口增长率高出 4.6 个百分点,表现进口增长的态势明显,尤其是在乳制品、汽车、电子产品等方面,消费者仍然相对偏好于国外产品。即使国外产品也同样出现了质量安全问题,消费者依然对国外产品存在着一定的消费惯性。这种对于国内外产品的偏差性认识,主要是由较高的质量意识与具体的质量知识能力缺乏之间的矛盾造成的。公民质量素质发展的结构性问题,是我国产品国际竞争能力提升的一个障碍性因素,也是我国提升经济增长质量极为重要的一个方面。

九 环境质量满意度的提升表明居民对于经济增长的资源环境代价处于可接受范围

生态环境的可持续性是经济增长质量不可或缺的组成部分,但环境质量的满意需要以经济发展为前提。经济增长需要付出一定的资源环境代价,而质量型的增长能够将经济增长的资源环境代价降低到最小。人们在经济增长与环境污染之间做出权衡选择,只要经济增长的结果相对于资源环境的代价带来更高的福利水平,也代表经济增长质量的提升。质量观测调查的数据表明,2013 年我国的四个领域中总体的环境质量指数为 62.13 分,较 2012 年度上升了 3.03 个百分点,空气环境质量满意度从 2012 年的不及格水平上升为 60.97 分,上升了 2.8 个百分点。虽然环境污染的绝对值在上升,特别是全国范围内的霾成为环境治理的一个热点问题,但人们对于空气环境质量的评价的上升表明;相对于经济增长的收益而言,人们对于资源环境的代价处于一个可以容忍的区间。宏观的经济数据显示 2013 年我国 GDP 的单位能耗下降了 3.7%,虽然在能耗的绝对值上与发达国家仍有很大差距,但是能够在保持经济平稳较快增长的同时降低能耗水平,相对地降低污染所带来的福利损失,是经济增长质量提升的内在表现。因此,在微观上环境质量满意的变化实际上体现了经济增长的资源环境代价的降低。

十 政府质量公共服务能力不足反映我国经济增长的市场化动力不足

制度是决定经济增长质量的关键,一个良好的制度设计能够有效地保护产权以及市场主体的自由交易。政府的质量公共服务能力是保障微观的产品质量发展的制度前提,也是现代市场体系的重要建设内容,而质量公共服务能力的不足反映了我国经济增长过程中的市场化动力仍然不足。2013年质量观测的四个维度中,政府质量公共服务是唯一一个未达到及格线的维度,其指数为57.82分,与总体质量指数相差5.92分,是拉低总体质量指数的关键性领域。政府质量公共服务的主要短板在于质量对消费者权益的保护、对质量信息的公开性、对质量投诉的响应性、对假冒伪劣产品的打击力度等方面。质量公共服务的相对滞后性突出地反映了我国整体经济运行中的市场化动力不足,我国从2013年开始推行大范围的经济改革,核心就是要转变政府职能,减少政府对市场的干预。根据《2014年政府工作报告》,2013年我国分批取消和下放了416项行政审批事项,修订政府核准的投资目录,推动工商登记制度改革,变实缴注册为认缴注册制,降低企业进入市场的门槛,全国新注册企业增长27.6%,民间投资比重上升到63%,2014年我国还要取消行政审批200项以上。但就目前而言我国的市场化改革的任务还非常艰巨,据美国传统研究基金的数据,2013年中国经济自由化指数为51.9分,在177个国家中排名第138位,处于"比较压抑"的程度,[1]在市场主体的形成、市场准入的程度、市场中介的发展以及市场制度的建设等方面仍然比较滞后。质量的公共服务能力的不足是我国市场发展动力仍然不足的突出表现。

十一 产品质量水平促进区域社会幸福感的提升

经济增长质量还需要注重人的主观幸福感,而幸福感受到收入、消费、社会保障、环境等多重因素的综合影响,产品(含服务)质量促进了经济总量的增长,同时还有利于提高劳动者报酬的比例,从而促进社会分配的公平性。[2]工程和环境质量的提高可显著改善消费者对其生存环境的满意水平,因此微观的产品质量对于提升幸福感是最为重要的因素。质量观测的数据表明,一个地区的质量指数与其幸福感存在着正相关关系,在中央电视台所发布的2013年幸福感城市前20位名单中,天津、杭州分别排名第5位和第9位,在质量观测调查的所有直辖市、省会、副省级城市中,这两个城市在质量发展指数上也是排名前列,其中在质量安全性指数中天津、杭州排名第1位和第2位,在质量满意指数中天津、杭州分别排名第1位和第3位。由于质量观测调查与幸福感调查的样本存在较大的差异性,两者不具有完全的可比性,但是在前10名的城市中有两个城市的排名具有极大的相似性,表明了质量促进地区的社会福利水平提升这一理论假设可以得到实证数据的验证。

综上,微观的产品质量影响经济增长质量可概括如图0-1所示。

---

[1] 数据来源:"2013 Index of Economic Freedom Country Ranking"(http://www.heritage.org/index).

[2] 程虹、李丹丹:《一个关于宏观经济增长质量的一般理论——基于产品质量的解释》,《武汉大学学报(哲学社会科学版)》2014年第3期,第147页。

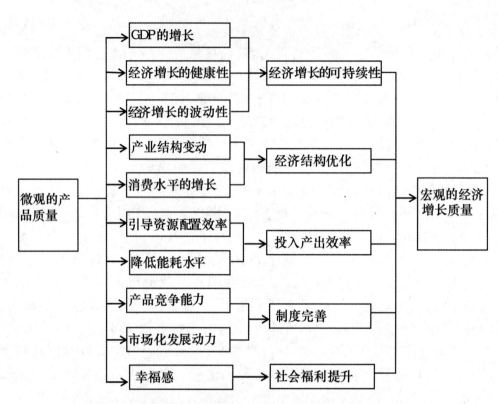

图 0-1　微观的产品质量影响宏观的经济增长质量的机制

第一篇

2013 年质量观测的背景与问卷优化

第一章

本年度宏观质量观测的背景

一 我国当前的经济发展质量面临重大理论挑战

2013 年是我国在增长阶段转换背景下加快经济发展方式转变的关键之年,我国经济领域的 GDP 崇拜开始被解构,中国国内生产总值较去年增长 7.7%,增速与上年持平。2013 年的经济形势从外部看,我国面临增长放缓及全球金融状况收紧的双重挑战,世界经济低速增长态势仍将延续,经济形势依然错综复杂、充满变数,整体来说我国经济仍处于增长中下移过程之中,经济回升基础尚不稳固,主要表现在:一是内生增长动力疲弱,工业企业利润只集中在少数几个行业,PMI 的产成品库存和原材料库存指数均在 50 分界线下方;二是产能过剩行业面广、绝对过剩程度高,调整进程缓慢,企业设备利用率仅为 72%(比 2012 年下降 0.7 个百分点);三是出口竞争力有所下降,国际市场份额缩减,继续延续自 2011 年起我国贸易占全球贸易的比重低于 GDP 占全球比重的态势。在这种现实情况下,既要实现稳增长、保就业,又要防通胀、控风险,还要提质增效、治理环境,经济政策的平衡点确实很难选取。由于经济禀赋和创新能力的不足,目前许多地方政府仍然不得不依靠要素投入这一传统的经济发展模式,如何真正做到"以提高经济增长质量和效益为中心"的发展目标、拒绝"有水分的增长",仍然缺乏明确的操作路径。我国的经济发展,正面临改革开放以来最大的挑战与机遇,传统的依靠资源消耗驱动经济发展的模式,已经难以为继。党的十八届三中全会、2013 年中央经济工作会议等重要会议中,都一再强调提高经济发展质量的发展观。在效率提高的源泉正在枯竭和消失的现实背景下,单靠结构调整的改变来提高效率是有尽头的(吴敬琏,2013)。改革是最大的红利,在改革的大背景下,驱动我国未来经济持续发展最重要的核心要素是什么?经济发展质量不是一个单纯的宏观问题,它是微观主体具体运行状况的加总。这就需要从实际问题出发,基于来自于微观主体——消费者和企业的质量观测数据,找出影响我国经济发展质量的关键原因,进而提炼出驱动我国经济提质增效的核心要素。

二 经济增长质量提升亟须建立起相应的微观基础

我国的经济发展方式转变一直强调政府的宏观调控与结构调整,这种政策在短期内取得了保持经济增长速度、稳定就业的政策目标,但是随着经济的结构性矛盾日益突出,结构调整本身对于经济增长的边际效应已经越来越低,整个 2013 年我国经济增长的最大风险就是"经济增长的下行压力"。如何找到新的驱动经济增长的点,实现高质量的增长是目前国家一直强调但却一直没有得到有效解决的现实问题。从经济增长的实践来看,目前能够保持经济稳定性增长的国家,如德国、瑞士,其成功的主要经验就在于能够将经济增长质量的基础建立在微观的质量基础之上,所有的宏观调控与结构调整行为都是建立在提升微观的产品质量基础之上。德国之所以在整个欧洲金融危机的背景下,还能保证经济的稳定和持续发展,其"稳定器"就是德国在电子、汽车、机械、化学等传统领域,拥有 1130 个"隐形冠军"。这些企业以其积累上百年的质量信誉占领全球市场,无论经济怎么波动,都能够拥有强劲的需求,使得这些产业保持了持续的竞争能力和高价格。同样地,瑞士多少年来除金融业外,一直都专注于食品、纺织面料、机械加工、手表、精密仪器制造等这些所谓的传统产业,进而支撑该国人均收入持续增加。德国和瑞士的经验一再证明,世界上没有什么传统产业,只有质量落后的产业,即使是最传统的食品产业,只要质量好、质量安全能得到保障,都会有好的发展。在全球化的条件下,产品的过剩是一种必然。在买方市场的约束下,企业的需求能够得到实现的根本原因,除了技术创新这些因素外,最重要的是其在同行业中质量水平的高低。随着信息技术的发展,产品的同质化越来越明显,在同质化的产品中,质量是最重要的稀缺资源。苹果公司所进入的手机领域,可以说是一个非常传统的领域,供应也大大的过剩,但就因为苹果追求每一个细节的卓越品质,尤其是坚持质量的创新,创造了 iPhone 手机的惊人业绩。说到底,技术、人才和管理等创新要素的最终表现,都是具体的微观产品质量。要促进宏观经济的可持续增长,必须要激发微观质量(具体产品或服务的质量)水平的提高。因而,依托质量观测的实证数据,验证微观质量与宏观经济增长质量之间的内在关系,这对于切实发挥质量在经济社会发展中的基础作用具有重要的意义。

三　质量治理需要来自于消费者的连续性数据积累

武汉大学质量发展战略研究院于 2012 年,首次在全国进行了宏观质量观测调查,并向社会发布了宏观质量观测的调查成果。通过调查,得出了我国质量发展稳中有进、质量安全状况总体平稳、质量软环境问题突出等现状,以及首次基于调查数据提出了我国"大国质量"、"转型质量"和"二元质量"的总体特征,这些基于消费者调查而得出的结论不仅得到了社会的广泛认可,被大量媒体引用和报道,认为基于消费者的质量观测调查是科学和客观的。该调查结果,还纠正了此前对于我国质量状况,尤其是食品、药品等敏感领域的不客观、不理性的看法,人们只是对于这些领域的质量安全风险评价较高,但实际满意度都在及格线以上。同时,以质量观测调查数据进行的相关研究,得到国际同行的高度认可。包括德国、美国、新加坡、中国香港等国家和地区在内的多位专家均认为,基于消费者的宏观质量观测是质量评价方法的重要创新。这些事实表明,我国的质量发展中存在的问题并不是我国缺乏理性的消费者,而是缺乏科学合理的质量评价方法,我国迫切地需要在一个科学的框架内基于消费者来获得质量评价数据。基于消费者调查的方式获得质量评价数据,符合了我国经济社会发展的需要,其在科学性上得到了实践的检验。依靠质量观测调查数据进行质量现状的挖掘、宏观质量决策的研究,成为质量研究实证方法的一个重要应用,为我国质量政策的有效性提供了第一手资料。因而,坚持并不断发展基于消费者的宏观质量观测调查,建立我国质量发展历史进程的"数据库",可以定量地得出我国质量的进步状况,为政府和企业的质量决策提供支撑。

四　数据的可比性要求调查问题和调查区域进一步优化

2012年全国宏观质量观测调查虽然取得了很好的反响,但由于本次调查是第一次实地开展,在实施的过程中不管是调查问卷的设计,还是调查样本的选取等方面不可避免地存在一定的问题,为使宏观质量观测调查更具科学性以及更加贴近实际,需要进一步改进和完善。相比2012年,2013年质量观测重点改进的地方,有如下两个方面:

第一,为了年度的可比较和总体质量指数的需要,对问卷内容进行了修改。对于2012年的调查问卷来说,仅有"质量满意"这一维度下面的调查问题是可以量化的,而其他三个维度(质量安全、质量公共服务和公民质量素质)主要是以百分比形式呈现,无法得出具体的分值,从而无法得到一个地区的总体质量指数。也正是由于这一原因,2012年的调查数据无法形成对一个地区的宏观质量状况进行结构化分析,也难以在整体上对区域之间的质量状况进行比较。因此,为了能够通过加总得出区域总体质量指数,以及实现调查问题的年度可比较,2013年的质量观测进一步优化了问卷的结构,在保持原有的四大维度的前提下,简化了观测问题的设置,最终在质量安全、质量满意、质量公共服务、公民质量素质四个维度内,一共设置了100个调查问题,并通过专家打分的方法对四个板块进行了权重设置。将所有的调查问题实行1—10分的打分制,程度最低指数为1分,依次增长,程度最高的指数为10分,这样不同的维度之间就具有可比性。同时也简化了区域指数的计算过程,所有的项目、板块以及总得分均可转化为百分制得分,拓展了宏观质量观测数据的适用范围。这样就实现了基于100个调查问题的数据,就可以形成各个维度和总体质量指数,便于进行年度的比较分析。

第二,为了区域的可比较,对调查区域进行了优化。2012年的质量观测是将全国作为一个整体的统计对象,其调查区域覆盖48个地区,总体上符合了全国抽样的样本要求,但所调查的省或自治区并不是完整的统计对象。也就是说,2012年的观测可以得出全国的总体状况,却无法实现省域之间、不同城市之间的区域对比。为了弥补这个短板,在地区的抽样方案上,2013年的质量观测进行了重新的规划和设计:在保持2012年重要观测区域的前提下,首先是对全国各省(含自治区)按其人口规模进行了统一的抽样设计,使其下面的抽样城市能够反映出该省(含自治区)的总体情况,进而得出该省(含自治区)的区域质量指数;其次,将所有的省会城市和副省级城市纳入到调查范围,并将他们作为具有统计意义的对象,也就是同样地按其人口规模对这些城市进行统一的抽样设计,进而可以得出该城市的区域质量指数。基于以上的抽样设计,就可以得出不同省(含自治区)、不同城市(含直辖市、副省级城市、省会城市)的总体质量状况,实现对同一类型的区域进行对比分析的目的。

第二章

本年度质量观测问卷的优化

一　本年度问卷的调查内容优化

2013 年的宏观质量观测问卷设计,在 2012 年问卷的基础上进行了一定的补充与修改,根据已有的文献研究以及中国质量发展的国情,对中国宏观质量进行观测的模型如图 2-1 所示,质量发展的绩效与质量发展的制度环境是两个基本维度,其中质量的绩效用质量满意与质量安全两个维度来度量,质量发展的制度包含正式制度与非正式制度两个方面。2013 年的问卷沿袭了 2012 年的观测模型,在具体内容设计时,则围绕着质量安全、质量满意、质量公共服务、公民质量素质四个维度来展开。[1] 这四个维度的含义分别是:

●质量安全是指消费者对于区域质量安全、质量风险和质量伤害整体情况的评价。

●质量满意度是指消费者的质量需求或期望被满足的程度。

●质量公共服务是指政府对于社会所提供的安全监管以及促进质量水平提供的服务的总和。

●公民质量素质是指消费者对于质量知识的掌握和了解程度、质量道德和文化水平,以及质量维权能力和意识等方面的素质。

评价一个区域的质量状况,首先应当考察该区域的产品、服务、工程和环境的质量安全,以及消费者对质量的满意度;其次,该区域的质量状况在很大程度上取决于需求的能力,也就是一个区域公民的质量素质;最后,质量的公共规制和公共服务,也是区域

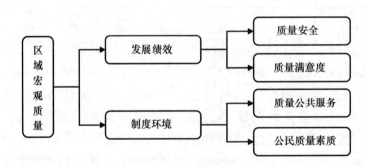

图 2-1　宏观质量观测模型

---

[1]　对于该模型的具体讨论可参考:Cheng Hong, Li Dandan, Luo Lianfa. 2013. The Chinese Perception of Quality:Model building and analysis based on consumers' perception. *Journal of Chinese Management*。

质量发展水平的重要因素。这四个维度有内在的逻辑性,共同构成了一个面向消费者进行区域质量状况的评价体系。

调查问卷围绕着质量满意、质量安全、政府质量公共服务与公民质量素质四个方面进行了具体的指标设计。2013 年的调查方案在原有的问卷基础上进一步进行了结构优化:首先,去除了部分适用范围较小,回答率较低的题目,提高问卷的可适用性;其次,借鉴已有的评价模型,对质量公共服务、公民质量素质等方面进行更为优化的设计;再次,将质量安全与质量满意放在一起调查,由于安全性是质量的底线要求,即产品不对人造成生理的伤害,从逻辑上看,安全性不合格的产品其质量的总体水平不可能是合格的,若将安全性与满意度分开调查,在调查实践中有可能会出现安全性不合格,而满意度合格的不一致的情况,为了规避这一问题,新的调查方案在所有涉及安全性调查的选项中,先问安全性,再问满意度。如果安全性得分为 6 分以上,则进行满意度的评价,若安全指数低于 6 分,则满意度指数计为 3 分。

如表 2-1 所示的 2013 年质量观测问卷的内容结构,可以看到区域总体质量指数的测评包括质量安全、质量满意度、质量公共服务和公民质量素质四个维度。　关于每个维度的调查内容,具体介绍如下:

维度一"质量安全"的评价,依照吃、穿、住、用、行中涉及质量安全性的原则,确定分为总体质量伤害、产品、服务、工程、环境五个观测领域。根据与消费者日常生活紧密相关程度,选择调查行业并确定具体的调查内容。

维度二"质量满意度"的测评,沿用了 2012 年的调查方案,调查内容包含了产品、服务、工程、环境四个观测领域。

维度三"质量公共服务"的测评,根据 SERVQUAL 模型的五个维度适用于政府服务质量的评价,即"有形性、可靠性、反应性、保证性、关怀性"。据此可以得出,质量公共服务的调查内容包括:总体形象、质量投入、质量预警、质量信息提供、质量教育与救济五个方面。同时,基于 Gronroos 的服务质量模型,将政府服务质量分解服务过程质量和服务结果质量。以上的五个方面并没有对"服务结果"进行评价,在此需要加入对公共服务质量的结果——消费环境的好坏进行评价。因此,该维度的调查内容包括如下六个方面:总体形象、质量投入、质量预警、质量信息提供、质量教育与救济、消费环境。

维度四"公民质量素质"的测评,公民素质是指公民作为社会政治活动的主体,为参与政治和社会公共生活所应具备的价值理念、道德伦理和行为能力。在此,将公民质量素质的观测维度分为:质量意识、质量知识和质量行动三个方面。

表 2-1　2013 年质量观测问卷内容结构

观测维度	观测领域/结构变量	观测指标/具体调查内容
质量安全	产品	对产品、服务、工程和环境四大领域分别进行安全性和满意度的总体调查,并针对具体行业进行专项调查,具体内容如下: 产品包括食品、粮食、油、肉、乳制品、家用电器、药品、电脑、日用消费品、化妆品、儿童用品、服装、电梯、农业生产资料; 服务包括教育、医疗、公共交通、物业、通讯、金融; 工程包括自住建筑、道路、公共建筑; 环境包括水、空气、植被、声、土壤
质量安全	服务	
质量安全	工程	
质量安全	环境	
质量满意度	产品	
质量满意度	服务	
质量满意度	工程	
质量满意度	环境	
区域总体质量指数 质量公共服务	总体形象	政府质量安全监管的有效性
	总体形象	对政府质量监管的信任度
	质量投入	质量投入
	质量投入	打击假冒伪劣
	质量投入	质量诚信建设
	质量投入	质量投诉的响应速度
	质量投入	公民质量权益保护
	消费环境	买到假货的可能性
	消费环境	退换货处理效果
	质量预警与预防	质量安全预警
	质量预警与预防	质量安全事件处理
	质量预警与预防	对质量违法者处罚
	信息提供	质量信息的信任度
	信息提供	质量信息公开性
	信息提供	质量信息及时性
	信息提供	质量信息的方便性
	信息提供	质量信息的指导作用
	质量教育与救济	对消费者的保护力度
	质量教育与救济	质量宣传与教育
	质量教育与救济	消费者组织

表 2-1（续）

观测维度	观测领域/结构变量	观测指标/具体调查内容
区域总体质量指数	公民质量素质	对自己质量意识的评价
		企业质量意识
		不投机取巧的可能性
		标准意识
		对员工的质量素质的投入
		反复检查意识
		后果意识
		对优质高价的认同度
		对常用质量知识的掌握程度
		对质量社会组织的了解程度
		对质量标识的了解程度
		对企业质量保障能力的评价
		对企业在质量安全中承担首要责任的认同度
		对质量维权程序的了解程度
		公民质量素质对于质量的重要性
		了解产品质量信息的主动性
		购买到假冒产品以后,举报的可能性
		购买到假冒产品以后,退货的可能性
		留存发货的主动性
		使用投诉举报热线的主动性

以上四个维度的观测指标,共计为 100 道调查问题。在问项评分上,各个调查问题均是采取 1—10 分计分评价方法,分值越高代表在该子项上的表现越好(如图 2-2),也有少数题目采取反向计分的方法,即得分越低,表现越好,例如第 68 题,"买到

假货的可能性"。

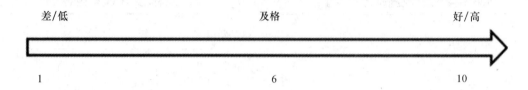

图 2-2　质量评价得分示意图

二　本年度问卷有效性的改进

在消费者基本信息方面,2013 年的调查问卷与 2012 年几乎相同,但在主体内容的题量上进行了较大调整,由原来的 222 个调查问题缩减为 100 个问题,调整的主要目的是减少调查难度,提高调查效率,进而提高调查的准确性。根据调查的实际情况看,问卷调整后调查时间从原来的 40—60 分钟,缩减为 20—30 分钟,达到了问卷调查所一般认为的可接受时间。[1] 调整以后,问卷的主体内容与 2012 年的框架并未发生大幅变动,但问卷的回收率有了较大提高,同时问卷的信度有所上升。

表 2-2　2012 年调查与 2013 年调查有效回收率对比

年份	发放问卷量	回收问卷量	有效问卷量	有效问卷回收率(%)
2012 年	3736	3416	2865	76.7
2013 年	6560	6300	6217	94.7

表 2-2 数据表明,问卷调整以后,有效回收率从 2012 年的 76.7% 提高到 2013 年的 94.7%,提高了 18 个百分点,表明由于问卷难度的下降,被访者的拒访率显著地下降了,问卷的科学性有了进一步提升。

表 2-3　2013 年宏观质量观测调查各调查项目的回答率

变量	回答率(%)
a1	98.92
a2	98.88
a3	98.67
a4	98.55
a5	98.76

---

〔1〕　社会调查专家风笑天(2003)在其专业的社会调查著作《社会调查方法》(中国人民大学出版社 2012 年版)中指出,一般而言问卷调查的时间以 20 分钟左右为宜,最长不要超过 30 分钟。

表 2 - 3（续）

变量	回答率（%）
$a6$	98.11
$b1$	25.76
$b2$	99.34
$b3$	99.25
$b4$	99.27
$b5$	99.32
$b6$	99.35
$b7$	99.35
$b8$	99.30
$b9$	99.32
$b10$	99.34
$b11$	99.32
$b12$	99.34
$b13$	99.34
$b14$	99.30
$b15$	99.32
$b16$	99.35
$b17$	99.23
$b18$	99.14
$b19$	99.14
$b20$	98.65
$b21$	98.67
$b22$	99.21
$b23$	99.00
$b24$	97.67
$b25$	97.73
$b26$	98.18
$b27$	98.22
$b28$	99.16

表 2 - 3(续)

变量	回答率(%)
b29	99.25
b30	97.94
b31	97.97
b32	97.59
b33	97.69
b34	97.38
b35	97.57
b36	99.13
b37	99.13
b38	99.25
b39	99.28
b40	99.25
b41	99.28
b42	99.16
b43	97.94
b44	99.07
b45	98.65
b46	98.74
b47	98.97
b48	99.07
b49	99.27
b50	99.21
b51	99.20
b52	99.23
b53	98.95
b54	99.13
b55	99.32
b56	99.32

表 2 - 3（续）

变量	回答率（%）
$b57$	99.25
$b58$	99.28
$b59$	99.28
$b60$	99.23
$c61$	98.51
$c62$	98.99
$c63$	99.11
$c64$	99.07
$c65$	99.13
$c66$	99.18
$c67$	97.64
$c68$	99.02
$c69$	99.04
$c69\text{-}1$	89.58
$c71$	98.83
$c72$	98.64
$c73$	98.81
$c74$	98.86
$c75$	98.83
$c76$	99.00
$c77$	98.90
$c78$	98.85
$c79$	98.95
$c80$	98.99
$d81$	98.88
$d82$	99.16
$d83$	98.92
$d84$	99.14

表 2 - 3(续)

变量	回答率(%)
d85	99. 11
d86	98. 72
d87	99. 14
d88	99. 16
d89	99. 16
d90	99. 16
d91	99. 21
d92	99. 16
d93	98. 60
d94	99. 21
d95	99. 14
d96	99. 07
d96-1	99. 02
d97	99. 25
d98	99. 06
d99	99. 18
d100	99. 16
总体回答率	98. 15

表 2-3 显示,2013 年的调查在每个项目的回答率上也达到了较高水平,总体回答率达到了 98. 15%。

表 2-4　问卷指标信度检验

指　标	信度系数(Cronbach's α 值)
质量安全与质量满意	0.9823
质量公共服务	0.9710
公民质量素质	0.9299
总体	0.9857

　　为了检验本问卷设计的可靠性、一致性和稳定性,对问卷的各个板块以及总体的100 个指标进行信度检验。信度检验的结果如表 2-4 所示,不管是各板块内部,还是所有指标总体的信度都达到了 0.9 以上,而一般而言信度达到 0.7 以上就是可接受的,这表明本问卷的设计具有较高的可靠性、一致性和稳定性。

　　综合以上分析,可以看到相比于 2012 年的问卷,2013 年的调查问卷不仅在调查时间上有所下降,有效地降低了调查成本,而且在问卷的回收率、有效回答率,以及问项的信度均达到了较高的水平,因此问卷题量的调整进一步提高了调查的有效性。

第二篇

2013 年质量观测统计方法与调查的改进

第三章

统 计 方 法

一 观测维度的权重设定

为得出区域的总体质量指数,需要通过对质量安全、质量满意度、质量公共服务和公民质量素质四大观测维度进行加权计算。因而就需要得出该四大维度的计算权重,本项目采用了较为通用的德尔菲法(专家打分法)来确定具体的权重。打分的专家由来自宏观质量研究的高校人员、质量综合管理部门的综合管理者、企业高层等共50位质量专家组成。通过各位专家的打分,经过具体的统计计算,质量安全、质量满意度、质量公共服务和公民质量素质四大观测维度的计算权重,基本上为30%、30%、20%和20%,如表3-1所示。

表 3-1 质量观测维度的权重分配

	观测维度	权重(%)
区域总体质量指数(TQI)	质量安全（QSF）	30
	质量满意度（QCSI）	30
	质量公共服务（QGS）	20
	公民质量素质（CQA）	20

二 区域总体质量指数计算方法

第一步:计算区域的单项得分:

区域的质量安全与质量满意指数 $QCSI = \frac{1}{N}\sum_{j=1}^{N}QCSI_j$,区域政府质量公共服务指数 $QGS = \frac{1}{N}\sum_{j=1}^{N}QGS_j$,区域公民质量素质指数 $CQA = \frac{1}{N}\sum_{j=1}^{N}CQA_j$,其中 N 为区域内调查样本的数量。

第二步:计算地区总体质量指数:

区域总体质量指数(TQI) = 质量安全指数(QSF)×30% + 质量满意度(QCSI)×30% + 质量公共服务指数(QGS)×20% + 公民质量素质指数(CQA)×20%

(其中,TQI、QCSI、QSF、QGS、CQA 均为百分制,满分为100分)

三　计分方法

除个体特征（如:性别、年龄等）,本次调查的单个问题全部采用 10 分制计分方法,对一个问题的评价 1—10 的程度依次增加,6 分为及格线。在区域以及板块加总得分的分析层面,本报告所采用的定性分析的数量范围如表 3-2 所示。

表 3-2　区域宏观质量观测指数层级划分

分值区间	等级层次
0—29 分	差
30—59 分	较差
60—69 分	及格
70—84 分	较好
85—100 分	好

第四章

区域和样本抽样的方法

一 调查地区的抽样

本年度的调查抽样总体上按两个原则来实施：一是要形成全国的加总分析，因而样本要对全国有代表性，反映全国的总体状况；另一个是要能够满足全国各省（自治区、直辖市）以及重要城市的排名需求，因而省份和城市内部的抽样要具有代表性。按照以上原则，本年度的城市样本按以下步骤来确定：

第一步为必选城市，是为了满足大城市区域宏观质量排名的需要。这些城市包含所有直辖市、省会城市和副省级城市：北京、上海、天津、重庆、沈阳、大连、青岛、哈尔滨、长春、呼和浩特、石家庄、济南、西安、太原、郑州、武汉、南京、苏州、杭州、福州、合肥、南昌、厦门、宁波、深圳、广州、南宁、海口、贵阳、成都、昆明、兰州、银川、西宁、乌鲁木齐共计 35 个。

第二步为其他城市，这一部分地区样本是为了能够使得样本对省级层面具有代表性。主要按照人均 GDP 排名分层抽样的方法来抽取，具体的抽取方法为：

各省份的城市（含省会）按人均 GDP 排序，除省会城市以外选择城市的标准。

（1）若该省人口低于 5000 万，则选取排名中位值城市，如有 10 个城市，则选取第 5，或第 6 名的城市；

（2）若该省人口高于 5000 万，则除省会城市以外选取 2 个城市，按名次取第 70% 分位和 40% 分位的城市，如：有 21 个城市则取第 14 名和第 7 名城市。

表 4-1　除省会、副省级城市以外的其他城市的抽取

省份	城市	人均 GDP	省内排名	替换
河北省（11）	石家庄市	30428	1	
	廊坊市	27904	3	
	承德市	22198	7	
山西省（11）	太原市	44319	1	
	晋中市	20335	6	
内蒙古自治区（9）	呼和浩特市	61108	1	
	通辽市	31147	5	·包头 3

表 4-1（续）

省份	城市	人均 GDP	省内排名	替换
辽宁省（14）	沈阳市	54654	1	
	大连市	70781	2	
	辽阳市	33151	7	·盘锦 3
吉林省（8）	长春市	37753	1	
	白山市	27495	4	
黑龙江省（12）	哈尔滨市	32053	1	
	鸡西市	18547	6	·大庆 2
江苏省（13）	南京市	67455	3	
	苏州市	122565	1	
	镇江市	62084	5	
	徐州市	25100	9	
浙江省（11）	杭州市	63333	1	
	宁波市	60720	2	
	湖州市	38865	6	
	温州市	32588	9	
安徽省（17）	合肥市	41543	3	
	淮南市	22169	5	·安庆 12
	蚌埠市	14803	10	
福建省（9）	福州市	38015	3	
	厦门市	68938	1	
	龙岩市	29725	5	·三明 4
江西省（11）	南昌市	39669	2	
	九江市	17420	6	
山东省（17）	济南市	50376	6	
	淄博市	54229	5	·临沂 16
	日照市	31451	10	
河南省（17）	郑州市	44231	1	
	许昌市	26227	5	

表 4-1（续）

省份	城市	人均 GDP	省内排名	替换
	新乡市	17992	11	
湖北省（12）	武汉市	51144	1	
	襄樊市	22071	5	
	随州市	15531	9	
湖南省（13）	长沙市	56620	1	
	岳阳市	24542	4	
	娄底市	14454	8	
广东省（21）	广州市	89082	2	
	深圳市	92772	1	
	佛山市	80686	3	
	惠州市	35819	7	
	韶关市	19549	14	
广西壮族自治区（14）	南宁市	21945	3	
	崇左市	13921	7	·桂林 5
四川省	成都市	35215	2	
	绵阳市	16537	6	
云南省（8）	昆明市	25826	2	
	丽江市	9863	4	
贵州省	贵阳市	24585		
	遵义市	11322		
陕西省（10）	西安市	32411	3	
	铜川市	18548	5	·榆林 1
甘肃省（12）	兰州市	27904	4	
	张掖市	14949	6	·天水 10
宁夏回族自治区（5）	银川市	34453	2	
	吴忠市	13624	3	
青海	西宁市	22865		
海南	海口市	26366		

注1：括号内为该省有统计资料中的地级市数量。

注2：资料来源《中国城市统计年鉴2010》，中国统计出版社。

　　根据这两个方面的原则,最终新确定了 33 个城市,考虑到调查地点的调查难度与调查员的实际分布状况,对其中的 9 个城市进行了替换。在替换的城市中有 4 个城市人均 GDP 排名较大,其他均相差在 1—2 位。青海、海南两省由于调研资源不太充分,无法统计到区县,因而未按此方法进行抽取。但是,总体上可以满足抽样一致性的原则,所调查省份(自治区)共计 29 个,如图 4-1 所示。最终抽取的城市数为 92 个,区(县)数为 107 个(少数城市有两个或以上区,如:北京、上海、武汉、重庆等),如图 4-2 所示。

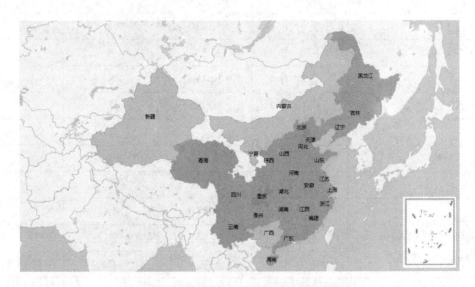

图 4-1　质量观测的抽样省份地图

图 4-2　质量观测的抽样城市地图

二 调查样本的选取

在所调查的城市里,本年度调查样本的个体抽样方案与 2012 年一致,即分为城市抽样和城市两个层次的抽样。城市抽样按职业大类抽样,农村抽样按不同收入层级抽样。

表 4-2 城市抽样及名额分配

职业类型	单位数	总数	男	女	相关说明
制造业企业(国企、私企)	4	12	7	5	一线工人,一般管理者
学校(中小学、职高、技校等)	2	6	3	3	在编普通教师
政府机关、社会组织	2	6	4	2	在编普通职员及中层管理者
医院、社区卫生站	1	3	1	2	医生、护士
商场、超市、个体工商户	1	2	1	1	普通职员,个体工商业者
银行、证券、基金、信用社等	1	2	1	1	中层管理者
宾馆、酒店、餐馆	1	3	1	2	普通职员和中层管理者
IT 企业、研究机构、供电、供水	1	2	1	1	普通职员和中层管理者
社区工作者、家庭妇女、退休人员	2	6	4	2	年龄 18—60 岁
总计		42	23	19	

乡村调查根据分层抽样确定的一个乡镇,再通过按收入系统随机抽样抽取 3 个村,每个村抽取 6—8 个调查对象,农村样本总量为 20 个左右。在每个村中,按收入的低中高分组各选取 2—3 名调查对象。

第五章

样本总量及构成

一 总量与分布

本次质量观测共计发放问卷6560份,回收问卷6300份。经问卷甄别,有效问卷共计6217份,有效问卷回收率为94.7%。具体数据如表5-1所示:

表5-1 问卷发放量与回收量统计表

发放问卷量	回收问卷量	有效问卷量	有效问卷回收率(%)
6560	6300	6217	94.7

二 调查样本的区域分布

本次调查实际共覆盖了29个省(自治区、直辖市)的92个区县(及县级市),为使得各省区样本的一致性,在全国的数据计算中从中抽取了67个区县。调查的抽样分布东部和中部的样本比例略低于人口比例,西部的样本分布高于人口分布比较约4.5个百分点,但总体上样本在区域上与人口的分布是大致相同的。

表5-2 调查的样本分布状况

区域	省市	区县数	样本量	百分比(%)	样本区域占比(%)	人口区域分布(%)
东部	北京	2	100	2.08	38.77	41.23
	天津	2	90	1.87		
	河北	3	217	4.52		
	辽宁	3	240	5.00		
	上海	2	100	2.08		
	江苏	3	167	3.48		
	浙江	3	216	4.50		
	福建	2	160	3.33		
	山东	3	242	5.04		
	广东	3	264	5.50		
	海南	2	66	1.37		

表 5-2（续）

区域	省市	区县数	样本量	百分比（%）	样本区域占比（%）	人口区域分布（%）
中部	安徽	3	240	5.00	32.00	31.40
	河南	3	220	4.58		
	湖北	3	239	4.98		
	湖南	3	211	4.39		
	江西	2	168	3.50		
	山西	2	160	3.33		
	吉林	2	140	2.91		
	黑龙江	2	159	3.31		
西部	广西	2	94	1.96	29.23	24.76
	内蒙古	2	160	3.33		
	重庆	2	110	2.29		
	四川	2	169	3.52		
	贵州	2	161	3.35		
	云南	2	109	2.27		
	陕西	2	176	3.66		
	青海	1	100	2.08		
	宁夏	2	135	2.81		
	新疆	2	190	3.96		

注：东中西部划分有多种方法，本报告主要按经济发展程度来划分。首先将享受国家西部大开发政策的省区确定为西部省份，其次将沿海省市确定为东部地区，其他为中部地区。

三　调查样本的结构

1. 调查样本的性别结构

表 5-3　被调查者性别分布数据

性别	频率	百分比（%）
男	2307	48.03
女	2496	51.97

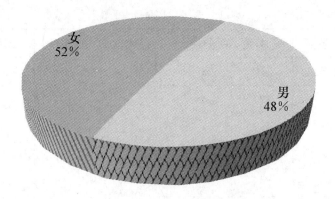

图 5-1   被调查者性别分布

2. 调查样本的年龄结构

表 5-4   被调查者年龄分布数据

年龄	频率	百分比（％）
18—30	1839	38.29
31—40	1187	24.71
41—50	1255	26.13
51—60	361	7.52
>60	161	3.35
合计	4803	100

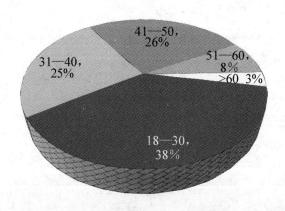

图 5-2   被调查者年龄分布

3. 调查样本的户籍结构

表 5-5　被调查者户籍分布数据

户籍	频率	百分比(%)
城市	3464	72. 12
农村	1339	27. 88
合计	4803	100

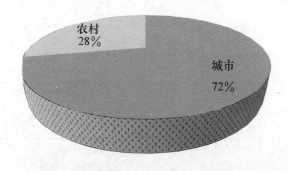

图 5-3　被调查者户籍分布

4. 调查样本的婚姻状况结构

表 5-6　被调查者婚姻状况分布数据

婚姻状况	频率	百分比(%)
已婚	3245	67. 56
未婚	1558	32. 44
合计	4803	100

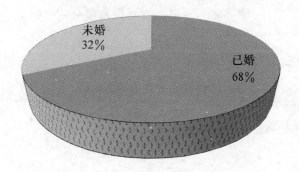

图 5-4　被调查者婚姻状况分布图

5. 调查样本的文化程度结构

表 5-7 被调查者文化程度分布数据

文化程度	频率	百分比（%）
研究生以上	313	6.52
大学	1763	36.71
大专	1085	22.59
中专、中职、职高	474	9.87
高中	572	11.91
初中	442	9.20
小学	112	2.33
文盲或半文盲	42	0.87
合计	4803	100

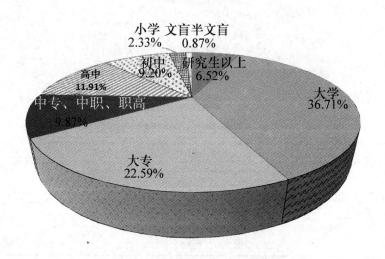

图 5-5 被调查者文化程度分布

6. 调查样本的职业类型结构

表 5-8 被调查者工作单位分布数据

工作单位	频率	百分比（%）
党政机关	431	8.97
企业单位	1229	25.59

表 5-8（续）

工作单位	频率	百分比（%）
事业单位	1098	22.86
社会团体	127	2.64
个体经营	666	13.87
在校学生	541	11.26
离退休人员	178	3.71
其他	533	11.10
合计	4803	100

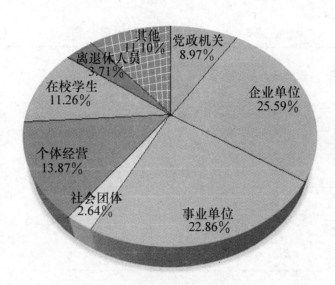

图 5-6　被调查者工作单位分布

7. 调查样本的收入结构

表 5-9　被调查者收入分布数据

收入区间	频率	百分比（%）
0—3000	923	19.22
3001—5000	1277	26.59
5001—10000	2039	42.45
>10000	564	11.74
合计	4803	100

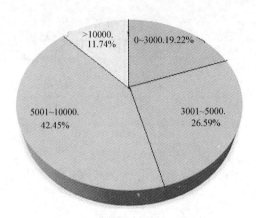

图5-7　被调查者收入分布

8. 调查样本的家庭人口结构

表5-10　被调查者家庭人口分布

家庭总人口	频率	百分比(%)
1	71	1.47
2	336	6.99
3	2582	53.75
4	991	20.63
5	556	11.57
≥6	267	0.05
合计	4803	100

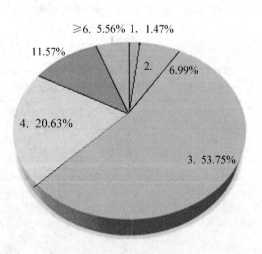

图5-8　家庭人口数分布

第三篇

年度质量总体指数与关键指标统计结果

第六章

全国总体质量指数的统计结果

如表6-1所示,2013年我国的总体质量指数(TQI)的分值为63.74分,四大维度的统计结果分别为:质量安全65.89分,质量满意度64.51分,公民质量素质为65.76分,质量公共服务57.82分。四大维度的排名依次为质量安全、公民质量素质、质量满意度和质量公共服务,质量公共服务是四个维度中指数最低,并且与其他三个维度的得分存在较为明显的差距。消费者普遍对质量安全以及自身的质量素质评价较高,两者分值也较为接近,而质量满意度的分值虽然低于前两者,但是差距并不是很大,并且质量安全、质量满意度、公民质量素质的分值均高于全国总体质量指数的分值。这表明目前我国质量总体状况的短板,主要来自于质量公共服务提供能力的不足。

表6-1　区域总体质量及四大维度统计结果

	观测维度	统计结果(分)
全国总体质量指数(TQI)63.74分	质量安全	65.89
	质量满意度	64.51
	质量公共服务	57.82
	公民质量素质	65.76

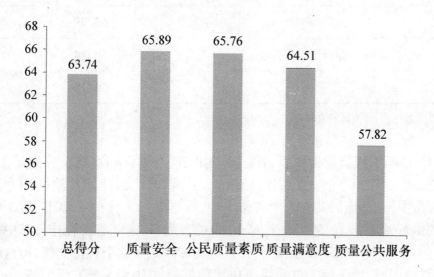

图6-1　区域总体质量及四大维度分值对比

第七章

总体质量指数区域排名

一 省级排名

通过对不同省份(含直辖市)的区域总体质量指数进行比较,得到宏观质量指数排名前10位的省份,如表7-1所示。

表 7-1 区域总体质量指数排名(前10位)

排名	地区	宏观质量指数
1	天津市	69.02
2	吉林省	68.01
3	辽宁省	67.66
4	湖北省	67.59
5	山东省	67.56
6	浙江省	67.01
7	四川省	66.88
8	云南省	66.49
9	广西壮族自治区	66.24
10	上海市	66.16

注:排名范围为各省、自治区和直辖市。

由表7-1可知,宏观质量指数排名前10位的省、自治区和直辖市分别是天津市、吉林省、辽宁省、湖北省、山东省、浙江省、四川省、云南省、广西壮族自治区和上海市。在前10位的省份中,东部地区共有5个省份上榜,分别是第1位的天津市、第3位的辽宁省、第5位的山东省、第6位的浙江省、第10位的上海市,东部省份在排行榜中占据着绝对的优势。前10位中,中部地区虽然只有吉林省和湖北省2个省份上榜,但这两个省份排名均比较靠前,分别处于第2位和第4位。西部地区共有3个省份上榜,分别是第7位的四川省、第8位的云南省和第10位的广西壮族自治区,西部地区的省份占据了前10名中的30%,但是西部地区的这三个省份排名均比较靠后。

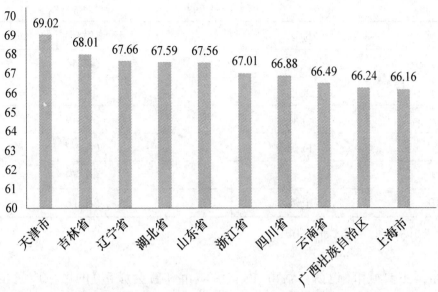

说明：排名范围为各省、自治区和直辖市。

图 7-1　我国各省宏观质量指数排名

全国的宏观质量指数为 63.77，刚刚过 60 分的及格线。通过排在前 10 位的各省宏观质量指数的比较，我们从图 7-1 中可以看出，天津市是 29 个省、自治区、直辖市中质量状况最好的省份，但总体而言，天津市的宏观质量指数也只有 69 分，还不到 70 分，仍然有很大的发展空间。前 10 名的省份的最终指数相差略大，排在第 1 位的天津市和排在第 10 位的上海市之间相差近 3 分，而与第 2 位的吉林省保持着 1 分的距离。辽宁省、湖北省和山东省分别位于第 3 位、第 4 位和第 5 位，这三个省的整体质量状况比较接近，宏观质量指数均在 67.6 分左右。

天津、吉林、辽宁、湖北、山东等省份（直辖市）排名靠前得益于它们近年来较快的经济发展速度，市政工程投入和公共服务质量的提升使得民众的宏观质量指数较高。浙江和上海地处长三角，经济发达程度居于全国前列，因此宏观质量指数较高。四川、云南、广西虽然地处西部，经济发展水平比不上东部、中部地区，但是良好的生态环境适合居住，房价和生活的成本与压力会比其他省区要小，所以宏观质量指数也能居前 10 位。

二　主要城市排名

表 7-2　全国主要城市宏观质量指数排名

排名	地区	区域质量指数
1	苏州	71.45
2	青岛	69.92
3	天津	69.02
4	南宁	68.98

表 7-2（续）

排名	地区	区域质量指数
5	武汉	68.44
6	大连	68.34
7	合肥	67.49
8	杭州	66.97
9	长春	66.79
10	上海	66.16

注：排名范围为各省、自治区和直辖市。

在对全国主要城市（包括直辖市、副省级城市和省会城市）的区域质量指数进行计算后，我们得出主要城市的宏观质量指数排名，得出 10 个质量状况最好的城市，具体排名见表 7-2。通过该表，可以看出，排在前 10 位的分别是苏州、青岛、天津、南宁、武汉、大连、合肥、杭州、长春、上海。其中，东部地区的城市共有 6 个，包括前三位的苏州、青岛和天津，第 6 位的大连，第 8 位的杭州和第 10 位的上海，在排行榜上，东部地区不仅在数量上占据着绝对优势，在排名上也比较靠前。中部地区的城市有 3 个，包括第 5 位的武汉，第 7 位的合肥和第 9 位的长春，而位于西部地区的只有 1 个，就是位于第 4 位的南宁市。

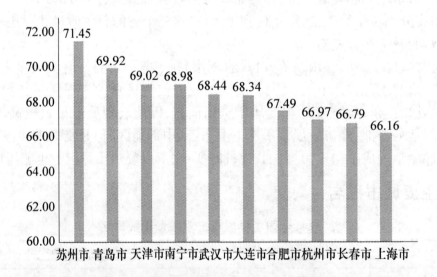

说明：排名范围为直辖市、副省级省市和省会城市。

图 7-2　全国主要城市宏观质量指数排名

如图 7-2 所示，通过对各个城市的宏观质量指数进行比较，可以看出，排名第 1 位的是苏州市，是所有城市中唯一一个超过 70 分的，而排名第 1 位的苏州与排名第 10 位的上海相差超过了 5 分,差距较大。在前 10 位城市中,天津与南宁得分相近,武汉与大连得分相近,杭州与长春得分也比较相近。虽然苏州、青岛、天津、南宁、大连、合肥、长春等城市都不是传统的经济最发达的城市,但它们的共同特点是生态环境好,适合居住,民众对环境满意度较高。相较于过去大量人才涌入北上广深等一线城市不同,现在民众对上述这些城市的综合评价更高。武汉由于近年来市政工程建设投入较大,在环境和质量治理上有显著改善,因此市民评价会比过去有明显提升。较高的经济发展质量是上海的传统优势,环境、服务、工程等方面都有不错的评价,所以上海能进入前 10 位。

第八章

四大维度的统计结果

一 质量安全的统计结果

表 8-1 质量安全的统计结果

序号	观测指标	分值
1	本地区家用电器的总体安全性	70.97
2	本地区电脑的总体安全性	70.43
3	自住住宅的总体安全性	69.18
4	本地区日用消费品的总体安全性	68.56
5	本地区服装的总体安全性	68.54
6	本地区粮食(米面等)安全性	68.29
7	本地区公共建筑的总体安全性	68.25
8	本地区汽车的总体安全性	68.21
9	本地区药品的总体安全性	66.77
10	本地区农业生产资料的总体安全性	66.58
11	本地区公共交通的总体安全性	65.80
12	本地区电梯的总体安全性	65.37
13	本地区道路的总体安全性	65.17
14	本地区工程的总体安全性	64.68
15	本地区食用油的总体安全性	64.25
16	本地区儿童用品的总体安全性	63.85
17	对服务业从业人员的总体信任度	63.84
18	本地区医疗服务的总体安全性	63.56
19	本地区环境的总体安全性	63.37
20	本地区肉类的总体安全性	63.29
21	本地区化妆用品的总体安全性	63.27

表 8-1（续）

序号	观测指标	分值
22	本地区乳制品的安全性	62.90
23	所消费产品的总体安全性	62.83
24	本地区食品的总体安全性	61.37

二　质量满意度的统计结果

表 8-2　质量满意度统计结果

序号	观测指标	分值
1	本地区家用电器质量的总体满意度	70.04
2	本地区电脑质量的总体满意度	69.61
3	本地区移动电话质量的总体满意度	69.03
4	本地区服装质量的总体满意度	67.56
5	本地区粮食（米面等）质量的总体满意度	67.48
6	本地区汽车质量的总体满意度	67.28
7	本地区日用消费品质量的总体满意度	67.14
8	本地区农业生产资料质量的总体满意度	65.71
9	本地区药品质量的总体满意度	65.68
10	本地区电梯质量的总体满意度	64.31
11	本地区儿童用品质量的总体满意度	63.28
12	本地区食用油质量的总体满意度	63.25
13	本地区乳制品质量的满意度	62.45
14	本地区肉类质量的总体满意度	62.35
15	本地区化妆用品质量的总体满意度	61.95
16	本地区食品质量的总体满意度	61.44
17	本地区金融服务服务质量的总体满意度	66.27
18	本地区互联网服务质量的总体满意度	65.79
19	本地区通讯服务质量的总体满意度	65.59
20	本地区教育服务质量的总体满意度	64.73

表 8-2（续）

序号	观测指标	分值
21	本地区公共交通服务质量的总体满意度	64.23
22	本地区物业服务质量的总体满意度	62.03
23	本地区医疗服务质量的总体满意度	61.85
24	自住住宅的质量总体满意度	67.88
25	本地区道路的质量总体满意度	63.67
26	本地区公共建筑的质量总体满意度	67.01
27	本地区环境质量的总体满意度	62.13
28	本地区水资源环境质量的总体满意度	61.68
29	本地区空气环境质量的总体满意度	60.97
30	本地区植被环境质量的总体满意度	63.44
31	本地区声环境质量的总体满意度	61.43
32	本地区土壤质量的总体满意度	63.44

三　质量公共服务的统计结果

表 8-3　质量公共服务的统计结果

序号	观测指标	分值
1	本地政府企业质量安全监管的有效性	58.44
2	对本地政府质量监管部门的信任度	57.10
3	对本地政府对质量投入的重视程度评价	57.63
4	本地政府打击假冒伪劣/专项整治的效果	56.38
5	对本地政府质量诚信建设效果的评价	57.62
6	本地政府对质量投诉的响应速度	56.41
7	公民质量权益被政府重视的程度	56.97
8	日常生活中买到假货/过期产品的可能性	53.54
9	退换货的处理效果	57.20
10	政府对质量安全的预警效果	56.23
11	政府对重大质量安全事件处理的及时性	59.45

表 8-3（续）

序号	观测指标	分值
12	政府部门对质量违法者处罚的合理性	58.17
13	对政府所发布质量信息的信任程度	59.74
14	政府对质量信息的公开性	57.71
15	政府发布质量信息的及时性	60.24
16	获得政府发布的质量参考信息的方便性	58.24
17	政府所发布质量信息对您消费的指导作用	60.10
18	政府部门对质量受害者的保护力度	57.82
19	政府进行质量的宣传与教育活动的力度	59.00
20	消费者组织对消费者权益的保护效果	58.33

四　公民质量素质的统计结果

表 8-4　公民质量素质的统计结果

序号	观测指标	分值
1	对自己的质量意识评价	69.15
2	企业能将质量信用放在首位的程度	63.78
3	日常工作中,宁愿亏本或多花些精力,也不投机取巧的可能性	71.27
4	自己在完成某项具体工作或任务时,对标准和流程的重视程度	71.82
5	企业对员工的质量素质的投入程度	66.23
6	在工作和生活中会自觉检查的可能性	70.64
7	在工作和生活中对事情后果的重视程度	73.28
8	对于"质量好的产品,应付出更高的价格"这一说法的认同程度	69.79
9	对常用质量知识的掌握程度	59.39
10	对质量社会组织的了解程度	56.67
11	对质量标识(如:QS、3C 等)的了解程度	57.06

表 8-4（续）

序号	观测指标	分值
12	对所在单位质量保障能力的评价	64.51
13	对"企业在质量安全中承担首要责任"的认同度	69.36
14	对质量维权程序的了解程度	60.16
15	公民个人素质对于质量的重要性	71.92
16	购买东西前,了解该产品的有关质量信息的主动性	70.19
17	无意购买到假冒伪劣产品后,会举报的可能性	59.45
18	无意购买到假冒伪劣产品后,您会退货的可能性	67.48
19	消费以后留存发票(或者消费依据)的主动性	66.51
20	使用当地质量投诉举报热线的主动性	56.60

第九章

关键指标的统计结果

一　总体质量达到及格线以上

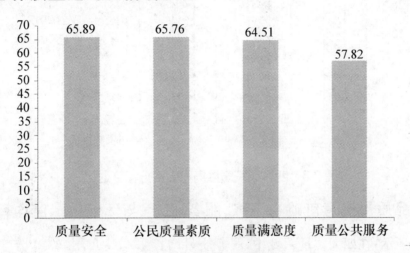

图 9-1　总体质量得分

2013 年宏观质量总指数为 63.74 分, 总体达到了及格水平。如图 9-1 所示, 其中质量安全指数最高, 为 65.89 分, 公民质量素质次之, 为 65.76, 质量满意度第三, 为 64.51 分, 只有质量公共服务指数在及格线以下, 为 57.82 分。我国质量各方面的发展总体趋稳。

二　产品质量安全与质量满意度较上年稳中有进

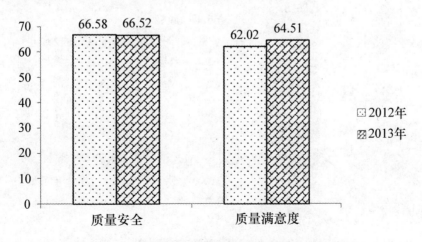

图 9-2　产品质量安全与质量满意度得分年度对比

如图 9-2 所示,较 2012 年度,本年度产品质量安全指数基本持平,下降了 0.06 分,下降幅度为 0.09%,而质量满意度的总体水平则上了 2.49 分,上升幅度为 4.02%,表明质量安全状况总体保持了平稳,而质量满意度有了一定程度的进步。

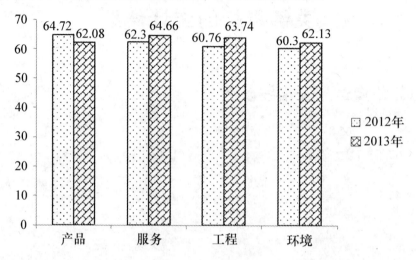

图9-3   四大领域质量满意度得分年度对比

三   产品质量满意度略有下降,服务、工程与环境质量度均有提升

如图 9-3 所示,在四大质量领域中,服务质量增长幅度最大,由 62.3 分增长为 64.66 分,增长了 3.79%,工程质量满意度增长了 4.9%,环境质量满意度增长了 3.03%,而只有产品质量满意度为 62.08 分,较 2012 年度下降了 4.08%,表明我国质量总体状况在改善的同时,产品质量有所波动。

四   食品、化妆用品和儿童用品的质量安全性评价最低

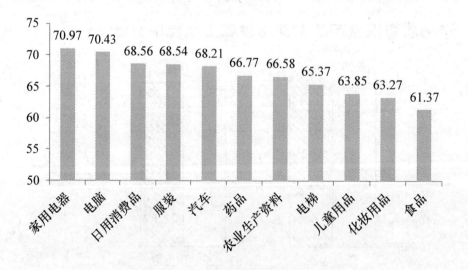

图9-4   产品质量安全得分

如图9-4所示,在调查的11个产品大类中,所有产品的质量安全评价都达到了及格线以上,其中家用电器、电脑和日用消费品的得分在前3位,家用电器和电脑的质量安全评价达到了"较好"水平。食品、化妆用品和儿童用品的得分分别为61.37分、63.27分和63.85分排名最末3位。

五　家电、电子类产品在产品质量满意度中排名前列,食品排名末位

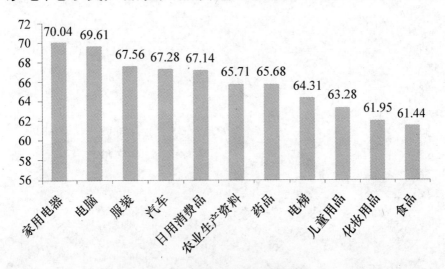

图9-5　产品质量满意度得分

如图9-5所示,在产品质量满意度中,所调查的15类产品的质量满意,全部达到及格水平。其中,家用电器、电脑、服装排名前3位,儿童用品、化妆用品和食品排名最末3位。家用电器的质量满意达到了"较好"水平。相对于质量安全而言,我国产品质量的满意度还较为薄弱。

六　服务质量提升显著

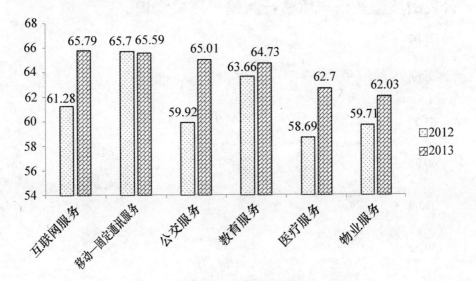

图9-6　服务质量满意度得分平度对比

如图 9-6 所示,在调查的六大类服务中,除了通讯服务的满意度较 2012 年有 0.11 分的下降以外,其他五类服务的质量满意度均取得了较大的进步。其中在 2012 年得分不及格的医疗、物业和公交三项服务,在 2013 年达到了及格水平。相对于产品而言,2013 年的服务质量满意度进步更为显著。

七 政府质量公共是明显的短板

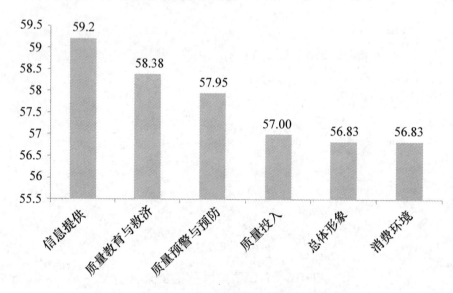

图 9-7 政府质量公共服务得分

如图 9-7 年示,政府的质量公共服务总体未达到及格水平,其中政府质量公共服务的总体投入、总体形象以及为消费者提供良好的消费环境三个方面的短板尤其突出,得分分别为 57 分,56.83 分和 56.83 分,消费者对于政府的质量公共服务总体上的信任度和满意度还较低。

八 公民的质量知识与质量行为弱于质量意识

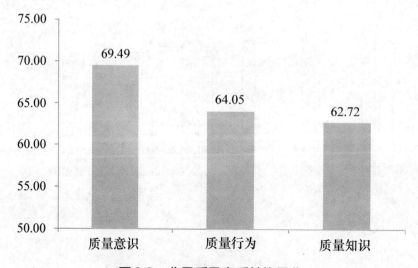

图 9-8 公民质量素质总体得分

如图 9-8 所示,公民的质量素质结构中,出现了质量意识评价高于质量行为评价的现象。而质量行为评价高于消费者自身的质量知识评价,这表明我国消费者在对于质量的意识上有所超前,但在质量行为能力以及质量知识上还缺乏相应的支撑,质量素质的结构极不均衡。

九 公民质量知识能力欠缺

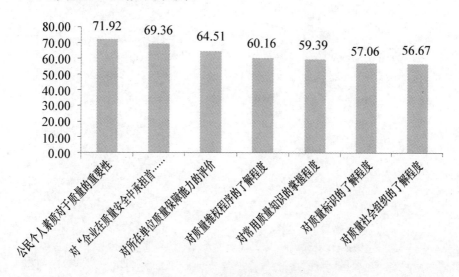

图 9-9 公民质量素质得分

如图 9-9 所示,在具体的公民质量知识掌握上,有三项低于及格线,四项高于及格线。其中对于质量社会组织的了解程度、对质量标识的了解程度以及对常用质量知识的掌握程度是公民质量知识的主要短板,得分在 60 分以下。

第四篇

统计结果的结构分析与年度对比

第十章

维度一：质量安全的统计分析

一 质量安全整体分析

表 10-1　2012 与 2013 年主要产品质量安全评价对比

2013 年主要产品质量安全平均分值	2012 年主要产品质量安全平均分值
66.52	66.58

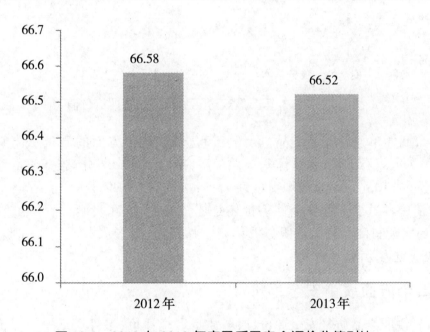

图 10-1　2012 与 2013 年产品质量安全评价分值对比

　　由于 2012 年未调查总体质量安全的指数,而只有产品质量的安全性指数,因此本报告主要比较了 2013 年与 2012 年度的产品质量安全状况。如表 10-1 和图 10-1 所示,2012 年和 2013 年主要产品质量安全评价对比所采用的数据,是消费者对各分项产品质量安全评价的结果的平均值,通过两年数据的对比可以发现,2012 年的各项产品的质量安全评价分值为 66.58 分,2013 年的各项质量安全评价分值为 66.52 分,2013 年的评价的分略有降低,降低的分值为 0.06 分,可以说两年的分值几乎持平,说明近两年消费者对市场中的主要产品质量安全性评价趋稳。

表 10-2　2013 年四个方面质量安全总体评价

产品类别	分值
本地区工程总体安全性	64.68
本地区服务总体安全性	64.40
本地区环境总体安全性	63.37
本地区产品总体安全性	62.83

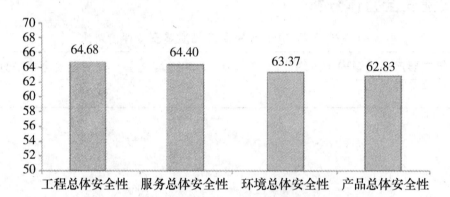

图 10-2　2013 年质量安全四个方面总体评价分值

2013 年,问卷单独设计了产品、服务、工程、环境四个方面的质量总体安全评价题目。从图 10-2 可以看出,工程总体安全性最高,指数为 64.68 分;服务质量总体安全性第二,指数为 64.40 分;环境总体安全性第三,指数为 63.37 分;产品质量总体安全性62.83 分。消费者对于工程安全性评价还是比较高的,这和我国工程质量管理较为规范,居民感受比较间接都有关。服务总体安全性第二,无形服务不同于有形产品,服务中安全性表现更为隐蔽。

二　四个方面质量安全评价

以下分别说明产品质量安全评价、服务质量安全评价、工程质量安全评价和环境质量安全评价的状况。

(一)不同产品质量安全对比

1. 竞争越充分的行业质量安全评价越高

表 10-3　2013 年不同类别产品质量安全分值

产品类别	分值
所消费产品的总体安全性	62.83
本地区食品的总体安全性	61.37
本地区家用电器的总体安全性	70.97

表 10-3（续）

产品类别	分值
本地区药品的总体安全性	66.77
本地区电脑的总体安全性	70.43
本地区日用消费品的总体安全性	68.56
本地区化妆用品的总体安全性	63.27
本地区儿童用品的总体安全性	63.85
本地区服装的总体安全性	68.54
本地区汽车的总体安全性	68.21
本地区电梯的总体安全性	65.37
本地区农业生产资料的总体安全性	66.58

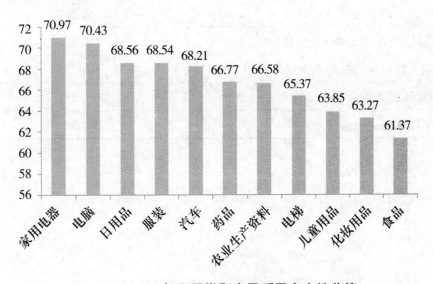

图 10-3　2013 年不同类别产品质量安全性分值

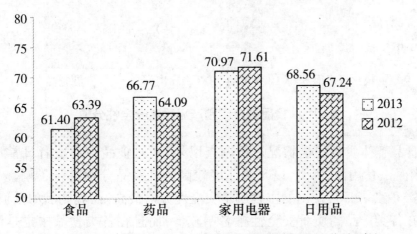

图 10-4　2013 年与 2012 年典型产品质量安全性分值对比

　　如表 10-3、图 10-3、图 10-4 所示,通过对比 2012 年和 2013 年产品质量安全性分值,可以发现虽然 2012 年调查的产品类别相较于 2013 年的调查较少,但是所调查产品类别的排名存在相同的规律,家用电器均排在第 1 位,而且质量安全指数都超过了 70 分,食品都排在最后 1 位,并且 2013 年的食品质量安全指数相较于 2012 的评价更低为 61.37,比 2012 年的 63.39 降低了 2.02 分,说明目前消费者对食品的质量安全性更为敏感,更为关注食品质量安全。同时,从 2013 年调查的对象及其结果的排序来看,再一次表明竞争越是充分的行业,其质量安全性分值越高,例如:排名在前几位的家用电器、电脑、日用品、服装和汽车等都是竞争较为充分的行业,食品行业虽然本身竞争也较为激烈,但是由于其直接涉及人的生命安全,其安全性能过于敏感,所以消费者对其要求会更高,对其评价也会更为谨慎。

　　2. 乳制品的质量安全性评价处于食品中的末位

表 10-4　食品四个类别质量安全性分值

产品类别	分值
本地区粮食(米面等)安全性	68.29
本地区食用油的总体安全性	64.25
本地区肉类的总体安全性	63.29
本地区乳制品的安全性	62.90

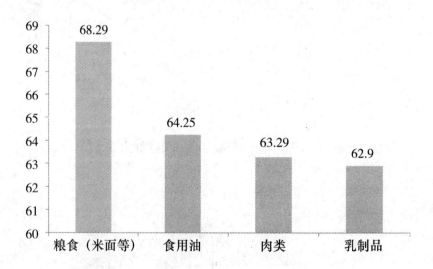

图 10-5　食品四个类别产品质量安全性分值

　　除了对食品整体质量安全状况进行调查以外,还对食品中消费者日常消费普遍接触的粮食(米面)、食用油、肉类,以及关注度较高的乳制品分别进行了调查。可以看到粮食(米面等)消费者日常使用的主食质量安全性分值最高,而乳制品的分值最低,说明乳制品不仅在各类产品的质量安全性排名中较低,而且在各类食品中也是消费者最为不放心的产品。特别是近年来不仅我国的国产乳制品质量问题频发,而且进口奶粉也发生过影响较大的质量安全事件。因此,消费者对乳制品的质量安全性持有怀疑的态度。

(二)不同服务质量安全对比

表 10-5 不同类别服务质量安全性分值

服务类别	分值
本地区公共交通的总体安全性	65.80
本地区医疗服务的总体安全性	63.56
对服务业从业人员的总体信任度	63.84

对于服务质量安全性的感受,其中公共交通服务安全性65.80,而本地医疗服务质量安全性63.56。此外,对服务业从业人员的总体信任度为63.84,它也会影响服务质量总体安全评价。

(三)不同工程质量安全对比

表 10-6 不同类别工程质量安全性分值

工程类别	分值
本地区工程的总体安全性	64.68
自住住宅的总体安全性	69.18
本地区公共建筑(如办公楼、学校、医院等)的总体安全性	68.25
本地区道路的总体安全性	65.17

本地区工程总体安全指数为64.68,低于住宅、公共建筑、道路等各项具体工程的评分。其中自住住宅的总体安全性最高,高于公共建筑的安全感受,为69.18分,这和住宅商业开发,市场化运作有关,充分竞争的住宅市场提高了住宅质量。本地公共建筑的总体安全性感受较高,为68.25分,这和公共建筑本身的监管规范有关。本地区道路总体安全性为65.17,道路安全既和道路自身的质量安全有关,也和行驶在道路上的车辆安全有关。好的道路设计和相关标识系统能够减少道路质量安全风险感受。

(四)环境质量安全对比

表 10-7 环境质量安全性分值

环境类别	分值
本地区环境的总体安全性	63.37

本地区环境质量总体安全性为 63.37 分。在产品、服务、工程和环境中,排第 3 位。

三　质量安全结构特征分析

(一)40 岁以下的消费者对质量安全更为敏感

表 10-8　不同年龄消费者的产品质量安全评价分值

观测项目	18—30 岁	31—40 岁	41—50 岁	51—60 岁	60 岁以上
所消费产品的总体安全性	62.51	62.03	63.74	63.77	63.29
本地区食品的总体安全性	61.31	60.56	61.79	61.83	63.73
本地区粮食(米面等)安全性	68.22	67.39	68.48	69.14	72.36
本地区食用油的总体安全性	63.30	64.04	64.76	65.73	69.50
本地区肉类的总体安全性	62.50	62.64	64.14	64.93	66.89
本地区乳制品的安全性	63.29	61.11	63.20	63.91	67.02
本地区家用电器的总体安全性	70.52	70.29	71.73	72.05	72.73
本地区药品的总体安全性	67.09	66.33	66.67	67.01	66.71
本地区电脑的总体安全性	70.52	70.03	70.57	70.89	70.19
本地区日用消费品的总体安全性	68.93	67.58	68.70	68.89	69.63
本地区化妆用品的总体安全性	63.83	62.55	63.08	63.35	63.35
本地区儿童用品的总体安全性	64.28	62.59	63.69	64.74	67.45
本地区服装的总体安全性	68.16	67.67	69.27	69.97	70.43
本地区汽车的总体安全性	67.42	67.46	69.67	69.34	68.82
本地区电梯的总体安全性	65.03	64.48	66.37	66.51	65.28
本地区农业生产资料的总体安全性	67.15	65.81	66.18	66.34	69.25
本地区医疗服务的总体安全性	63.43	62.63	63.87	64.79	66.65
本地区公共交通的总体安全性	65.12	64.83	66.66	68.28	68.45
本地区工程的总体安全性	64.64	63.82	64.82	66.26	66.71
自住住宅的总体安全性	69.05	67.93	70.02	69.67	72.11
本地区道路的总体安全性	64.61	64.53	66.02	66.34	67.20
本地区公共建筑(如办公楼、学校、医院等)的总体安全性	68.03	67.17	69.04	69.14	70.68
本地区环境的总体安全性	63.20	62.10	63.73	65.46	67.08

如表10-8所示,不同年龄层的消费者的质量安全性感受存在一个显著特征,就是以40岁为界限存在一个较为明显的提升,即年龄在40岁以下的消费者,他们对质量安全性的评价分数较低,而40岁以上消费者对质量安全性的评价分数更高,说明质量安全性感受与年龄之间存在显著的关联性。通过观察其他各项的数据可以看到,31—40岁这个年龄层的消费者对于其他项目的评价分值也普遍低于其他年龄层的消费者。说明在这个年龄区间的消费者对于质量安全性更为敏感,所以对于产品的质量安全打分也最低。例如,乳制品是这些项目中评价分差较大的一个,而且其分值也是所有选项中较低的。对于乳制品的质量安全性的评价18—30岁的指数为63.29,31—40岁的为61.11,41—50岁的为63.20,51—60岁的为63.91,60岁以上的为67.02。可以看到41—50岁年龄层消费者评价分值比31—40岁年龄层的分值高出2.09,51—60年龄层的消费者比31—40岁年龄层的分值高出2.8,60岁以上年龄层的消费者比31—40岁年龄层的分值高出5.91。通过分析,可以认为随着结婚年龄的不断推迟,31—40岁这个区间的消费者更多开始为人父母,在这个阶段其对乳制品的需求更多,而且对乳制品的质量,特别是乳制品的安全性极为关注,加之我国之前不断曝光的乳制品安全事件,会使得这个年龄层的消费者加深对国产乳制品的不信任感,会促使其对乳制品的质量做出更低的评价。同时,我们也可以看到对某一项目的质量安全评价会根据消费者对其的关注度和接触程度不同而呈现出不同的变化趋势。例如,乳制品的质量安全评价随着年龄的提升,对乳制品刚性的需求逐步减少,对其评价也越高;而家用电器、电梯等选项,与年龄的变化没有直接的关联,即是无论年龄处于哪一个层次,都是日常使用的对象。因此,可以看到这样一些选项的分值相差不大,整体变化的趋势也比较平缓。

（二）城市消费者对质量安全的评价高于农村消费者

表10-9　城市和农村消费者对质量安全评价分值

观测项目	城市	农村	城市高出农村(%)
所消费产品的总体安全性	63.16	61.98	1.91
本地区食品的总体安全性	61.29	61.59	-0.49
本地区粮食(米面等)安全性	68.03	68.96	-1.35
本地区食用油的总体安全性	64.50	63.61	1.41
本地区肉类的总体安全性	63.55	62.62	1.48
本地区乳制品的安全性	63.17	62.21	1.54
本地区家用电器的总体安全性	71.33	70.02	1.87
本地区药品的总体安全性	67.14	65.82	2.01

表 10-9(续)

观测项目	城市	农村	城市高出农村(%)
本地区电脑的总体安全性	70.99	68.97	2.93
本地区日用消费品的总体安全性	69.11	67.13	2.95
本地区化妆用品的总体安全性	63.84	61.78	3.33
本地区儿童用品的总体安全性	64.17	63.02	1.83
本地区服装的总体安全性	68.89	67.63	1.88
本地区汽车的总体安全性	68.89	66.45	3.68
本地区电梯的总体安全性	65.37	65.36	0.01
本地区农业生产资料的总体安全性	66.53	66.68	−0.23
本地区医疗服务的总体安全性	63.75	63.05	1.10
本地区公共交通的总体安全性	66.17	64.85	2.04
本地区工程的总体安全性	64.96	63.94	1.61
自住住宅的总体安全性	69.23	69.04	0.26
本地区道路的总体安全性	65.51	64.29	1.90
本地区公共建筑(如办公楼、学校、医院等)的总体安全性	68.33	68.04	0.44
本地区环境的总体安全性	63.66	62.61	1.68

如表 10-9 所示,通过对比城市和农村的质量安全性可以发现,城市大多数观测指标的质量安全性分值都高于农村的质量安全性分值,只有对食品的总体安全性、粮食(米面)的安全性和农业生产资料的总体安全性这三个指标是城市低于农村,说明农村在食品保障方面可能由于食品多是自产自销,所以对于食品安全性的评价分值更高。而城市高于农村的项目中,以化妆品和汽车的安全性分值最为突出,这与化妆品以及汽车本身的品质水平相关。在城市由于拥有更高的收入水平,并且有更多的大型商场和超市提供更为高端的化妆品产品,所以其安全性会更为有保障。同样,汽车的安全性与其价格也存在关联,更高的售价意味着更多的安全配置和更好的材料,而且汽车作为高价商品,城市购买的汽车档次总体上要高于农村。

（三）男性对质量安全的评价高于女性

表 10-10　不同性别对产品质量安全评价分值

观测项目	男性	女性	男性高出女性/%
所消费产品的总体安全性	63.02	62.66	0.58
本地区食品的总体安全性	61.87	60.91	1.58
本地区粮食（米面等）安全性	68.58	68.02	0.83
本地区食用油的总体安全性	64.33	64.19	0.22
本地区肉类的总体安全性	63.58	63.02	0.89
本地区乳制品的安全性	63.23	62.60	1.01
本地区家用电器的总体安全性	71.39	70.58	1.15
本地区药品的总体安全性	66.91	66.64	0.41
本地区电脑的总体安全性	70.52	70.35	0.24
本地区日用消费品的总体安全性	68.53	68.59	− 0.08
本地区化妆用品的总体安全性	63.33	63.21	0.19
本地区儿童用品的总体安全性	63.88	63.81	0.11
本地区服装的总体安全性	68.75	68.35	0.59
本地区汽车的总体安全性	68.38	68.05	0.48
本地区电梯的总体安全性	66.25	64.55	2.63
本地区农业生产资料的总体安全性	66.93	66.25	1.02
本地区医疗服务的总体安全性	63.52	63.59	− 0.12
本地区公共交通的总体安全性	66.06	65.56	0.75
本地区工程的总体安全性	65.01	64.37	0.99
自住住宅的总体安全性	69.16	69.19	− 0.03
本地区道路的总体安全性	64.98	65.35	− 0.56
本地区公共建筑（如办公楼、学校、医院等）的总体安全性	68.39	68.12	0.40
本地区环境的总体安全性	63.06	63.65	− 0.93

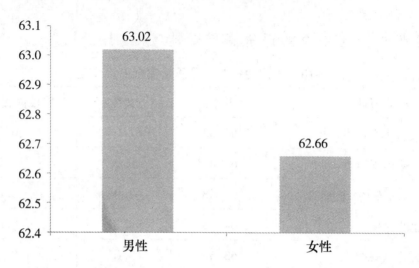

图 10-6 不同性别消费者对产品总体质量安全性评价分值

从本次调查的结果可以看到,对于质量安全性的评价男女性别之间有较为显著的差异(见表 10-10),可以看到除了日用消费品、医疗服务、住宅、道路和环境的安全性的评价男性低于女性的评价以外,其他选项的安全性指标男性对其评价均高于女性对其评价,说明不同性别对于质量安全性的评价存在差异,男性在评价的过程当中所参照的预期更低,所以给出的分数更高;而女性的预期要高于男性的预期,所以对于质量安全性的评价更为严格,导致所做出的评价分值更低,对于这一点在公民质量素质这一部分将会有更详细的分析。

（四）收入水平与质量安全评价分值呈倒 U 形关系

表 10-11 不同收入组消费者质量安全评价分值

观测项目	0—3000	3001—5000	5001—10000	大于 10000
所消费产品的总体安全性	59.88	63.95	63.12	61.93
本地区食品的总体安全性	59.33	62.24	61.67	59.79
本地区粮食（米面等）安全性	67.16	69.35	68.16	66.52
本地区食用油的总体安全性	62.45	64.85	64.83	62.54
本地区肉类的总体安全性	60.61	64.40	63.80	60.90
本地区乳制品的安全性	61.12	63.76	63.46	60.85
本地区家用电器的总体安全性	68.03	72.11	71.51	70.05
本地区药品的总体安全性	63.61	67.43	67.59	65.90
本地区电脑的总体安全性	67.20	71.28	71.10	69.45
本地区日用消费品的总体安全性	64.79	68.90	69.44	68.33

表 10-11（续）

观测项目	0—3000	3001—5000	5001—10000	大于 10000
本地区化妆用品的总体安全性	60.14	64.32	63.91	62.16
本地区儿童用品的总体安全性	61.64	64.62	64.44	62.36
本地区服装的总体安全性	66.51	68.97	68.95	68.28
本地区汽车的总体安全性	65.07	68.81	69.07	66.90
本地区电梯的总体安全性	64.28	66.26	66.02	62.54
本地区农业生产资料的总体安全性	63.89	67.06	67.50	64.29
本地区医疗服务的总体安全性	60.06	64.56	64.10	62.07
本地区公共交通的总体安全性	62.60	66.29	66.61	64.95
本地区工程的总体安全性	61.99	65.65	65.06	63.72
自住住宅的总体安全性	66.73	70.13	69.51	68.17
本地区道路的总体安全性	63.04	66.72	65.31	63.00
本地区公共建筑（如办公楼、学校、医院等）的总体安全性	65.96	69.40	68.43	66.47
本地区环境的总体安全性	62.72	64.27	63.45	61.28

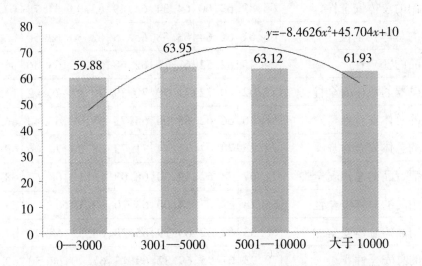

图 10-7　不同收入消费者对产品总体质量安全性评价分值

　　如表 10-11、图 10-7 所示，不同消费者对产品总体质量安全性的评价基本呈现出中间高，两边低的变化趋势，即家庭月收入低于 3000 元的消费者对于其所消费的产品的安全性评价分值较低，同样家庭月收入高于 10000 元的消费者对其所消费安全性评价低于比其收入稍低的消费者，但是从绝对值上来看，家庭月收入在 10000 元以上的消费者对质量安全性的评价要高于家庭月收入在 3000 元以下的消费者。说明对于质量安全性的评价消费者会结合自身的收入水平来评估产品本身价格及其安全性能,家庭月收入低于 3000 元的消费者受到其自身购买水平的限制,所购买的产品本身就可能存在一定的安全隐患,而家庭月收入在 3000—10000 元之间的消费者之所以能够比家庭月收入大于 10000 元的消费者高,并且在家庭月收入高于 3000 以后,对质量安全性的评价分值是呈现出递减的趋势(见图 10-7),说明对质量安全性的评价还应该与其对质量安全性的预期有关,也就是说在收入水平达到一定程度以后,对质量安全性的预期会越来越高,也因此才会出现收入逐步增长,而对质量安全性的满意度却在下降的情况。同时,这也表明我国目前的总体质量安全性不是很高,只能满足于一般需求,而对于更高水平的质量安全性需求的保障还亟待完善。

(五)在党政机关工作的消费者对质量安全的评价更高

表 10-12　不同工作单位消费者质量安全评价分值

观测项目	党政机关	企业单位	事业单位	社会团体	个体经营	在校学生	离退休人员	其他
所消费产品的总体安全性	65.27	63.06	63.12	64.65	61.49	61.89	64.21	61.48
本地区食品的总体安全性	63.97	60.59	61.01	63.07	60.68	61.92	63.60	60.98
本地区粮食(米面等)安全性	69.70	67.53	68.52	70.00	68.00	68.06	69.94	68.07
本地区食用油的总体安全性	65.89	63.60	64.34	64.49	62.93	64.73	67.87	64.17
本地区肉类的总体安全性	65.61	62.64	63.58	65.75	62.30	62.50	66.40	62.74
本地区乳制品的安全性	64.45	62.52	62.11	62.68	62.00	65.36	65.45	61.97
本地区家用电器的总体安全性	73.02	70.72	71.70	70.39	70.05	70.92	71.69	69.46
本地区药品的总体安全性	68.26	66.02	68.00	65.75	65.99	67.43	66.97	65.25
本地区电脑的总体安全性	73.23	70.04	71.44	71.73	68.90	70.06	69.78	69.17
本地区日用消费品的总体安全性	71.67	68.62	69.30	68.03	66.10	68.69	68.82	67.37
本地区化妆用品的总体安全性	65.73	62.67	64.04	63.70	62.19	64.31	63.60	61.22
本地区儿童用品的总体安全性	66.03	62.62	63.79	65.28	63.33	65.77	67.42	62.20
本地区服装的总安全性	70.93	67.95	69.32	69.13	67.90	68.50	69.83	66.64
本地区汽车的总体安全性	71.18	68.03	69.54	67.40	66.98	67.26	68.60	66.02
本地区电梯的总体安全性	66.22	65.63	65.87	64.09	64.53	66.23	66.85	63.00
本地区农业生产资料的总体安全性	68.33	66.00	66.96	64.72	66.61	67.25	66.91	65.31
本地区医疗服务的总体安全性	64.97	62.44	65.51	62.83	61.56	64.10	66.01	62.25

表 10-12 续表

观测项目	党政机关	企业单位	事业单位	社会团体	个体经营	在校学生	离退休人员	其他
本地区公共交通的总体安全性	67.54	65.66	66.59	65.75	64.98	65.67	68.71	63.26
本地区工程的总体安全性	65.99	64.57	64.57	63.86	63.92	66.03	67.42	62.93
自住住宅的总体安全性	70.39	67.65	70.14	69.13	69.14	70.06	71.07	68.26
本地区道路的总体安全性	67.73	64.39	66.32	65.43	63.78	65.56	66.12	63.51
本地区公共建筑(如办公楼、学校、医院等)的总体安全性	69.93	67.94	69.13	68.11	67.61	67.36	70.34	66.83
本地区环境的总体安全性	65.01	62.15	63.77	63.86	61.89	65.23	64.33	63.53

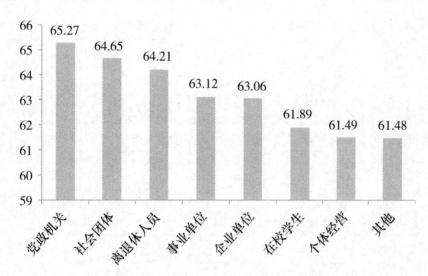

图 10-8　不同工作单位消费者对产品总体质量安全性评价分值

　　如表 10-12、图 10-8 所示,党政机关工作的人和离退休人员对质量安全性的评价更高,并且从各个不同选项的分值上来看,在党政机关工作的人对质量安全性的评价的绝对分数大多数也要高于在其他部门工作的人。结合上文中所分析的收入与质量安全性评价的关系来看,首先从家庭月收入来说,在党政机关工作的人的收入水平基本属于 3001—5000 元这个区间,在前文的分析中也可以看到,处于这个区间的消费者对质量安全性的评价最高。此外,通过与在其他工作单位工作的人的对比可以发现,企业单位、个体经营者以及选择"其他"的被调查者对质量安全性的评价较低,说明虽然在党政机关工作的人虽然收入不是最高,但是其有可能掌握更多的社会资源,从而在获得质量安全的保护方面能够占据更为有利的优势地位,从而使其对质量安全性的评价做出更高的评价。

四　质量安全评价的区域分析

（一）东中西部地区质量安全四个方面分析

表 10-13　东中西部质量安全评价分值

观测项目	西部	中部	东部
所消费产品的总体安全性	60.23	63.78	63.52
本地区食品的总体安全性	59.45	62.32	62.12
本地区粮食（米面等）安全性	66.96	69.65	68.09
本地区食用油的总体安全性	62.58	66.22	64.01
本地区肉类的总体安全性	62.99	63.89	63.42
本地区乳制品的安全性	63.25	63.76	61.37
本地区家用电器的总体安全性	69.07	72.75	70.58
本地区药品的总体安全性	65.47	67.83	66.68
本地区电脑的总体安全性	67.91	71.51	71.45
本地区日用消费品的总体安全性	66.26	69.54	69.24
本地区化妆用品的总体安全性	61.51	63.91	63.74
本地区儿童用品的总体安全性	62.13	64.75	64.05
本地区服装的总体安全性	66.66	69.86	68.59
本地区汽车的总体安全性	65.50	70.24	68.37
本地区电梯的总体安全性	64.05	66.29	64.99
本地区农业生产资料的总体安全性	65.65	67.29	66.25
本地区医疗服务的总体安全性	61.03	64.16	64.56
本地区公共交通的总体安全性	62.99	66.84	66.84
本地区工程的总体安全性	62.71	65.24	65.36
自住住宅的总体安全性	66.86	71.02	69.21
本地区道路的总体安全性	63.29	66.03	65.67
本地区公共建筑（如办公楼、学校、医院等）的总体安全性	66.38	68.62	68.75
本地区环境的总体安全性	63.62	63.94	63.46

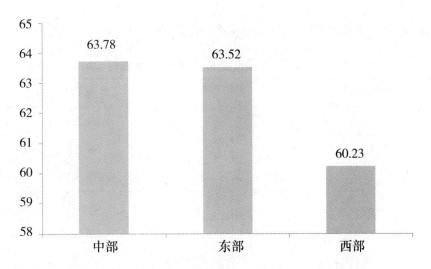

图 10-9　东中西地区的产品总体质量安全性评价分值

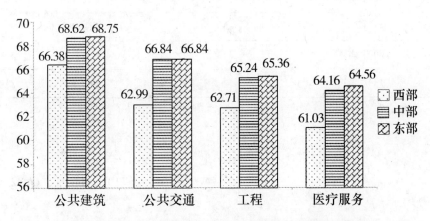

图 10-10　东中西地区的部分服务和工程的质量安全性评价分值

如表 10-13 所示,通过对东中西部地区的比较可以看到,质量安全性评价整体上呈现出中部分值最高,东部分值其次,西部分值最低的规律。我国目前的人均收入情况总体上是东部地区最高,中部地区其次,西部地区较低。因此,结合上文中所分析的质量安全性与收入状况的关系,可以看到此处东中西部所呈现出的特征也符合上文中所分析出的规律,即收入较低的地区质量安全性分值较低,随着收入的增长,质量安全性分值会显著提升,之后质量安全性分值会随着收入的增加而下降,但是下降的幅度有限,并且在质量安全性分值的绝对值上要高于低收入地区。但是这个规律主要出现在产品类的质量安全性评价当中,对于医疗服务、公共交通、公共建筑和工程指标的评价,东部地区要略高于中部地区(见图 10-9、图 10-10)。说明东部地区相较于中部和西部地区,在医疗服务和基础设施方面要略好于中西部地区,反映了我国东中西部质量的差距主要不在于产品方面,而在于服务和工程方面。

（二）按省区排名的质量安全四个方面分析

表 10-14　省区质量安全总体性评价分值前 10 位

总体得分	总体评价
广西壮族自治区	69.50
吉林省	68.58
辽宁省	67.83
山东省	67.51
云南省	67.36
宁夏回族自治区	67.01
福建省	67.01
浙江省	66.93
湖北省	66.82
四川省	66.70

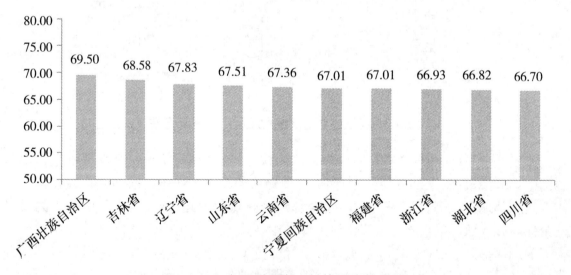

图 10-11　省区质量安全总体性评价分值

如图 10-11 所示，通过全国各省质量安全总体排名可以看到，广西壮族自治区、吉林省、辽宁省、山东省、云南省、宁夏回族自治区、福建省、浙江省、湖北省、四川省的质量安全总体感受排名前 10 位。在质量安全总体指数上，广西壮族自治区 69.50 分，吉林省 68.58 分，辽宁省 67.83 分，山东省 67.51 分，云南省 67.36 分。2013 年全国的 GDP 实际增幅为 7.7%，2013 年广西 GDP 同比增长 10.2%，而且广西已经连续 12 年保持两位数增长。此外，广西在产品质量安全总体评价和工程质量安全总体评价上位居第 1 位，在服务质量安全总体评价上位居第 5 位,在环境质量安全评价上位居第 4 位,这些提升了质量安全总体评价水平。

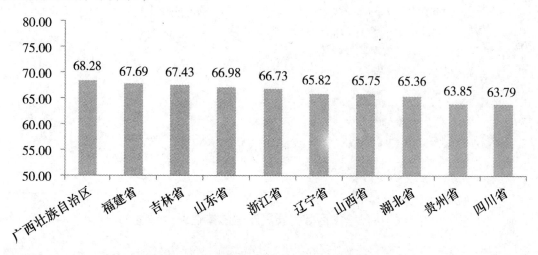

图 10-12 省区产品质量安全总体性评价分值

如图 10-12 所示,通过全国各省产品质量总体安全性排名可以看到,广西壮族自治区、福建省、吉林省、山东省、浙江省、辽宁省、山西省、湖北省、贵州省、四川省的产品质量安全总体感受排名前 10 位。在质量安全总体得分上,广西壮族自治区 68.28 分,福建省 67.69 分,吉林省 67.43 分,山东省 66.98 分,浙江省 66.73 分。

表 10-15 省区服务质量安全总体性评价分值前 10 位

总体得分	总体评价
辽宁省	69.25
山东省	68.93
浙江省	68.89
吉林省	68.52
广西壮族自治区	68.43
湖北省	68.23
四川省	68.09
云南省	67.44
宁夏回族自治区	66.55
福建省	66.29

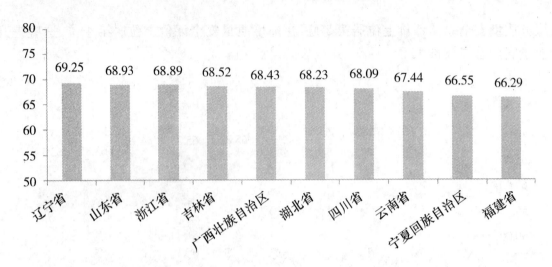

图 10-13   省区服务质量安全总体性评价分值

如图 10-13 所示,通过全国各省服务质量总体安全性排名可以看到,辽宁省、山东省、浙江省、吉林省、广西壮族自治区、湖北省、四川省、云南省、宁夏回族自治区、福建省的服务质量安全总体感受排名前 10 位。在服务质量安全总体得分上,辽宁省 69.25 分,山东省 68.93 分,浙江省 68.89,吉林省 68.52 分,广西壮族自治区 68.43 分。

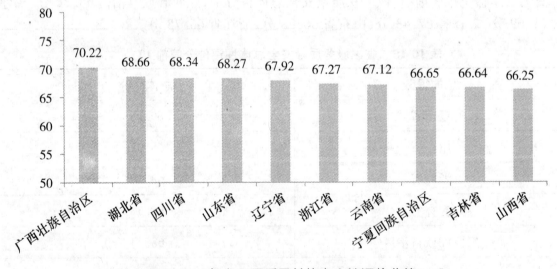

图 10-14   各省工程质量总体安全性评价分值

如图 10-14 所示,通过全国各省工程质量总体安全性排名可以看到,广西壮族自治区、湖北省、四川省、山东省、辽宁省、浙江省、云南省、宁夏回族自治区、吉林省、陕西省的工程质量安全总体感受排名前 10 位。在工程质量安全总体指数上,广西壮族自治区 70.22 分,湖北省 68.66 分,四川省 68.34 分,山东省 68.27 分,辽宁省 67.92 分。

表 10-16　省区环境质量安全总体性评价前 10 位

总体得分	总体评价
吉林省	71.73
宁夏回族自治区	71.45
云南省	71.27
广西壮族自治区	71.04
福建省	69.19
辽宁省	68.33
海南省	66.76
四川省	66.57
山东省	65.84
贵州省	65.53

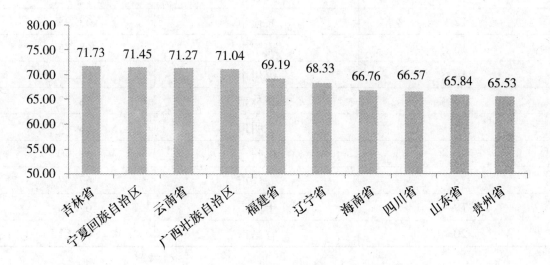

图 10-15　各省环境质量安全总体性评价分值

如图 10-15 所示,通过全国各省环境质量总体安全性排名可以看到,吉林省、宁夏回族自治区、云南省、广西壮族自治区、福建省、辽宁省、海南省、四川省、山东省、贵州省的环境质量安全感受排名前 10 位。在环境质量安全总体指数上,吉林省 71.73 分,宁夏回族自治区 71.45 分,云南省 71.27 分,广西壮族自治区 71.04 分,福建省 69.19 分。

（三）按城市排名的质量安全四个方面分析

表 10-17　各城市质量安全总体性评价前 20 位

序号	总体得分	总体评价
1	丽水市	77.99
2	湖州市	77.31

表 10-17（续）

序号	总体得分	总体评价
3	苏州市	72.81
4	天津市	72.60
5	洛阳市	71.61
6	南宁市	70.53
7	晋中市	70.42
8	白山市	70.31
9	青岛市	70.26
10	丽江市	69.92
11	吴忠市	69.90
12	大连市	68.95
13	绵阳市	68.75
14	银川市	68.27
15	桂林市	68.22
16	三明市	68.00
17	杭州市	67.90
18	安庆市	67.88
19	十堰市	67.86
20	宜昌市	67.61

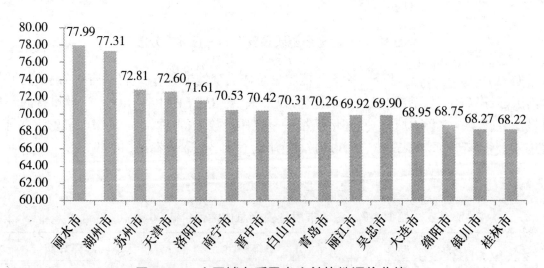

图 10-16　全国城市质量安全总体性评价分值

如图 10-16 所示,通过全国各城市质量安全总体性评价排名可以看到,丽水市、湖州市、苏州市、天津市、南宁市、晋中市、白山市、青岛市、丽江市等 20 个城市的质量安全总体感受排名前列。在质量安全总体指数上,丽水市 77.99 分,湖州市 77.31 分,苏州市 72.81 分,天津市 72.60 分,洛阳市 71.61 分。浙江省丽水市是中国长寿之乡,地理环境优美,生态环境保护较好,对本地区环境质量安全性和产品质量安全性评价最高。湖州市质量安全总体性评价排名第 2,对本地区服务质量安全总体评价和工程质量安全总体评价最高。湖州市还是中国幸福城市 20 强之一,该排名出自央视财经《中国经济生活大调查 2013—2014》报告。

表 10-18　各城市产品质量安全总体性评价前 20 位

序号	总体得分	总体评价
1	丽水市	75.50
2	湖州市	74.56
3	天津市	72.92
4	十堰市	71.43
5	苏州市	70.00
6	青岛市	69.90
7	晋中市	69.83
8	洛阳市	69.83
9	杭州市	69.40
10	白山市	69.00
11	桂林市	68.83
12	福州市	68.80
13	阿克苏地区	68.17
14	南宁市	67.84
15	荆州市	67.67
16	安庆市	67.50
17	吴忠市	67.33
18	许昌市	67.17
19	大连市	66.96
20	绵阳市	66.90

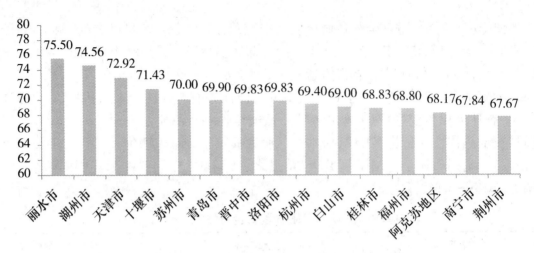

图 10-17　全国城市产品质量安全总体性评价分值

如图 10-17 所示,通过全国各城市产品质量安全总体性评价排名可以看到,丽水市、湖州市、天津市、十堰市、苏州市、青岛市、晋中市、洛阳市、杭州市、白山市、桂林市、福州市、阿克苏地区、南宁市、荆州市等 20 个城市的产品质量安全总体感受排名前列。在产品质量安全总体指数上,丽水市 75.50 分,湖州市 74.56 分,天津市 72.92 分,十堰市71.43 分,苏州市 70.00 分。

表 10-19　各城市服务质量安全总体性评价前 20 位

序号	总体得分	总体评价
1	湖州市	79.06
2	丽水市	75.78
3	苏州市	75.73
4	洛阳市	75.25
5	天津市	73.64
6	南宁市	70.90
7	白山市	70.72
8	青岛市	70.63
9	大连市	70.47
10	杭州市	69.93
11	临沂市	69.80
12	吴忠市	69.61
13	丽江市	69.50
14	武汉市	69.37

表 10-19（续）

序号	总体得分	总体评价
15	绵阳市	68.97
16	长沙市	68.96
17	盘锦市	68.87
18	晋中市	68.83
19	宜昌市	68.74
20	安庆市	68.50

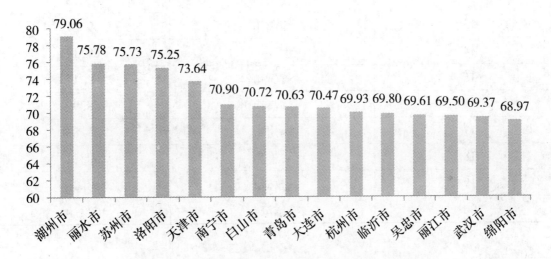

图 10-18　全国城市服务质量安全总体性评价分值

　　如图 10-18 所示，通过全国各城市服务质量安全总体性评价排名可以看到，湖州市、丽水市、苏州市、洛阳市、天津市、南宁市、白山市、青岛市、大连市、桂林市、临沂市、吴忠市、丽江市、武汉市、绵阳市等 20 个城市的服务质量安全总体感受排名前列。在服务质量安全总体指数上，湖州市 79.06 分，丽水市 75.78 分，苏州市 75.73 分，洛阳市 75.25 分，天津市 73.64 分。

表 10-20　各城市工程质量安全总体性评价前 20 位

序号	总体得分	总体评价
1	湖州市	78.07
2	丽水市	76.50
3	洛阳市	75.42
4	苏州市	74.26
5	天津市	72.67

表 10-20（续）

序号	总体得分	总体评价
6	南宁市	71.76
7	青岛市	71.30
8	丽江市	70.83
9	武汉市	70.58
10	吴忠市	70.50
11	晋中市	70.00
12	安庆市	69.33
13	绵阳市	69.31
14	承德市	69.17
15	黄石市	69.17
16	宜昌市	68.97
17	荆州市	68.83
18	大连市	68.81
19	桂林市	68.33
20	哈尔滨市	68.10

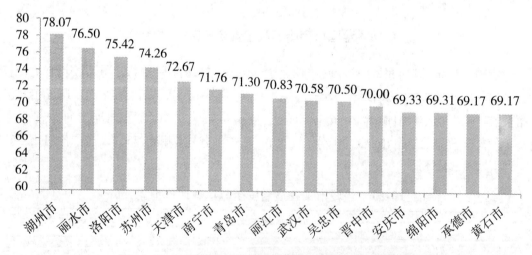

图 10-19　全国城市工程质量安全总体性评价分值

如图 10-19 所示,通过全国各城市工程质量安全总体性评价排名可以看到,湖州市、丽水市、洛阳市、苏州市、天津市、南宁市、青岛市、丽江市、武汉市、吴忠市、晋中市、安庆市、绵阳市、承德市、黄石市等 20 个城市的工程质量安全总体感受排名前列。在工程质量安全总体指数上,湖州市 78.07 分,丽水市 76.50 分,洛阳市 75.42 分,苏州市 74.26

分,天津市 72.67 分。

表 10-21　各城市环境质量安全总体性评价前 20 位

序号	总体得分	总体评价
1	丽水市	84.17
2	湖州市	77.54
3	白山市	75.50
4	丽江市	74.83
5	三明市	73.83
6	银川市	73.21
7	晋中市	73.00
8	吴忠市	72.17
9	南宁市	71.62
10	苏州市	71.27
11	天津市	71.17
12	惠州市	71.17
13	十堰市	70.54
14	桂林市	70.33
15	九江市	69.83
16	绵阳市	69.83
17	大连市	69.56
18	黄冈市	69.50
19	青岛市	69.20
20	长春市	68.86

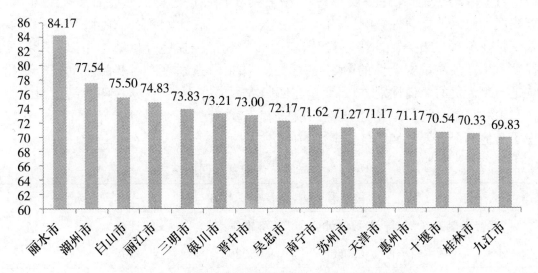

图 10-20　全国城市环境质量安全总体性评价分值

如图 10-20 所示,通过全国各城市环境质量安全总体性评价排名可以看到,丽水市、湖州市、白山市、丽江市、三明市、银川市、晋中市、吴忠市、南宁市、苏州市、天津市、惠州市、十堰市、桂林市、九江市等 20 个城市的环境质量安全总体感受排名前列。在环境质量安全总体指数上,丽水市 84.17 分,湖州市 77.54 分,白山市 75.50 分,丽江市 74.83 分,三明市 73.83 分。

五　质量安全的回归分析

为进一步地得到质量安全评价各重要项目的定量分析结果,本部分对相关指标进行了定量回归分析,采用的方法为次序统计量(Ordered probit)回归模型。

(一) 产品质量安全性回归分析

表 10-22　产品总体量安全性回归结果

被解释变量:对产品的总体安全性			
解释变量	参数估计值	标准误差	z 统计量	P 值
性别(女性 = 0;男性 = 1)	0.0190	0.0296	0.640	0.520
年龄	0.0333	0.0146	2.280	0.0230
户籍(农村 = 0;城市 = 1)	0.0353	0.0355	1	0.319
受教育程度	0.0238	0.0106	2.250	0.0240
家庭收入	-1.45×10^{-6}	8.61×10^{-7}	-1.680	0.0930

注:考虑篇幅,回归结果中未呈现断点估计值,报告中所有次序统计量回归均不呈现断点估计值,后文将不再一一注明。

从表 10-22 的回归结果可以看到,消费者对于产品的总体安全性评价受到年龄、受教育程度和收入的显著性影响,其中年龄、受教育程度在 5% 的显著性水平下显著,家庭收入变量在 10% 的显著性水平下显著,与前面的统计性描述分析结论相似,年龄、受教育程度对于产品质量安全性的影响是显著为正的,而家庭收入对产品质量安全感受的影响是显著为负的。而性别、户籍变量在回归方程中并不显著,这表明产品质量安全感受在年龄和户籍之间的差异,主要是由受教育程度、年龄等变量的差异所带来的。以下呈现了其他几个重要领域质量安全性的回归结果。

表 10-23　食品的总体安全性回归结果

被解释变量:食品的总体安全性			
解释变量	参数估计值	标准误差	z 统计量	P 值
性别(女性 = 0;男性 = 1)	0.0586	0.0295	1.980	0.0470
年龄	0.0193	0.0146	1.320	0.187

表 10-23（续）

被解释变量：食品的总体安全性				
解释变量	参数估计值	标准误	z 统计量	P 值
户籍（农村 = 0；城市 = 1）	− 0.0201	0.0354	− 0.570	0.569
受教育程度	0.000423	0.0105	0.0400	0.968
家庭收入	− 3.52 × 10^{-6}	8.58 × 10^{-7}	− 4.110	0

　　表 10-23 的回归结果表明，对于食品安全性评价而言，仅有性别和家庭收入水平是显著的，其中性别显著为正，即男性的质量安全评价显著高于女性，而家庭收入变量为的效应显著为负。年龄、城乡和受教育程度在控制相关变量以后，不再显著。

表 10-24　乳制品的总体安全性回归结果

被解释变量：乳制品的总体安全性				
解释变量	参数估计值	标准误	z 统计量	P 值
性别（女性 = 0；男性 = 1）	0.0369	0.0295	1.250	0.211
年龄	0.0143	0.0146	0.980	0.329
户籍（农村 = 0；城市 = 1）	0.0523	0.0354	1.480	0.139
受教育程度	− 0.00155	0.0105	− 0.150	0.883
家庭收入	− 1.61 × 10^{-6}	8.60 × 10^{-7}	− 1.870	0.0610

　　表 10-24 的回归结果表明，对于乳制品的安全性而言，仅有家庭收入变量是显著的，收入越高其安全性评价越低，城乡、年龄、受教育程度等变量不再显著。因此，对于乳制品这样一种特殊的产品，其质量安全性尤为敏感，2013 年以来就不断地成为我国舆论讨论的焦点，而对于乳制品的回归分析结果表明，总体而言消费者对于乳制品的安全性评价为合格，但就不同的消费群体来看，对于乳制品安全性的担忧，是随着消费者的收入水平提升而对乳制品的安全性有了更高的要求，在感知和期望之间产生了更大的差距，从而出现质量安全性指数随着收入的提高而显著下降的现象。

表 10-25　家用电器的安全性回归结果

被解释变量：家用电器的安全性				
解释变量	参数估计值	标准误	z 统计量	P 值
性别（女性 = 0；男性 = 1）	0.0431	0.0297	1.450	0.147
年龄	0.0481	0.0147	3.270	0.00100
户籍（农村 = 0；城市 = 1）	0.0325	0.0356	0.910	0.361

表 10-25（续）

被解释变量：家用电器的安全性				
解释变量	参数估计值	标准误差	z 统计量	P 值
受教育程度	0.0325	0.0106	3.070	0.00200
家庭收入	-3.44×10^{-6}	8.59×10^{-7}	-4.010	0

表 10-25 的回归结果表明，在家用电器的安全性评价方面，除了户籍和性别两个变量不再显著外，年龄、受教育程度和家庭收入都是显著的，其中年龄和受教育程度的效应显著为正，而家庭收入的效应依然显著为负。在我国，家用电器行业竞争较为充分因而总体上发展较为成熟，其总体的安全指数已经达到了"较好"的水平，因此更高的差异化需求是导致家用电器安全性差异的主要原因。除了受到随着收入变化而产生的感知与期望的差距之外，还有受教育程度与年龄等多维度的影响，或者进一步地说，对于发展较为成熟的领域而言，其安全性的影响因素会较多。

表 10-26　药品的安全性回归结果

被解释变量：药品的安全性				
解释变量	参数估计值	标准误差	z 统计量	P 值
性别（女性 = 0；男性 = 1）	0.0193	0.0296	0.650	0.514
年龄	-0.00392	0.0146	-0.270	0.789
户籍（农村 = 0；城市 = 1）	0.0496	0.0355	1.400	0.162
受教育程度	0.0230	0.0106	2.180	0.0300
家庭收入	-2.83×10^{-6}	8.60×10^{-7}	-3.290	0.0010

药品是一个安全性较为敏感的领域。近年来多次发生了与药品有关的安全性事件，如毒胶囊事件、乙肝疫苗事件等，都在全社会造成了非常广泛的影响。从表 10-26 的回归结果看，就消费者个体特征而言，受教育程度和家庭收入是影响其安全性评价的两个主要因素。对药品的安全性评价随着受教育程度的增长而提高，随着家庭收入的增长而下降，其内在的原因可能是一方面总体上药品的安全性评价会随着收入的增长而产生较大的感知与期望的差距，另一方面受教育程度较高的消费者能够对药品具有较好的质量鉴别常识，从而具有较高的安全性评价。

表 10-27　日用消费品的安全性回归结果

被解释变量：日用消费品的安全性				
解释变量	参数估计值	标准误差	z 统计量	P 值
性别（女性 = 0；男性 = 1）	-0.00860	0.0297	-0.290	0.772
年龄	0.0119	0.0147	0.810	0.416

表 10-27（续）

被解释变量：日用消费品的安全性				
解释变量	参数估计值	标准误差	z 统计量	P 值
户籍（农村 = 0；城市 = 1）	0.0771	0.0356	2.170	0.0300
受教育程度	0.0356	0.0106	3.360	0.0010
家庭收入	-2.31×10^{-6}	8.62×10^{-7}	-2.690	0.0070

对日用消费品的安全性而言，表 10-27 的回归结果显示，户籍、受教育程度和收入是显著的。除了与其他项目的安全性回归结果相似的解释之外，特别需要说明的是，控制其他变量之后，日用消费品的安全性评价在城乡之间仍然是显著的，城市居民的质量安全评价显著地高于农村居民，在由收入增长导致的感知与期望之间的质量差距效应依然存在的情况下，农村居民的质量安全评价仍然要低于城市居民，出现了显著的城乡二元性。这表明，日用消费品的消费环境以及产品的供应结构在城乡之间存在着显著的差异，需要对农村地区的日用消费品的质量安全引起格外的重视。

表 10-28　电梯的安全性回归结果

被解释变量：电梯的安全性				
解释变量	参数估计值	标准误差	z 统计量	P 值
性别（女性 = 0；男性 = 1）	0.103	0.0296	3.470	0.0010
年龄	0.0286	0.0146	1.960	0.0510
户籍（农村 = 0；城市 = 1）	-0.0390	0.0355	-1.100	0.271
受教育程度	0.0190	0.0106	1.800	0.0720
家庭收入	-3.52×10^{-6}	8.60×10^{-7}	-4.090	0.000

从近年的质量安全热点事件来看，除了乳制品和药品，电梯也可以算是另一个重要的热点，随着我国城市化水平的提高，人们对于电梯的需求不断增长，迅猛增长的需求和安全性管理的滞后成为社会突出的问题。从电梯的安全性评价回归结果表 10-28 中可以发现，其受影响的显著性因素是最多，只有户籍变量不显著，其他的四个个体特征：性别、年龄、受教育程度和家庭收入均是显著的，这表明消费者对于电梯的安全性具有更为复杂的差异化需求。

（二）工程安全性回归

表 10-29　住宅的安全性回归结果

被解释变量：住宅的安全性				
解释变量	参数估计值	标准误差	z 统计量	P 值
性别（女性 = 0；男性 = 1）	-0.00486	0.0296	-0.160	0.870

表 10-29（续）

被解释变量：住宅的安全性

解释变量	参数估计值	标准误差	z 统计量	P 值
年龄	0.0300	0.0147	2.050	0.0410
户籍（农村 = 0；城市 = 1）	− 0.0237	0.0355	− 0.670	0.504
受教育程度	0.00480	0.0106	0.450	0.649
家庭收入	-2.45×10^{-6}	8.63×10^{-7}	− 2.840	0.00400

表 10-30　道路的安全性回归结果

被解释变量：道路的安全性

解释变量	参数估计值	标准误差	z 统计量	P 值
性别（女性 = 0；男性 = 1）	− 0.0279	0.0296	− 0.940	0.345
年龄	0.0362	0.0146	2.470	0.0130
户籍（农村 = 0；城市 = 1）	0.0320	0.0355	0.900	0.367
受教育程度	0.0113	0.0106	1.070	0.286
家庭收入	-3.71×10^{-6}	8.60×10^{-7}	− 4.320	0

表 10-31　公共建筑的安全性回归结果

被解释变量：公共建筑的安全性

解释变量	参数估计值	标准误差	z 统计量	P 值
性别（女性 = 0；男性 = 1）	0.0104	0.0296	0.350	0.725
年龄	0.0302	0.0147	2.060	0.0400
户籍（农村 = 0；城市 = 1）	− 0.00516	0.0355	− 0.150	0.884
受教育程度	0.00449	0.0106	0.420	0.671
家庭收入	-2.12×10^{-6}	8.65×10^{-7}	− 2.450	0.0140

　　工程质量的安全性相对于食品和药品而言，更不具有敏感性，并且其更具有公共性，从住宅、道路以及公共建筑三项指标的安全性回归结果来看，其主要是在家庭收入和年龄两个变量上是显著的，相对于产品的安全性而言其受到消费者个体特征变量的影响程度较小。

（三）环境的安全性回归

表 10-32　环境的安全性回归结果

被解释变量:环境的安全性				
解释变量	参数估计值	标准误差	z 统计量	P 值
性别(女性 = 0;男性 = 1)	− 0.0327	0.0295	− 1.110	0.267
年龄	0.0287	0.0146	1.970	0.049
户籍(农村 = 0;城市 = 1)	0.0536	0.0354	1.520	0.129
受教育程度	− 0.00637	0.0105	− 0.610	0.545
家庭收入	-2.60×10^{-6}	8.58×10^{-7}	− 3.030	0.002

对于环境的安全性而言,其显著影响的个体特征变量是年龄和家庭收入,同样地,由于其主要是公共产品,同一个区域内不同的人群对环境的可选择性非常弱,因而个体特征变量对其影响程度较低。即使是代表区域性特征的城乡变量在环境安全性上也不显著。

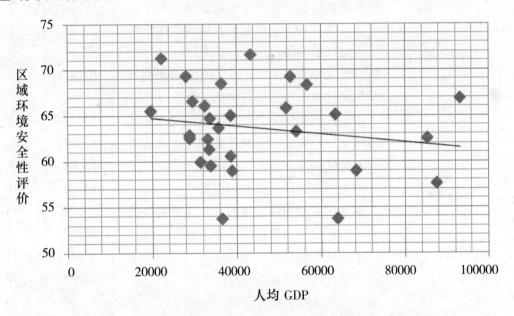

图 10-21　区域环境安全性评价分值与人均 GDP 的关系

图 10-21 给出了区域层面的环境质量安全指数与区域人均 GDP 之间的关系散点图,从图中可以发现,总体而言区域的环境安全指数随着人均 GDP 的增长而下降,两者之间的相关系数为 − 0.19,这表明我国的经济发展阶段总体上仍处于环境污染与收入增长负相关的阶段,2013 年以来发生的影响全国的环境事件主要地发生于东部发达地区,如空气的霾污染主要集中于北京、河北、浙江等东部沿海发达地区,并且我国社会公众对于环境质量的关注度在不断地提升,一些与环境质量相关的专业术语如 PM2.5,霾等成为社会热点词汇。

第十一章

维度二：质量满意度的统计分析

一 统计结果呈现

2013 年宏观质量观测结果显示,我国居民消费者对质量满意度的总体评价为64.51 分,其中产品、服务、工程与环境质量满意度评价分别为 62.08 分、64.66 分、63.74 分与 62.13 分。各具体观测指标评价分数与排名见表 11-1 所示。

表 11-1　质量满意度整体评价结果

结构维度		排名	观测指标	分值	指标排名
质量满意度评价 (64.51)	产品质量 (62.08)	4	本地区家用电器质量的总体满意度	70.04	1
			本地区电脑质量的总体满意度	69.61	2
			本地区移动电话质量的总体满意度	69.03	3
			本地区服装质量的总体满意度	67.56	4
			本地区粮食(米面等)质量的总体满意度	67.48	5
			本地区汽车质量的总体满意度	67.28	6
			本地区日用消费品质量的总体满意度	67.14	7
			本地区农业生产资料质量的总体满意度	65.71	8
			本地区药品质量的总体满意度	65.68	9
			本地区电梯质量的总体满意度	64.31	10
			本地区儿童用品质量的总体满意度	63.28	11
			本地区食用油质量的总体满意度	63.25	12
			本地区乳制品质量的满意度	62.45	13
			本地区肉类质量的总体满意度	62.35	14
			本地区化妆用品质量的总体满意度	61.95	15
			本地区食品质量的总体满意度	61.44	16
	服务质量 (64.66)	1	本地区金融服务服务质量的总体满意度	66.27	1
			本地区互联网服务质量的总体满意度	65.79	2
			本地区通讯服务质量的总体满意度	65.59	3
			本地区教育服务质量的总体满意度	64.73	4
			本地区公共交通服务质量的总体满意度	64.23	5
			本地区物业服务质量的总体满意度	62.03	6
			本地区医疗服务质量的总体满意度	61.85	7

表 11-1（续）

结构维度	排名	观测指标	分值	指标排名
质量满意度评价（64.51） 工程质量（63.74）	2	自住住宅的质量总体满意度	67.88	1
		本地区公共建筑（如办公楼、学校、医院等）的质量总体满意度	67.01	2
		本地区道路的质量总体满意度	63.67	3
环境质量（62.13）	3	本地区植被环境质量的总体满意度	63.44	1
		本地区土壤质量的总体满意度	63.44	2
		本地区水资源环境质量的总体满意度	61.68	3
		本地区声环境质量的总体满意度	61.43	4
		本地区空气环境质量的总体满意度	60.97	5

（一）产品质量满意度

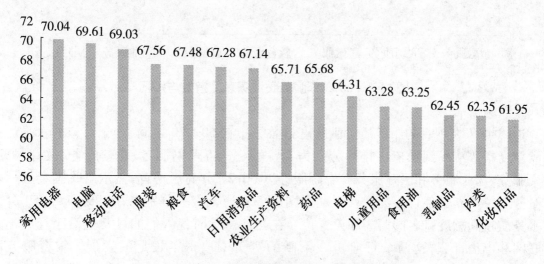

图 11-1　2013 年产品质量满意度指数与排名

对家电、日用品、汽车、药品、农业生产资料、粮油、肉品及其制品、化妆品、乳制品等 15 类产品的满意度进行了计算和评分。结果表明 15 大类产品满意度都达到了及格水平，其中家电产品的满意度突破了 70 分，达到了 70.04，属于"较好"的水平，这说明我国家电产品的质量仍然保持了其质量领先的优势，其根本原因在于家电行业市场化程度最高，竞争最激烈，企业都致力于通过提升产品质量来促进消费者购买。紧随其后的是电脑和移动电话的满意度，分别为 69.61 和 69.03。这两个行业也有较为充分的市场竞争，拥有大量的外资、合资和民营企业的市场参与，总体上消费者还是较为满意的。服装、粮食和汽车也处于"较满意"的水平，满意度指数分别为 67.57、67.48、67.28。排在末尾的是乳制品、肉品及化妆用品,质量满意度指数依次为 62.45、62.35、61.95。这三类产品都是直接与人体接触或食用的产品,关系到消费者切实的生命健康安全。由于近年来频繁发生的重大质量安全事件,如双汇"瘦肉精"、化妆品重金属含量严重超标,以及不断发生的乳制品安全事件,消费者对这类质量伤害事件心有余悸、记忆犹新,因此对它们的满意度评分仅为刚及格。

(二)服务质量满意度

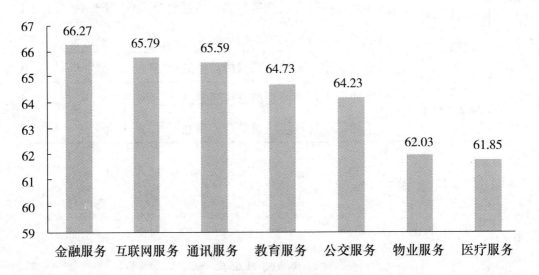

图 11-2　2013 年服务质量满意度指数与排名

2013 年 7 大项目的服务质量满意度指数分布在 60—70 之间,处于及格的水平。按照满意度指数从高到低依次排列分别为:金融服务、互联网服务、通信服务、教育服务、公交服务、物业服务和医疗服务。金融服务以 66.27 分高居榜首,显示出我国金融行业的服务质量领先其他行业的现状。互联网服务和通讯服务分别以 65.79 和 65.59 分位列服务质量满意度排名的第 2 和第 3 位。在当信息化时代人们的日常生活已经离不开互联网和电信行业,这两个行业也在不断的竞争中取得了长足的发展。教育服务以 64.73 分排名第 4 位,教育是国家的基础,国家及地方政府致力于改进教育服务质量提升全民素质,教育服务质量满意度达到了及格的水平。公交服务以 64.23 分位列第 5 位,公交服务虽然遭到诟病,却一直是大多数人选择的出行方式,并且在基础设施和服务方式上不断改进,取得了较大的进步。物业服务和医疗服务分别以 62.03 和 61.85 分排在最后 2 位。物业服务质量反映消费者在日常居住过程中虽然遇到了许多问题和纠纷,但仍达到及格水平。医疗服务满意度指数排在最后,虽然达到及格的水平,但是由于医疗资源紧缺、费用较高,以及医患纠纷等问题仍然严重,依旧是最不满意的项目。

（三）工程质量满意度

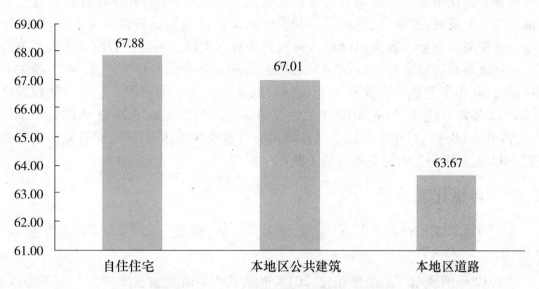

图 11-3　2013 年度工程质量满意度评价

2013 年度工程质量满意度评分总体在 60—70 之间，处在及格的水平。自住住宅质量满意度以 67.88 分排在首位，表明当前住宅工程建设质量是比较有保障的，在消费者心目中的质量满意较高。本地区公共建筑（办公楼、学校、医院等）质量满意度以 67.01 分紧随其后排在第 2 位，表明消费者对公共建筑的质量满意具有基本的认可度。本地区道路质量满意度以 63.67 分排在末尾，突显了当前道路质量的缺陷。

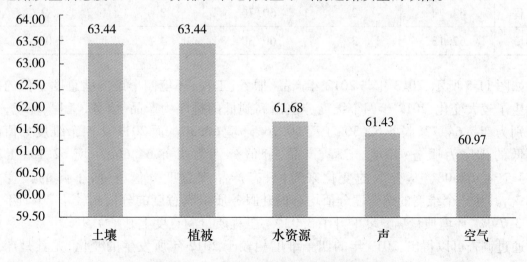

图 11-4　2013 年度环境质量满意度评价

（四）环境质量满意度

2013 年度环境质量满意度评分总体在 60—70 之间，处于及格的水平。环境质量满意度排名情况按照从高到低的顺序依次为土壤、植被、水资源、声、空气。全国范围内的植树造林和绿化工程使得土壤和植被的得分居前,以 63.44 分并列榜首。随着工业和城镇化的不断发展,水资源、噪声污染和空气污染的严重情况日益引起关注,因此评分较低。水资源满意度指数为 61.68,水资源污染和水资源紧缺是许多城市无法回避的问题。声环境质量满意度指数为 61.43,表明当前的声环境已经比较严重,声污染主要来源包括交通(主要是机动车辆)、工业、建筑,以及社会生活噪声等。空气质量满意度虽然较 2012 年略有进步,但从 2012 年的倒数第 2 位的项目变成了 2013 年倒数第 1 位的项目,得分为 60.97,近年来我国空气环境污染日益受到关注,特别是席卷全国的雾霾天气和 PM2.5 超标使人们对空气环境不断产生抱怨。

二 年度比较分析

（一）总体比较:产品质量满意度下降,服务、工程与环境质量满意度上升

与 2012 年的质量观测结果相比,2013 年除了产品质量满意度指数有所下降以外,服务、工程、环境三项的满意度评分均有所上升,如表 11-2 所示。

表 11-2 2013 年宏观质量观测四个维度满意度变化

项目	2013 年分值	位次	2012 年分值	位次	2013 年变化率（%）
产品	62.08	4	64.72	1	-4.08
服务	64.66	1	62.30	3	3.79
工程	63.74	2	60.76	2	4.9
环境	62.13	3	60.30	4	3.03

如图 11-5 所示,2013 年与 2012 年产品、服务、工程、环境四个维度满意度分值的排名发生了较大变化,2012 年四个维度分值由高到低的排序为产品、服务、工程、环境,分值分别为产品 64.72、服务 62.30、工程 60.76、环境 60.30。而 2013 年四个维度分值由高到低的排序为服务、环境、工程、产品,分值分别为服务 64.66、环境 62.13、工程 63.74、产品 62.08。从分数的变化来看,只有产品满意度分值下降,下降的幅度为 4.08%,其他三个维度的满意度分值均有提升服务质量满意度的分值相较于 2012 年上升了 3.79%,环境质量满意度上升了 3.03%,工程质量满意度上升了 4.9%。

通过调查可以得出,2013 年的四个维度相较于 2012 年所发生的变化,尤其是产品质量满意度的下降较为显著。国家质检总局在 2013 年 8 月 30 日所发布的《2013 年上半年产品质量状况分析报告》中,公布了 2013 年国家监督抽查的结果,通过对 43 种 3487 家企业生产的 3639 批次产品,批次抽样合格率为 88.9%,比 2012 年同期下降了 2.2 个百分点。日用消费品类、建筑和装饰装修材料类、工业生产资料类、农业生产资料类等重点产品批次抽样合格率分别为 89.4%、85%、86%、92.1%,同比分别下降了

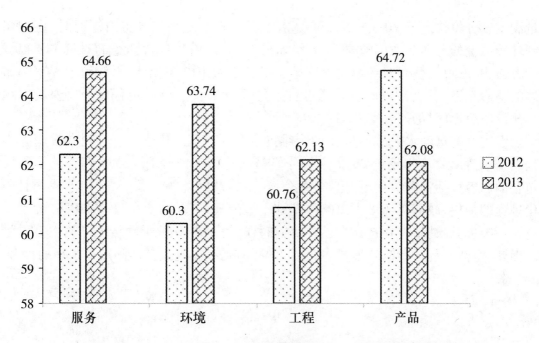

图 11-5　2012 与 2013 年宏观质量观测四个维度满意度对比

1.3、2.8、1.3、2 个百分点。[1] 可以看到,上半年国家监督抽查的结果是各类产品的合格率均有所下降,并且下降的幅度在 1%—3% 之间,这与本次调查的产品质量满意度下降的情况基本一致,说明本次调查能够通过消费者的真实感受反映出产品质量的变化,同时也说明市场中的产品存在质量下降的问题。

服务质量满意度排名首位,离不开我们目前所倡导的传统产业转型升级所带来的服务业的发展,通过推动服务业特别是现代服务业发展壮大,从而优化产业结构,扩大消费需求。本次调查中对于服务业的调查,主要从医疗、教育、公共交通、通讯业、互联网和金融服务几个方面来评价,应当看到目前我国医疗体制改革还在持续深化;2013 年国家对教育的投入超过了 GDP 的 4%;目前全国各大城市为了缓解交通压力,加大了对公共交通的投入力度,如武汉、郑州、杭州等城市的地铁均逐步开通和持续建设;通讯业、互联网和金融服务业由于本身处于较为激烈的竞争环境当中,这些产业所提供的服务的规范化、流程化和客户体验均能够得到消费者的认可。因此,可以看到服务质量满意度在本次调查中排名首位是消费者对于生活质量提升的一种真实反映。

环境质量满意度由 2012 年的最后 1 位上升到第 2 位。事实上我国目前的环境质量问题,已经得到各地政府和消费者的高度重视。特别是雾霾天气的出现越来越频繁,而且范围不断扩大,不仅北方城市雾霾严重,而且已经发展到我国中部各大城市。对于本次调查所呈现出的环境质量上升的结果,应该考虑到本次调查相较于 2012 的调查范围更广,包括了很多环境质量较好的南方城市和西部城市,例如,贵阳、海口等城市的空气

〔1〕　数据来源:《2013 年上半年产品质量状况分析报告》,国家质量监督检验检疫总局(http://www.aqsiq.gov.cn/xxgk_13386/xxgkztfl/tjxx/tjfx/201308/t20130830_375328.htm)。

质量满意度分值均高于 70 分,所以使得整体环境质量水平得到提升。同时,还应当考虑到环境质量的总体满意度包含了绿化、水体等因素,由于本次调查的对象主要以城市消费者为主,城市消费者对环境的直观感受来自于城市的绿地建设、绿色覆盖率和城市水体的整治水平,所以环境质量满意度排名的提升事实上也一定程度上反映我国城市绿化建设所获得的提升。

工程质量满意度水平虽然排在四个维度的最后一位,但是应当看到本次调查中的工程质量满意度分值相较于 2012 年的分值是绝对值上的提升。本次调查的工程质量所包含的内容包括消费者住宅、道路、办公楼、学校及医院的公共建筑,随着我国目前城镇化进程的加快,政府对于城市道路等基础设施的投入越来越大,学校和医院的硬件设施也在不断提升,消费者在选购自己住房的时候,对于自身居所也会十分关注其质量水平。因此,虽然工程质量满意度排名最后 1 位,但是不能掩盖其实际质量水平的提升。

（二）产品质量满意度比较:药品与农业生产资料质量满意度大幅提升

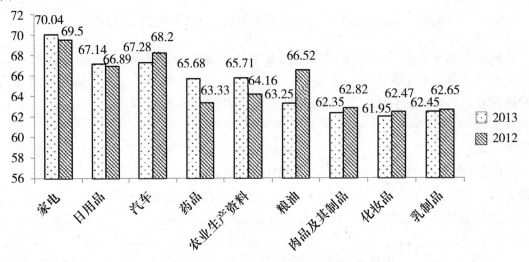

图 11-6 2012 与 2013 年产品质量满意度对比

对比 2012—2013 年度产品质量满意度指数情况得出了以下的结论。从 2012 年到 2013 年质量满意度评价高居榜首的是家电产品,且 2013 年满意度指数高出 2012 年 0.54 分,说明我国市场上的家电产品质量越来越能获得消费者的一致认可。从 2012—2013 年质量满意度评价居最后 3 位的依旧是肉品及其制品、化妆品和乳制品,并且两年的评价指数没有显著的变化。具体而言,肉品及其制品 2012 年满意度指数为 62.82,2013 年满意度指数为 62.35;化妆品 2012 年满意度指数为 62.47,2013 年满意度指数为 61.95 略有微弱下降;乳制品 2012 年满意度指数为 62.65,2013 年满意度指数为 62.45,两年得分基本持平。

（三）服务质量满意度比较：互联网、公交、医疗、物业服务质量满意度均有提升

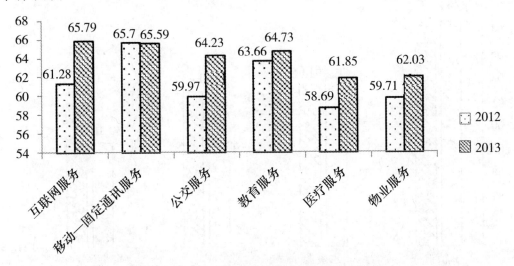

图 11-7　2012—2013 年服务质量满意度对比

通过对 2012 年与 2013 年的质量观测报告中相同的项目进行对比，得出了以下结论。从 2012 年到 2013 年，互联网服务质量满意度从 61.28 提升到 65.79，提升幅度为 4.15。随着互联网服务基础线路、网络流量和网络速度的不断完善，消费者对互联网服务质量的满意度越来越高。移动—固定通讯服务质量满意度 2012 年为 65.70，2013 年为 65.59，两年数据基本持平。我国的移动或固定通讯基础设施建设已经较为完善，多家移动、固定通讯服务提供商展开了激烈竞争，为消费者提供各种服务项目，因此能够获得较高的满意度。公交服务质量满意度有大幅提升，从 2012 年的 59.92 提升到 2013 年的 64.23，提升幅度为 4.31。教育服务质量满意度略有提升，从 2012 年的 63.66 提升到 2013 年的 64.73。医疗服务质量满意度有大幅提升，从 2012 年的 58.69 提升到 2013 年的 61.85，提升幅度为 3.16。物业服务质量满意度有较大幅度提升，从 2012 年的 59.71 提升到 62.03，提升幅度为 2.32。

2012 年观测报告曾经指出，随着金融市场的不断完善和发展、金融产品的不断创新、政府对金融行业管制的不断规范，金融服务水平得到与之相适应的提高，因而消费者对银行服务的满意度也较高。互联网和通讯行业有着较充分的市场竞争和放松的政府规制，因此互联网服务和通讯服务满意度紧随其后，其顾客满意度也达到消费者的一般心理预期。而公共交通服务、物业服务和医疗服务排名依然落后。城市公共交通和医疗卫生服务，市场化程度不高，竞争机制还不充分，这些服务的提供还不能适应经济社会发展和人民群众的需要。

（四）环境质量满意度比较：声环境、空气质量满意度有所提升

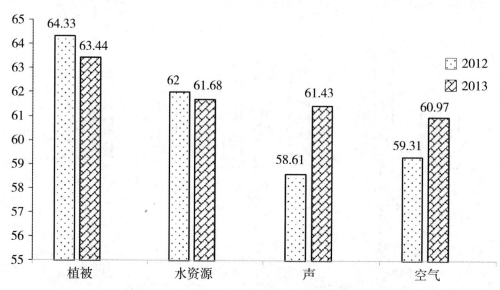

图 11-8　2012—2013 年度环境质量满意度评价对比

对比 2012—2013 年度环境质量满意度，发现整体环境满意度有所好转，其中植被和水资源环境质量满意度有轻微降幅，声和空气质量满意度有大幅提升。植被满意度略有下降，从 2012 年的 64.33 降为 2013 年的 63.44。水资源满意度略有下降，从 62 降为 61.68。声环境质量满意度从 58.61 提升到 61.43，提升幅度为 2.82。空气质量满意度从 59.31 提升到 60.97，升幅为 1.66。

表 11-3　2012—2013 年度环境质量满意度评价对比

环境质量	2013	2012	升幅
植被	63.44	64.33	−0.89
水资源	61.68	62	−0.32
声	61.43	58.61	2.82
空气	60.97	59.31	1.66

（五）分值分布比较：评价结果更为集中

表 11-4　2012 与 2013 年总体质量满意度评价分布结构对比

区间	频率	2012 比重（%）	频率	2013 比重（%）
(70，100]	7	6.14	1	2.94
(65，70]	28	24.56	13	38.24
(60，65]	51	44.74	20	58.82
(0，60]	28	24.56	0	0

通过对本次调查问卷答案的结构分析(见表11-5),可以看到2013年的调查结果相较于2012的变化主要体现在,高分和低分的比例都在下降,例如,选项分值在70分以上的比例由2012年的6.14%下降到2013年的2.94%,下降幅度为3.2%;选项分值在60分以下的由2012年的24.56%,下降到0。将质量满意度评价分布结构与本地区产品质量的总体满意度打分结合分析可以看到,本次调查中消费者对产品质量的总体满意度为62.08,这是消费者根据自身的生活感触和实践对整体质量满意度的一种评估,而分布结构中大于60小于等于65这个区间的比重达到58.82%,说明2013年的调查结果更为集中,不会出现2012年由于某些选项的分值过高或过低影响整体结果。

表11-5　2012与2013年产品质量满意度评价分布结构对比

比较项目	区间	2012比重(%)	2013比重(%)
产品质量 满意度评分	(70, 100]	21.21	6.25
	(65, 70]	33.33	50
	(60, 65]	42.42	43.75
	[0, 60]	3.03	0
服务质量 满意度评分	(70, 100]	0%	0
	(65, 70]	22.22	37.5
	(60, 65]	42.59	62.5
	[0, 60]	35.19	0
工程质量 满意度评分	(70, 100]	0	0
	(65, 70]	36.36	50
	(60, 65]	45.46	50
	[0, 60]	18.18	0
环境质量 满意度评分	(70, 100]	0	0
	(65, 70]	6.25	0
	(60, 65]	56.25	100
	[0, 60]	37.5	0

如表11-5所示,除了总体质量满意度评价的结构发生了较大变化以外,产品、服务、工程、环境四个维度的评价结果的分布也呈现出同样的变化。可以看到,四个维度的评价结果都较为集中于大于60小于等于65分这个区间,产品质量满意度评价结果中处于大于60小于等于65分这个区间的达到43.75%,服务质量满意度评价结果中处于大于60小于等于65分这个区间的达到62.5%,工程质量满意度处于大于60小于等于65分

和大于 65 小于等于 70 分区间的比重各占 50%,而环境质量满意度处于大于 60 小于等于 65 分这个区间的为 100%。说明调查结果的整体结构得到改善,调查的结果能够更为真实的反映出质量现象。

三　地区排名分析

(一)省区排名:辽宁、吉林、山东排前三位

满意度是消费者满足情况的反馈,它是对产品和服务性能,以及产品或服务本身的评价选,消费者对一项产品或服务满意程度的高低,是衡量该产品或服务的最基本评价标准。通过一个地区消费者对质量满意度的评价,我们可以直接获得当地质量的状况。消费者从产品、服务、环境和工程等方面对一个地区的质量满意度进行评价,一个地区消费者质量满意度越好,当地的质量越能满足消费者需求,其发展程度也越好。

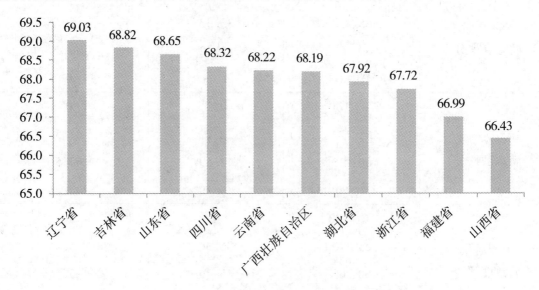

图 11-9　全国各省质量满意度指数排名

通过对各省的质量满意度指数进行排名,我们得到表 11-6 中的数据,排名前 10 位的分别是辽宁省、吉林省、山东省、四川省、云南省、广西壮族自治区、湖北省、浙江省、福建省和山西省。通过与宏观质量指数排名对比,我们可以发现,质量满意度指数排名前 10 位的省份也是宏观质量指数排名前 10 位的省份,只是各个省份的排名有所差别。

表 11-6　全国各省质量满意度指数排名

排名	地区	质量满意度指数	GDP 增长率(%)
1	辽宁省	69.03	9.0
2	吉林省	68.82	8.3
3	山东省	68.65	9.6

表 11-6（续）

排名	地区	质量满意度指数	GDP 增长率（%）
4	四川省	68.32	10.0
5	云南省	68.22	12.1
6	广西壮族自治区	68.19	10.2
7	湖北省	67.92	10.1
8	浙江省	67.72	8.2
9	福建省	66.99	11.0
10	山西省	66.43	8.9
全国平均水平		64.61	7.7

地区 GDP 增长率与质量满意度存在一定相关。相比全国 GDP 增长率 7.7% 而言，质量满意度排名前 10 位的省份 GDP 增长率均远高于全国水平。地区 GDP 增长率反映了一个地区经济发展的势头以及人们对地区发展的期望程度，GDP 增长率较高的省份，其发展也能在更大程度上满足人们的各种需求，因而质量满意度也比较高。

（二）城市排名：天津、南宁、杭州排前三位

表 11-7　全国主要城市质量满意度指数排名

排名	地区	质量满意度指数
1	天津市	70.00
2	南宁市	69.37
3	杭州市	68.42
4	武汉市	67.97
5	上海市	67.68
6	成都市	67.38
7	长春市	67.31
8	济南市	66.71
9	福州市	66.69
10	长沙市	66.38

通过对各主要城市之间的比较，我们可以看到，质量满意度指数排名前 10 位的分别是天津市、南宁市、杭州市、武汉市、上海市、成都市、长春市、济南市、福州市和长沙市。

质量满意度指数的排名前 10 位的城市中,天津、南宁、杭州、武汉、上海和长春这 6 个城市在宏观质量指数排名中,也处在前 10 位的位置。质量满意度指数排名与质量安全评价指数排名具有较大的一致性,除了福州和长沙市不在质量安全评价指数前 10 位之外,其余 8 个城市都排在质量安全评价前 10 位。

(三)产品质量满意度:天津、山东、广西排前三位

产品质量是质量观测的重要内容,也是大众消费者比较关注的问题,包括了 16 个具体产品的分类。表 11-8 列出了全国不同省份消费者对本地区的产品质量满意度的评价排名。

表 11-8 本地区产品质量的总体满意度排名

排名	地区	本地区产品质量的总体满意度(分)
1	天津市	70.67
2	山东省	69.71
3	广西壮族自治区	68.40
4	吉林省	67.79
5	辽宁省	67.00
6	福建省	66.81
7	浙江省	66.25
8	四川省	65.33
9	山西省	64.19
10	湖北省	64.18
全国总体产品质量满意度		62.36

通过省份之间的比较,我们可以看到,产品质量满意度指数排名前 10 位的省份(自治区、直辖市)分别是天津、山东、广西、吉林、辽宁、福建、浙江、四川、山西、湖北,其中仅有排名第一的天津评价得分在 70 分以上,与排名第十的湖北高出 6.49 分。排名前 10 位的省份得分均在全国整体产品质量满意度水平之上,排名第十位的湖北得分也高出全国平均水平 1.82 分。

与总体质量满意度指数的排名前 10 位的省份(自治区、直辖市)进行比较,我们可以发现,天津、山东、广西、吉林、辽宁、浙江、四川、湖北 8 个省份在宏观质量指数排名中,也处在前 10 的位置。省份间的产品质量满意度排名与总体质量指数排名具有很高的一致性。

（四）食品质量满意度：天津、辽宁、山西排前三位

在产品质量中,消费者对食品的质量尤为关注。民以食为天,食品是消费者生活的基本保障。食品安全保障的是底线问题,食品质量满意度则反映的是安全底线之上食品满足公众需求的程度。表11-9列出了全国各省份消费者对本地区食品质量满意度的排名情况。

表11-9　本地区食品质量的总体满意度排名

排名	地区	本地区食品质量的总体满意度（分）
1	天津市	68.22
2	辽宁省	68.08
3	山西省	67.50
4	吉林省	67.43
5	山东省	67.07
6	上海市	66.55
7	广西壮族自治区	66.38
8	浙江省	65.97
9	福建省	65.25
10	云南省	65.23
全国总体食品质量满意度		61.67

食品质量满意度排名前10位的省份(自治区、直辖市)依次为:天津、辽宁、山西、吉林、山东、上海、广西壮族自治区、浙江、福建与云南。排名前10位的得分均分布在区间(65,69)之中,省份间的差距相对较小。但是相比全国整体食品质量满意度指数61.67而言,排名第10位的云南也高于3.66分,因此排名前10位的省份食品质量满意度明显领先全国整体水平。

食品质量是产品质量的重要组成部分。将食品质量满意度排名与产品质量满意度排名进行对比分析可以发现,天津、辽宁、山西、吉林、山东、广西壮族自治区、浙江、福建8个省份(自治区、直辖市)在产品质量满意度指数排名中,也处在前10位的位置。省份间的食品质量满意度排名与产品质量满意度排名同样具有很高的一致性。

（五）乳制品质量满意度：云南、辽宁、黑龙江排前三位

自国内乳制品发生三聚氰胺事件到今年新西兰恒天然"双氰胺"超标事件,乳制品一直让消费者人心惶惶终日不得安宁。在消费者普遍对乳制品质量心存疑虑情况之下,全国各地区对乳制品质量的评价也有所差别。表11-10列出了各省份消费者对本地区乳制品质量满意度的评价排名。

表 11-10   本地区乳制品质量的满意度排名

排名	地区	本地区乳制品质量的满意度（分）
1	云南省	69.36
2	辽宁省	69.04
3	黑龙江省	68.11
4	上海市	67.93
5	浙江省	67.64
6	宁夏回族自治区	66.89
7	广西壮族自治区	66.17
8	山西省	66.13
9	青海省	65.90
10	吉林省	65.64
全国总体乳制品质量满意度		62.71

乳制品质量满意度排名前 10 位的省份（自治区、直辖市）依次是云南、辽宁、黑龙江、上海、浙江、宁夏回族自治区、广西壮族自治区、山西、青海、吉林。从排名中可以大致看出，东北三省辽宁、黑龙江与吉林，经济相对比较发达、对外开放程度相对较高的上海与浙江地区，以及经济欠发达的周边省份云南、广西与青海等，乳制品满意度相对处于较高的水平。即使排名第 10 位的吉林省，也比全国平均水平高出了 2.93 分。

相比产品质量满意度与食品质量满意度的排名而言，乳制品质量满意度前 10 位的排名则表现出了一致性相对较差的情况，4 个省份进入产品满意度前 10 位的排名，6 个省份进入食品满意度前 10 位的排名。这表明乳制品质量满意度受地区特征的影响相对较大。

（六）医疗服务质量满意度：上海、天津、山东排前三位

医疗服务质量是消费者关注的焦点之一。表 11-11 列出了各省份消费者对本地区医疗服务质量满意度的排名情况。

表 11-11   本地区医疗服务质量的总体满意度排名

排名	地区	本地区医疗服务质量的总体满意度（分）
1	上海市	69.31
2	天津市	69.11
3	山东省	68.10

表 11-11（续）

排名	地区	本地区医疗服务质量的总体满意度（分）
4	浙江省	67.78
5	辽宁省	67.71
6	四川省	66.63
7	吉林省	65.36
8	湖北省	65.19
9	云南省	64.86
10	福建省	64.13
全国总体医疗服务质量满意度		61.96

从表中可以看出，医疗服务质量满意度的地区前 10 位为上海、天津、山东、浙江、辽宁、四川、吉林、湖北、云南与福建。经济相对较发达的地区，如上海、天津、山东与浙江等，排名比较靠前。

（七）环境质量满意度：云南、宁夏、福建排前三位

各省份消费者对本地区环境质量满意度的排名情况如表 11-12 所示。

表 11-12　本地区环境质量的总体满意度排名

排名	地区	本地区环境质量的总体满意度（分）
1	云南省	71.93
2	宁夏回族自治区	70.81
3	福建省	70.69
4	广西壮族自治区	69.57
5	吉林省	68.43
6	海南省	68.33
7	辽宁省	68.25
8	天津市	67.67
9	四川省	67.04
10	山东省	65.45
全国总体环境质量满意度评价		62.34

从表中可以看出，环境质量满意度的地区前 10 位为云南、宁夏回族自治区、福建、

广西壮族自治区、吉林、海南、辽宁、天津、四川及山东。云南、宁夏、广西、海南等经济相对欠发达地区排名比较靠前。

四　区域差异分析

（一）东、中、西部地区产品质量满意度依次递减

图 11-10 显示,产品质量满意度总体得分从东部(63.09 分)、中部(62.21 分)、西部(60.16 分)依次递减。

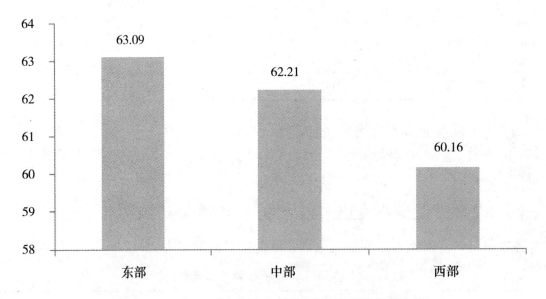

图 11-10　产品质量满意度总体得分的区域差异(分)

表 11-13　产品质量满意度指数的区域差异

观测指标	西部	中部	东部
本地区乳制品质量的满意度	63.40	62.64	61.13
本地区药品质量的总体满意度	64.59	65.79	66.27
本地区移动电话质量的总体满意度	66.90	69.86	70.03
本地区电脑质量的总体满意度	67.12	70.21	70.82
本地区化妆用品质量的总体满意度	60.36	62.29	62.55
本地区儿童用品质量的总体满意度	61.40	63.65	64.25
本地区服装质量的总体满意度	65.46	68.16	68.29

在具体产品质量观测中,根据西部、中部、东部的地区差异,发现了产品质量满意度指数的差异。在对乳制品质量满意度的评价中,呈现明显的区域差异。西部地区乳制品质量满意度最高分值为 63.40 分,中部地区居中分值为 62.64 分,东部地区排最后分

值为 61.13 分。这表明,总体而言东部地区在市场化、信息开放程度等方面均较为发达,质量的市场竞争较为发达,因而质量发展的总体水平较高,验证了质量发展与市场化程度呈正相差的假设。不过,在所有的产品中,只有乳制品的满意度的区域变化趋势与其他产品是相反的,在东中西部地区依次递增,这表明乳制品在我国的消费者中具有一定的特殊性,由于乳制品领域的质量安全事件的发生对消费者的安全感受造成了较大的影响,而中西部地区,由于收入较低,对于乳制品的期望值也可能较低。

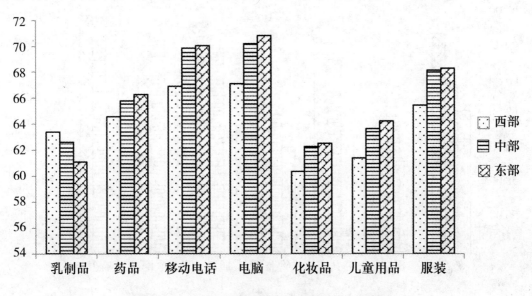

图 11-11 产品质量满意度得分的区域差异

(二)东部地区服务质量满意度全面高于中西部地区

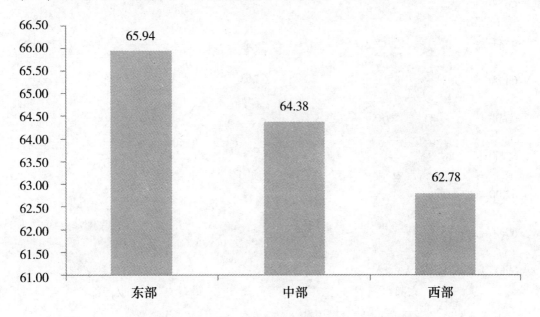

图 11-12 服务质量满意度总体得分的区域差异(分)

　　在具体服务质量满意度观测中,根据西部、中部、东部的地区差异,发现了服务质量满意度得分的差异。教育服务质量满意度区域差异明显,西部地区质量满意度最低分值为 62.20 分,中部地区居中分值为 63.71 分,中西部大幅落后于东部地区的 66.72 分。就服务质量而言,也大体体现了市场竞争程度与质量满意度的正相关关系。

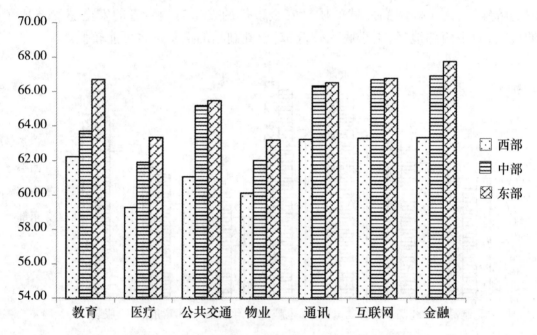

图 11-13　服务质量满意度得分的区域差异

（三）东部地区工程质量满意度全面高于中西部地区

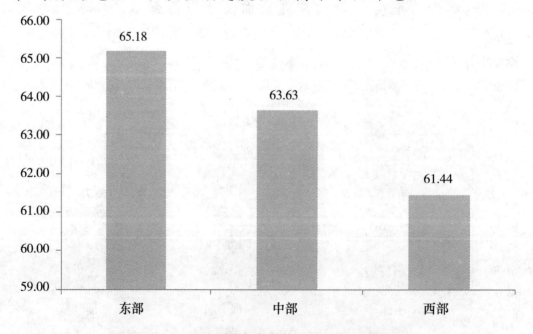

图 11-14　工程质量满意度总体得分的区域差异(分)

　　在具体工程质量满意度观测中,根据西部、中部、东部的地区差异,发现了工程质量满意度指数的差异。公共建筑和道路的质量满意度差异呈现出东中西部依次递减的规律。东部地区经济发展基础较好,因而在公共工程方面有较多的投入,此外市场化程度同样对于工程质量具有重要的推动作用。一些公共工程的建设管理,如道路养护、管道维护等引入了一些市场化机制,在东部地区均率先实施,如江苏南京在路面井盖管理中引入了保险与救济机制。

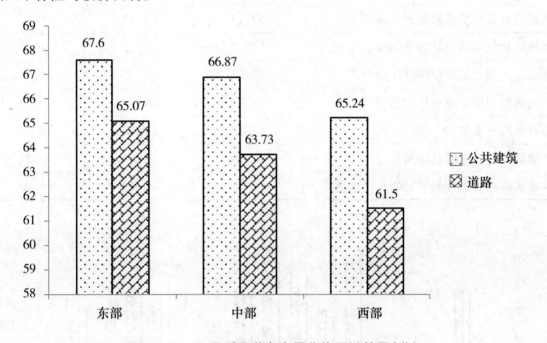

图 11-15　工程质量满意度得分的区域差异(分)

五　评价结构分析

(一) 男性比女性对产品质量满意度评价普遍更高

表 11-14　男性、女性消费者的产品质量满意度得分对比表

观测指标	男	女	男－女
本地区产品质量的总体满意度	62.35	61.84	0.51
本地区食品质量的总体满意度	61.76	61.14	0.62
本地区粮食(米面等)质量的总体满意度	67.57	67.39	0.18
本地区食用油质量的总体满意度	63.17	63.31	－0.14
本地区肉类质量的总体满意度	62.87	61.86	1.01
本地区乳制品质量的满意度	62.46	62.43	0.03
本地区家用电器质量的总体满意度	70.59	69.52	1.07

表 11-14（续）

观测指标	男	女	男 − 女
本地区药品质量的总体满意度	65.42	65.93	− 0.51
本地区移动电话质量的总体满意度	69.02	69.03	− 0.01
本地区电脑质量的总体满意度	69.64	69.57	0.07
本地区日用消费品质量的总体满意度	67.12	67.15	− 0.03
本地区化妆用品质量的总体满意度	61.77	62.12	− 0.35
本地区儿童用品质量的总体满意度	63.22	63.33	− 0.11
本地区服装质量的总体满意度	67.97	67.19	0.78
本地区汽车质量的总体满意度	67.53	67.06	0.47
本地区电梯质量的总体满意度	65.09	63.59	1.50
本地区农业生产资料质量的总体满意度	66.25	65.22	1.03

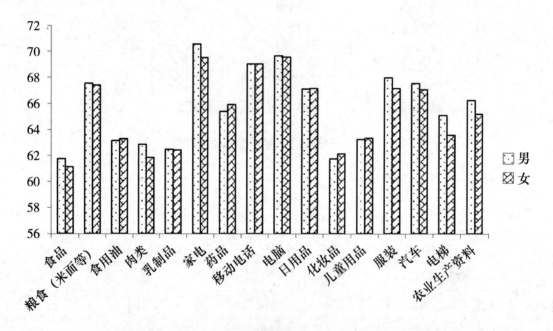

图 11-16　男性、女性消费者的产品质量满意度得分对比

在对产品质量满意度的评价中,男性的产品质量总体满意度高于女性,分别为 62.35 分和 61.84 分。如表 11-14 和图 11-15 中,产品质量的二级指标对比中,同样呈现性别不平衡的状况。

（二）产品质量满意度的城乡二元化结构明显

对于粮食(米面等),城市消费者(67.35 分)的满意度低于农村消费者(67.80 分);

对于电梯,城市消费者(64.24 分)质量满意度低于农村消费者(64.50 分);对于农业生产资料,城市消费者(65.61 分)的满意度低于农村消费者(65.97 分)。

表 11-15　城市、农村消费者的产品质量满意度得分对比表

观测指标	城市	农村	城市—农村
本地区产品质量的总体满意度	62.40	61.26	1.14
本地区食品质量的总体满意度	61.56	61.13	0.43
本地区粮食(米面等)质量的总体满意度	67.35	67.80	−0.44
本地区食用油质量的总体满意度	63.53	62.52	1.01
本地区肉类质量的总体满意度	62.62	61.65	0.97
本地区乳制品质量的满意度	62.87	61.36	1.51
本地区家用电器质量的总体满意度	70.65	68.44	2.21
本地区药品质量的总体满意度	66.12	64.54	1.58
本地区移动电话质量的总体满意度	69.35	68.19	1.15
本地区电脑质量的总体满意度	70.11	68.30	1.82
本地区日用消费品质量的总体满意度	67.60	65.93	1.67
本地区化妆用品质量的总体满意度	62.55	60.40	2.15
本地区儿童用品质量的总体满意度	63.39	62.99	0.40
本地区服装质量的总体满意度	68.11	66.15	1.96
本地区汽车质量的总体满意度	67.94	65.59	2.34
本地区电梯质量的总体满意度	64.24	64.50	−0.25
本地区农业生产资料质量的总体满意度	65.61	65.97	−0.36

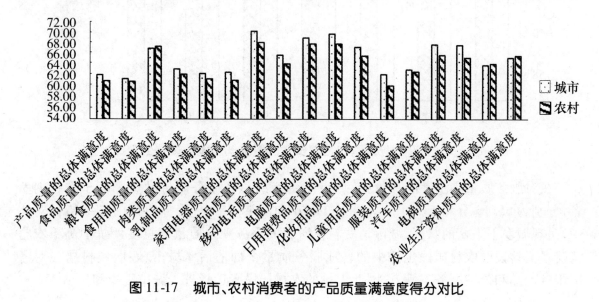

图 11-17　城市、农村消费者的产品质量满意度得分对比

（三）城市消费者的服务质量满意度高于农村消费者

表 11-16　城市消费者、农村消费者的服务质量满意度得分对比表

观测指标	城市	农村	城市—农村
本地区服务质量的总体满意度	65.19	63.31	1.88
本地区教育服务质量的总体满意度	64.84	64.46	0.38
本地区医疗服务质量的总体满意度	62.27	60.75	1.52
本地区公共交通服务质量的总体满意度	64.79	62.78	2.01
本地区物业服务质量的总体满意度	62.10	61.84	0.25
本地区通讯服务质量的总体满意度	65.97	64.62	1.35
本地区互联网服务质量的总体满意度	66.33	64.39	1.94
本地区金融服务服务质量的总体满意度	66.76	64.99	1.77

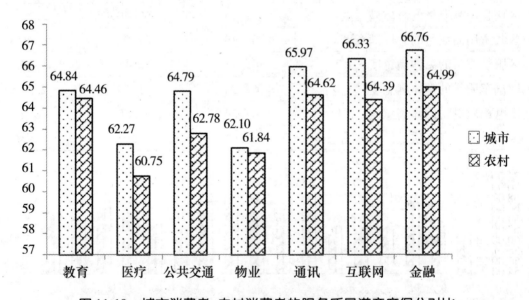

图 11-18　城市消费者、农村消费者的服务质量满意度得分对比

在对服务质量满意度的评价中,城市消费者的总体服务质量满意度高于农村消费者,分别为 65.19 分和 63.31 分。如表 11-16 和图 11-18 中,服务质量的二级指标对比中,呈现城乡不平衡的状况,城市消费者在所有的服务项目质量满意度评价中高于农村消费者。这说明农村居民生活中的各项服务质量全面落后于城市,表明农村居民对各项服务产品和公共服务不满意,因此大量的农村居民会选择进入城市工作和生活。

（四）城市消费者的工程质量满意度高于农村消费者

表 11-17　城市消费者、农村消费者的工程质量满意度得分对比表

观测指标	城市	农村	城市—农村
本地区工程质量的总体满意度	64.17	62.65	1.51
自住住宅的质量总体满意度	68.03	67.49	0.54
本地区道路的质量总体满意度	64.01	62.78	1.23
本地区公共建筑（如办公楼、学校、医院等）的质量总体满意度	67.17	66.57	0.60

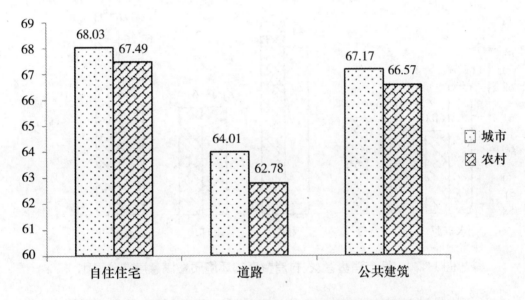

图 11-19　城市消费者、农村消费者的工程质量满意度得分对比

在对工程质量满意度的评价中，城市消费者的总体服务质量满意度高于农村消费者，分别为 64.17 分和 62.65 分。如表 11-17 和图 11-19 中，工程质量的二级指标对比中，呈现城乡不平衡的状况，城市消费者在所有的工程项目满意度评价中高于农村消费者。这说明农村居民生活中的工程项目质量全面落后于城市，表明农村居民对工程项目和基础设施不满意，因此大量的农村居民会选择进入城市工作和生活。

（五）城市居民对水、声环境更满意，农村居民对空气、植被、土壤环境更满意

表 11-18　城市消费者、农村消费者的环境质量满意度得分对比表

观测指标	城市	农村	城市—农村
本地区环境质量的总体满意度	62.34	61.61	0.73

表 11-18（续）

观测指标	城市	农村	城市—农村
本地区水资源环境质量的总体满意度	62.09	60.64	1.44
本地区空气环境质量的总体满意度	60.93	61.08	-0.16
本地区植被环境质量的总体满意度	63.34	63.70	-0.36
本地区声环境质量的总体满意度	61.44	61.43	0.01
本地区土壤质量的总体满意度	63.26	63.93	-0.67

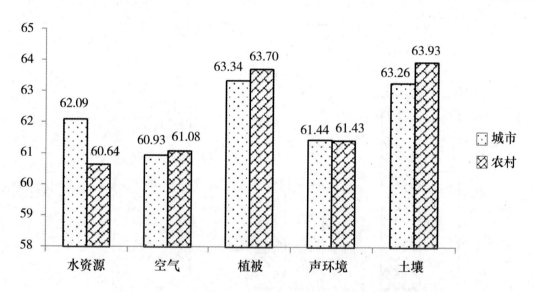

图 11-20 城市消费者、农村消费者的环境质量满意度得分对比

在对环境质量满意度的评价中,存在一定的城乡差异,城市消费者的总体环境质量满意度高于农村消费者,分别为 62.34 分和 61.61 分。在二级指标对比中,城乡环境质量没有显示出特别的差异,一些项目城市居民满意度较高,另一些项目农村居民满意度较高。

（六）环境质量满意度随着收入的增长而下降

表 11-19 不同收入消费者的空气、植被、土壤质量满意度得分

观测指标	3000 元以下	3001—5000 元	5001—10000 元	10001 元以上
空气	62.41	62.18	60.37	58.03
植被	64.30	64.05	63.22	61.47
土壤	64.21	64.57	63.34	59.98

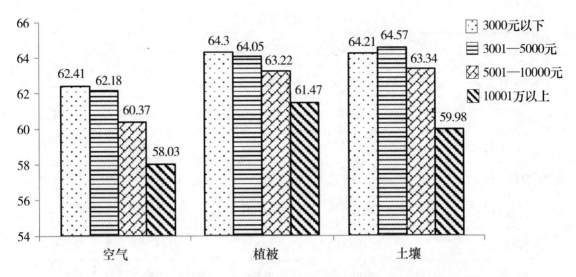

图 11-21　不同收入消费者的空气、植被、土壤质量满意度得分

对于环境质量满意度,四个不同收入的消费者质量满意度评价呈现了一定的趋势特征,表 11-19 和图 11-21 显示,在空气、植被、土壤三个领域,被调查者的收入越高,环境质量满意度评价越低。高收入群体见多识广,对环境质量满意度要求较高。

六　回归相关分析

对于质量满意度的回归分析选取了产品、工程、服务以及环境四个领域的总体满意度评价,在模型设定上,考虑到满意度可能与收入的二次曲线型关系,本部分的回归中加入了家庭收入的二次方,以检验倒 U 形曲线关系的存在性。

(一)年龄和收入因素显著影响产品质量满意度

表 11-20　产品总体满意度回归结果

被解释变量:产品总体满意度				
解释变量	参数估计值	标准误差	z 统计量	P 值
性别(女性 = 0;男性 = 1)	0.0301	0.0296	1.0100	0.3100
年龄	0.0261	0.0147	1.7800	0.0750
户籍(农村 = 0;城市 = 1)	0.0521	0.0355	1.4700	0.1420
受教育程度	0.0130	0.0106	1.2300	0.2180
家庭收入的平方	0.0000	0.0000	0.8200	0.4100
家庭收入	− 0.0000	0.0000	− 2.3200	0.0200

表 11-21　家用电器满意度回归结果

被解释变量:家用电器满意度

解释变量	参数估计值	标准误差	z 统计量	P 值
性别(女性 = 0;男性 = 1)	− 0.0206	0.0296	− 0.6900	0.4870
年龄	− 0.0167	0.0146	− 1.1400	0.2530
户籍(农村 = 0;城市 = 1)	0.0592	0.0355	1.6700	0.0950
受教育程度	0.0203	0.0106	1.9200	0.0550
家庭收入的平方	− 0.0000	0.0000	− 0.4100	0.6820
家庭收入	− 0.0000	0.0000	− 1.0800	0.2800

表 11-22　日用消费品满意度回归结果

被解释变量:日用消费品满意度

解释变量	参数估计值	标准误差	z 统计量	P 值
性别(女性 = 0;男性 = 1)	− 0.0081	0.0297	− 0.2700	0.7840
年龄	− 0.0047	0.0147	− 0.3200	0.7500
户籍(农村 = 0;城市 = 1)	0.0767	0.0356	2.1600	0.0310
受教育程度	0.0236	0.0106	2.2200	0.0260
家庭收入的平方	− 0.0000	0.0000	− 0.4300	0.6690
家庭收入	− 0.0000	0.0000	− 1.1900	0.2350

产品质量满意度的回归结果表明,只有年龄和收入两个变量对于产品质量满意度有显著性影响,收入的二次方不显著,表明产品质量满意度与收入之间的倒 U 形曲线关系不显著,表明了收入增长对于产品质量满意度的效应主要是增加了预期与实际感知的差距。年龄对于产品质量满意度的效应显著为正,与前文的描述性统一结果是一致的,年龄较大的消费者相对而言可能对于产品质量的总体预期较低。控制其他变量以后,城市与农村的产品质量满意度差异并不显著,表明城乡之间的质量二元性主要是结构性的,突出地表现在家用电器、日用消费品等方面,如表 11-21 与表 11-22 的回归结果所示,在控制其他个体特征变量以后,在家用电器和日用消费品方面,城市居民的满意度仍显著地高于农村居民。

(二)年龄与受教育程度显著影响服务质量的总体满意度

表 11-23 服务总体满意度回归结果(模型一)

被解释变量:服务总体满意度				
解释变量	参数估计值	标准误差	z 统计量	P 值
性别(女性 = 0;男性 = 1)	− 0.0190	0.0296	− 0.6400	0.5200
年龄	0.0557	0.0146	3.8100	0.0000
户籍(农村 = 0;城市 = 1)	0.0534	0.0354	1.5100	0.1320
受教育程度	0.0232	0.0106	2.1900	0.0280
家庭收入的平方	− 0.0000	0.0000	− 0.5600	0.5760
家庭收入	− 0.0000	0.0000	− 0.7700	0.4400

表 11-24 服务总体满意度回归结果(模型二)

被解释变量:服务总体满意度				
解释变量	参数估计值	标准误差	z 统计量	P 值
性别(女性 = 0;男性 = 1)	− 0.0185	0.0296	− 0.6300	0.5310
年龄	0.0558	0.0146	3.8200	0.0000
户籍(农村 = 0;城市 = 1)	0.0539	0.0354	1.5200	0.1280
受教育程度	0.0236	0.0105	2.2400	0.0250
家庭收入	− 0.0000	0.0000	− 2.5700	0.0100

对于服务质量满意度的回归结果表明,服务质量与收入之间的倒 U 形曲线关系仍然不显著。但在一个不含收入平方的模型中(表 11-24),可以看到收入的变量变得显著了,收入增长对于服务质量的影响主要是线性的,即随着收入的增长对于服务的质量的预期会提高,而服务本身的发展速度相对滞后,导致收入对于服务质量满意度有负效应。年龄和受教育程度是影响服务质量总体满意度的两个主要变量。

(三)工程质量的满意度存在着显著的城乡差异

表 11-25 工程总体满意度回归结果

被解释变量:工程总体满意度				
解释变量	参数估计值	标准误差	z 统计量	P 值
性别(女性 = 0;男性 = 1)	0.0216	0.0296	0.7300	0.4660
年龄	− 0.0128	0.0146	− 0.8700	0.3820
户籍(农村 = 0;城市 = 1)	0.0779	0.0355	2.1900	0.0280

表 11-25（续）

被解释变量:工程总体满意度				
解释变量	参数估计值	标准误差	z 统计量	P 值
受教育程度	0.0025	0.0106	0.2400	0.8110
家庭收入的平方	0.0000	0.0000	1.1100	0.2680
家庭收入	− 0.0000	0.0000	− 2.1200	0.0340

表 11-25 的回归结果表明,控制其他变量的影响以后,仅有户籍和收入变量对于工程质量满意度是显著的,即使城市居民的收入高于农村居民,且有收入增长对于满意度的负效应,但城市的工程质量满意度仍显著地高于农村。与 2012 年质量观测的结果相一致,我国的农村地区不仅在公共工程的供给数量上不足,在工程的质量上与城市相比也存在着较大的差距。

（四）环境质量满意度与收入之间存在显著的倒 U 形曲线关系

表 11-26 环境总体满意度回归结果

被解释变量:环境总体满意度				
解释变量	参数估计值	标准误差	z 统计量	P 值
性别(女性 = 0;男性 = 1)	− 0.0073	0.0295	− 0.2500	0.8060
年龄	0.0171	0.0146	1.1700	0.2410
户籍(农村 = 0;城市 = 1)	0.0554	0.0354	1.5700	0.1170
受教育程度	− 0.0221	0.0106	− 2.0900	0.0370
家庭收入的平方	0.0000	0.0000	2.1500	0.0320
家庭收入	− 0.0000	0.0000	− 2.8900	0.0040

表 11-26 的回归结果表明,在环境质量满意度方面,受教育程度和收入的效应是显著的。并且收入与环境质量满意度之间的倒 U 形曲线关系是显著的,即环境质量的满意度一开始会随着收入的增长而增长,而到了一定阶段以后会随着收入的增长而下降。这与区域的环境兹涅茨假说并不相同,该假说认为环境污染与收入增长之间是一个先正相关后负相关的过程,是一个时间上动态的过程,而这里的环境质量满意度考虑的是个体的静态的满意度,收入不同的消费者出现在同一区域以及在相同的时点上。对于环境满意度的这种倒 U 形曲线,可能的解释是:收入较低的群体,其对于环境质量的要求相对较低,并且随着收入的增长可以选择区域内环境相对较好的地区来生活,如植被环境较好、水资源相对安全等,而收入较高的群体对环境的需求日益增长,因而产生了较高的预期,并且这种区域内的选择到了一定程度之后不再有满意改善的效应,如空

气、水的污染一般是全局性的,因而满意度会较低。另一个值得注意的是,文化程度较高的消费者对于环境质量的满意度显著较低,因此在一个区域内,虽然环境对于所有人几乎是平等的,但是对于文化水平较高的消费者可能对于环境污染的危害有更多的了解,从而产生更多的担忧,导致其质量满意度较低。

第十二章

维度三：质量公共服务的统计分析

一 统计结果排序

表 12-1 质量公共服务的统计结果（按分值排序）

	观测指标（问项）	分值（降序）	排序
质量公共服务（57.82）	政府发布质量信息的及时性	60.24	1
	政府所发布质量信息对您消费的指导作用	60.10	2
	对政府所发布质量信息的信任程度	59.74	3
	政府对重大质量安全事件处理的及时性	59.45	4
	政府进行质量的宣传与教育活动的力度	59.00	5
	本地政府企业质量安全监管的有效性	58.44	6
	消费者组织对消费者权益的保护效果	58.33	7
	获得政府发布的质量参考信息的方便性	58.24	8
	政府部门对质量违法者处罚的合理性	58.17	9
	政府部门对质量受害者的保护力度	57.82	10
	政府对质量信息的公开性	57.71	11
	对本地政府对质量投入的重视程度评价	57.63	12
	对本地政府质量诚信建设效果的评价	57.62	13
	买到有瑕疵或者过期产品后,退换货的处理效果	57.20	14
	对本地政府质量监管部门的信任度	57.10	15
	公民质量权益被政府重视的程度	56.97	16
	日常生活中买到假货/过期产品的可能性	56.46	17
	本地政府对质量投诉的响应速度	56.41	18
	本地政府打击假冒伪劣/专项整治的效果	56.38	19
	政府对质量安全的预警效果	56.23	20

表 12-2　质量公共服务调查结果（在结构变量内排序）

	结构变量	得分	观测指标（问项）	得分	排序（降序）
质量公共服务（57.82）	总体形象	57.77	本地政府企业质量安全监管的有效性	58.44	1
			对本地政府质量监管部门的信任度	57.10	2
	质量投入	57.00	对本地政府对质量投入的重视程度评价	57.63	1
			对本地政府质量诚信建设效果的评价	57.62	2
			公民质量权益被政府重视的程度	56.97	3
			本地政府对质量投诉的响应速度	56.41	4
			本地政府打击假冒伪劣/专项整治的效果	56.38	5
	消费环境	56.83	买到有瑕疵或者过期产品后,退换货的处理效果	57.20	1
			日常生活中买到假货/过期产品的可能性	56.46	2
	质量预警与预防	57.95	政府对重大质量安全事件处理的及时性	59.45	1
			政府部门对质量违法者处罚的合理性	58.17	2
			政府对质量安全的预警效果	56.23	3
	质量信息提供	59.20	政府发布质量信息的及时性	60.24	1
			政府所发布质量信息对消费的指导作用	60.10	2
			对政府所发布质量信息的信任程度	59.74	3
			获得政府发布的质量参考信息的方便性	58.24	4
			政府对质量信息的公开性	57.71	5
	质量教育与救济	58.38	政府进行质量的宣传与教育活动的力度	59.00	1
			消费者组织对消费者权益的保护效果	58.33	2
			政府部门对质量受害者的保护力度	57.82	3

二 信度检验

为检验质量公共服务问卷内问项的一致,对其进行信度检验。根据信度检验的相关理论,总量表的信度系数最好在 8.0 以上,0.7—0.8 之间可以接受;分量表的信度系数最好在 0.7 以上,0.6—0.7 还可以接受。对质量公共服务各个维度和总体进行信度检验得到的结果显示,总体的信度系数达到了 0.97,各维度内部的信度系数均在 0.8 以上,都达到了可接受的水平,表明质量公共服务的问卷设计具有较高的信度。

表 12-3 信度检验输出结果

指标	信度系数(Cronbach's α 值)
总体形象	0.9302
质量投入	0.9546
消费环境	0.5050
质量预警与预防	0.9085
信息提供	0.9391
质量教育与救济	0.8722
总体	0.9710

三 基于结果的基本分析

(一)质量公共服务较去年提高 14 个百分点

表 12-4 2013 与 2012 年质量公共服务对比表

2013 年质量公共服务	2012 年质量公共服务
57.82 分	50.6 分

依据表 12-1 和表 12-2,2013 年我国的质量公共服务总指数为 57.82 分,相比 2012 年的 50.6 分,上升了 7.22 分、环比提高 14.2%,如表 12-3 和图 12-1 所示。根据上一章的数据统计,在区域质量评价的质量安全、质量满意度、质量公共服务和公民质量素质四大维度中,质量公共服务指数最低,与其他三个维度的指数存在明显的差距。同时,可以看到,质量公共服务总体水平距离及格线(60 分)仍有 2.19 分的差距,评价结果并不理想。其中,在质量公共服务 20 个观测指标中,仅有 2 项得分达到了及格线以上,其他 18 项观测指标的得分均在 60 分及格线以下。可以说,质量公共服务水平偏低,拉低了全国总体宏观质量指数的分值,我国质量总体状况的短板主要是质量公共服务提供能力的不足。这表明在我国质量治理中,一方面质量公共服务水平离消费者的需求还有较大距离,另一方面消费者对政府的质量公共服务有较高的期望和要求。

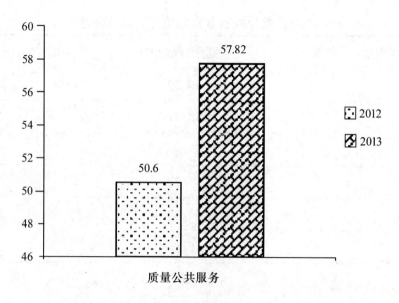

图 12-1　2013 与 2012 年质量公共服务分值对比

（二）六大结构变量中的质量信息服务评价最高而消费环境评价最低

调查数据显示,在质量公共服务的各项指标中,居民对政府所提供服务的信息提供满意度最高,指数为 59.2（如表 12-2）。相较于其他有关质量公共服务的质量投入、消费环境、质量预警与预防、质量教育与救济而言,政府提供的质量信息得到了更多居民的认可。政府依靠自身的公信力,来提供消费者可信赖的公共服务,从而减少消费者在市场交易中对质量信息的搜索成本,使消费者不仅能够买到安全合格的产品,更重要的是更容易、放心和便利的买到称心的产品。本次调查可以看到,政府对于质量公共服务的提供,尤其是对于消费者的质量信息的发送、传递得到了消费者的认可,说明政府在质量信息的发布和提供上,做出了较多的努力,从而使公民获得和了解这些质量信息越来越便利。

另外,从表 12-5 可以看到,在六个结构变量中,消费环境的指数最低。在消费环境这一结构变量下的两项观测指标中,消费者认为"购买到假货/过期产品的可能性"低于"退换货的处理效果",同时这两项指标的指数低于总体质量公共服务（57.82 分）1.36 分和 0.62 分,这说明日常生活中消费者对买到假冒伪劣产品的意见比较大。此外,消费并不是一种即时的购买行为,还应当包含后续的服务,通过表 12-5 可以看到,当消费者在购买后出现退换货纠纷,并寻求政府的公共服务进行解决时,消费者对于处理质量纠纷的效果是较为不满意的。这种与消费者利益切身相关的质量公共服务和救济措施,能够直接影响到消费者的购买体验。因此,在购物时消费自身的质量权益没能得到有效保护,直接影响了消费者对质量公共服务水平的不满。

表 12-5　质量公共服务六大结构变量得分排序

结构变量	得分（降序）	排序
质量信息提供	59.20	1
质量教育与救济	58.38	2
质量预警与预防	57.95	3
总体形象	57.77	4
质量投入	57.00	5
消费环境	56.83	6

（三）消费者对质量公共服务的容忍度普遍偏低

如图 12-1 和 12-2 所示，不同年龄和不同文化程度的消费者的质量安全感受在 64—68 分区间进行波动，均高于对质量公共服务的评价。除了 60 岁以上老年消费者对质量公共服务评价是及格的(61.03 分)以外，其他消费者对政府的质量公共服务评价均处于 60 分以下。这一结果表明，虽然消费者具有不同的年龄和学历，但是他们对质量安全感受基本上是一致的，其评价是处于"及格"或"还行"的层次。这说明我国消费者还是比较理性的，对目前所消费产品或服务的质量是认可的，并不是某些媒体报道的那样悲观和负面。但是，与此形成对比的是，不同消费者对政府的质量公共服务的评价，均低于对质量安全感受的评分。这反映了我国消费者对政府质量监管的满意度，与他们实际的质量安全状况感受之间存在较大程度的不对称。另外，从图 12-2 可以看出，21—40 岁的消费者对质量公共服务的评价最低，为 56.87 分。如图 12-3，中专以上学历的消费者的质量安全感受，与质量公共服务评价呈反方向变化规律，即：学历越高，质量安全感受越高，但质量公共服务的评价却越低。因此，随着教育水平和收入的提高，消费者对质量的需求和质量监管的期望也不断提高，就会造成消费者对质量公共服务水平的评价，有可能呈下降状态。因此，社会要理性看待质量公共服务满意度不高的问题，质量公共服务满意度的低位并不能说明目前我国的质量监管水平或消费者所消费产品的质量水平在下降，它与消费者的心理预期也有一定的关系。很明显，消费者对政府的质量公共服务忍耐性偏低，从而造成了虽然消费者在日常生活中受到质量伤害的概率并不高，但是却对政府质量监管的评价却比较低。

（四）质量安全预警公民满意度最低但较去年略有上升

在质量公共服务的 20 个调查问项中，排名末位的是"政府对质量安全的预警效果"，其指数为 56.23 分，处于"不及格"的状态。同时，对本次调查的 100 道问题进行排名，该问项仍然是排名末位，如表 12-6 所示。相对于 2012 年政府质量安全预警效果(54.97 分)，上升了 1.26 分、环比提高 2.3%，如图 12-4 所示。

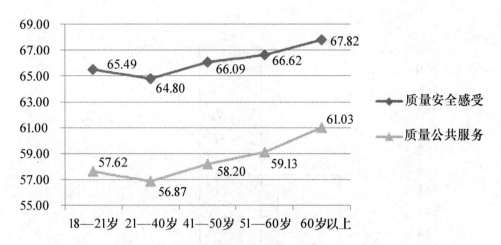

图 12-2　质量安全和质量公共服务分值对比图一（不同年龄消费者）

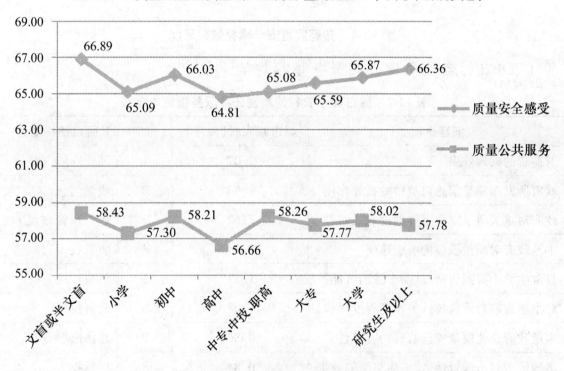

图 12-3　质量安全和质量公共服务分值对比图二（不同文化程度）

表 12-6　100 道调查问项排名后位的问题选项列表

问题选项	得分	排名位次（按得分高低）
日常生活中买到假货/过期产品的可能性	56.46	第 97 位（倒数第 4 位）
本地政府对质量投诉的响应速度	56.41	第 98 位（倒数第 3 位）
本地政府打击假冒伪劣/专项整治的效果	56.38	第 99 位（倒数第 2 位）
政府对质量安全的预警效果	56.23	第 100 位（倒数第 1 位）

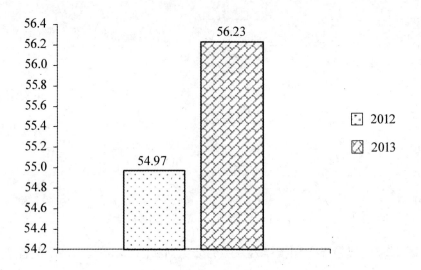

图 12-4　政府质量安全预警效果环比

（五）农村各项质量公共服务指标均低于城市

表 12-7　城市高于农村的质量公共服务指标排序

问题选项	城市减农村（降序）	排序	所属结构变量
退换货的处理效果	2.07	1	消费环境
政府所发布质量信息对消费的指导作用	1.63	2	质量信息
政府对重大质量安全事件处理的及时性	1.62	3	质量预警与预防
本地政府对质量投诉的响应速度	1.34	4	质量投入
日常生活中买到假货/过期产品的可能性	1.27	5	消费环境
对本地政府对质量投入的重视程度评价	1.08	6	质量投入
本地政府企业质量安全监管的有效性	0.86	7	总体形象
本地政府打击假冒伪劣/专项整治的效果	0.81	8	质量投入
公民质量权益被政府重视的程度	0.81	9	质量投入
对本地政府质量诚信建设效果的评价	0.76	10	质量投入
获得政府发布的质量参考信息的方便性	0.76	11	质量信息
政府部门对质量违法者处罚的合理性	0.71	12	质量预警与预防
政府进行质量的宣传与教育活动的力度	0.65	13	质量教育与救济
对本地政府质量监管部门的信任度	0.64	14	总体形象
消费者组织对消费者权益的保护效果	0.52	15	质量教育与救济

调查数据显示,在质量公共服务的各项指标中,所有选项的指数都是城市的状况要高于农村,质量公共服务的城乡二元结构依然没有得到改变,并且这种质量公共服务的城乡差异是多维度的。在调查的质量公共服务 20 个问项中,城市得分高于农村 0.5 分以上的问项共计有 15 个,如上表所示。其中,城市得分高于农村 1.0 分以上的问项,共计有 6 项,分别是:退换货的处理效果、质量信息的指导性、政府处理质量安全事件的及时性、质量投诉的响应性、买到假货的可能性和质量投入 6 个方面。这 6 个方面主要反映了消费环境,质量信息提供和质量投入的状况。我国虽然出台了不少保护农民质量权益的专项措施,如加强了对于下乡家电产品的监管、不断地强调对于农业生产资料的质量监督,但是农村居民对于政府的质量公共服务的满意度仍然较低,其原因主要在于政策实施的消费环境与信息提供方面不足,由于农村地区比较分散,质量公共服务的能力极为有限,同时农村在信息传播上处于天然的劣势,农村质量问题更不容易引起社会舆论的关注,处于质量公共服务的洼地。

(六)消费者认为政府的质量投入低于企业的质量投入

本次调查对政府质量投入的评价,是从本地政府打击假冒伪劣的效果、对质量投入的重视程度和质量诚信建设情况两个方面进行调查的。结果表明,消费者对这两个方面的评价分别是 56.38 分、57.63 分和 57.62 分,均处于"不及格"的层次,平均值为 57.21 分。同时,对企业质量投入的评价,是从单位质量保障能力建设、员工质量素质培养和质量信用三个方面进行调查的。数据表明,消费者对企业这三个方面的质量投入情况分别打分为 66.22 分、64.51 分和 63.78 分,均处于及格分 60 分以上,平均值为 64.84 分,高出政府质量投入均值 7.63 分。这一对比说明消费者对企业质量投入的评价,并没有想象的那么低。反之,这也说明企业作为质量的生产主体和供应主体,基本上已具有一定良好的市场基础和口碑。

表 12-8 质量投入调查得分表

问题选项	得分
A. 消费者对政府质量投入的评价:	
本地政府打击假冒伪劣/专项整治的效果	56.38
对本地政府对质量投入的重视程度评价	57.63
对本地政府质量诚信建设效果的评价	57.62
均值	57.21
B. 消费者对企业质量投入的评价:	
企业对员工质量素质的投入程度	66.22
对所在单位质量保障能力的评价	64.51

表 12-8(续)

问题选项	得分
企业能将质量信用放在首位的程度	63.78
均值	64.84

　　虽然消费者对企业质量投入的评价高于对政府质量投入的评价,但这一结果并不能说明企业的质量投入一定大于政府的质量投入。这是因为消费者对企业、政府的挑剔性和容忍性,将直接影响这一结果。如图所示,2013 年的观测数据表明消费者对企业的信任度为 61.68 分,高于对政府部门的信任度(57.10 分)4.58 分。企业质量的提供主体,承担着质量的主体责任和首要责任,消费者应该对其质量投入有着更为苛刻的要求,但消费者对质量的监管主体——政府部门却有着更为严格的要求。

(七)社会组织对消费者质量权益的保护效果不佳

表 12-9　关于社会组织的调查问题得分

关于社会组织的调查问题	得分	排序
消费者组织对消费者权益的保护效果	58.33 分	第 84 位(倒数第 17 位)
对质量社会组织的了解程度	56.67 分	第 95 位(倒数第 6 位)
	其中农村:55.23 分	倒数第 4 位

　　如表 12-9 所示,在质量公共服务的 20 项调查问题中,"消费者组织对消费者权益的保护效果"得分为 58.33 分,处于"不及格"层次。同时如下表所示,在所有调查的 100 个问题中,该指标排名第 84 位,即为倒数第 17 位。同时,消费者对质量社会组织的了解程度只有 56.67 分,低于及格线水平,在 100 道题中处于倒数第 6 位。农村人口对社会组织的了解程度为 55.23 分,在 100 道问项中排名倒数第 4 位。这说明,消费者对质量社会组织的了解并不多,认知度偏低。

(八)新闻媒体是消费者目前最信任的信息来源

表 12-10　消费者对相关质量主体信任程度的比较

调查问题(问项)	信任度	排序
对新闻媒体质量报道的信任度	67.24	1
对服务业从业人员的总体信任程度	63.84	2
对企业生产安全产品的信任度	61.68	3
对政府发布质量信息的信任度	59.74	4

如表12-10所示,相较于政府、生产企业、服务从业人员,消费者对新闻媒体关于质量的报道信任度最高,信任度为67.24分,分别高于他们7.50分、5.56分和3.40分。另外,在质量信息提供这一结构变量下的5个调查问题中,"政府对质量信息的公开性"得分最低,为57.71分,低于对政府发布质量信息的信任度(59.74分)2.03分。同时,根据前面第三点的分析可知,消费者本身对质量公共服务的容忍度就比较高,认为"公民质量权益被政府重视程度"的评价为56.97分,在20项质量公共服务调查问题中得分为倒数第5位,低于对政府发布质量信息的信任度(59.74分)2.77分。可见,之所以消费者对政府所发布信息的信任度不高,其中很重要的原因就是消费者认为政府对质量信息的披露不全,没有对消费者质量权益的重视程度也不够。相比较而言,新闻媒体由于和产品(服务)的提供者没有直接的利益联系,加之近年来我国发生的一些重大质量新闻事件往往是由新闻媒体首先进行披露的,消费者对其发布质量信息的信任度高于政府是显而易见的。

(九)信息的公开性直接影响质量安全预警效果

消费者"日常生活中买到假货/过期产品的可能性"位居倒数第4位,这表明消费者在购买产品时,特别需要一些产品预警信息的有效指导。质量安全的预警工作属于政府的服务型工作内容,对于这一服务工作来说,主要与发布信息的公开性、及时性、方便性和指导性因素有关。本部分将通过调查数据,实证检验这四项假设因素对政府质量安全预警效果的具体影响程度,从而确定其主要的影响因素。

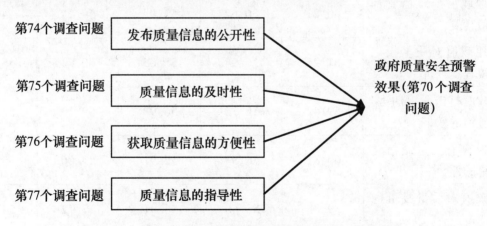

图12-5 政府质量安全预警效果影响因素假设模型

对图12-5所示的假设模型中的影响因素,进行相关性分析,得出政府质量安全预警效果主要因素和影响程度,结果如表12-11所示。调查数据表明,发布信息的公开性、及时性、方便性和指导性,均对质量安全预警效果产生了显著性影响。从影响程度看,质量信息的公开性对质量安全预警效果的影响最大,相关系数Coef. 为0.2377;质量信息发布的及时性、获取的方便性,对质量安全预警的相关性较弱,相关系数Coef. 分别为0.1596和0.1100;质量信息对消费者的指导性,则对质量安全预警效果的相关系数

Coef. 为 0.0846,相关性不显著。也就是说,政府越敢于公开一些质量安全隐患的信息,质量安全预警的效果才能越好。与此同时也可以得出,导致消费者对政府质量安全预警服务工作不满的主要原因,并不是发布的及时性不够、获取信息的方便程度不够,而是政府发布预警信息的中立性和公开性没有达到消费者的期望。

表 12-11　政府质量安全预警效果影响因素分析结果

质量安全预警效果	Coef.	Std. Err.	z	$P>|z|$	相关程度
质量信息的公开性	0.2377	0.0139	17.1100	0.0000	相关性最大
发布质量信息的及时性	0.1596	0.0148	10.8100	0.0000	弱相关
获取质量信息的方便性	0.1100	0.0148	7.4600	0.0000	弱相关
质量信息的指导性	0.0846	0.0130	6.5300	0.0000	不相关

(十)个体经营者对质量公共服务评价最低

表 12-12　不同职业类型消费者对质量公共服务评价(分)

职业类型	党政机关	企业	事业单位	社会团体	个体经营者
本地政府企业质量安全监管的有效性	61.62	58.23	59.23	61.02	55.99
对本地政府质量监管部门的信任度	60.21	56.62	57.98	59.21	54.64
对本地政府对质量投入的重视程度评价	61.25	56.94	58.09	60.71	55.33
本地政府打击假冒伪劣/专项整治的效果	59.42	55.74	56.98	59.13	54.46
对本地政府质量诚信建设效果的评价	60.81	56.83	57.91	59.06	55.42
本地政府对质量投诉的响应速度	59.88	55.66	56.91	57.72	54.59
公民质量权益被政府重视的程度	60.65	56.08	57.19	58.5	54.44
日常生活中买到假货/过期产品的可能性	52.09	53.73	53.21	50.39	56.29
退换货的处理效果	59.23	57.2	57.1	58.35	55.87
政府对质量安全的预警效果	58.17	55.2	56.89	56.38	54.82

表 12-12（续）

职业类型	党政机关	企业	事业单位	社会团体	个体经营者
政府对重大质量安全事件处理的及时性	62	58.5	60.53	60.31	57.39
政府部门对质量违法者处罚的合理性	60.56	57.4	58.6	59.21	56.46
对政府所发布质量信息的信任程度	61.88	58.49	60.29	60.87	58.8
政府对质量信息的公开性	60.05	56.54	58.39	59.61	56.08
政府发布质量信息的及时性	61.9	59.25	60.98	61.57	58.57
获得政府发布的质量参考信息的方便性	60.51	57.72	58.85	60.08	56.35
政府所发布质量信息对消费的指导作用	62.46	58.97	60.97	59.06	58.71
政府部门对质量受害者的保护力度	60.23	56.82	58.46	60.08	55.81
政府进行质量的宣传与教育活动的力度	60.9	58.2	59.76	60.94	56.73
消费者组织对消费者权益的保护效果	60.51	57.36	59.03	61.1	55.96
总得分	60.21	57.07	58.36	59.16	56.13

　　质量公共服务的得分在不同的职业类型消费者中存在着较为鲜明的结构性特征，从总指数来看，来自于党政机关的消费者群体得分最高达到了及格水平超过总体平均得分 2.4 分，来自于社会团体和事业单位的其次，而来自于企业的以及个体经营户的得分最末。质量的公共服务是一个涉及各相关部门的综合性公共服务，因而政府部门工作人员作为"局内人"对于政府的工作相对而言有积极评价的倾向，另一方面政府部门工作人员在质量公共服务方面具有一定的信息优势，而我国的公共服务推进模式往往在政府和事业单位最先实施，因而相关的工作人员能够较早地接触到质量公共服务，对其能够有较为有形的认识。企业从业人员的得分为 57.07 分，比总体得分低 0.74 分，个

体经营户的质量公共服务评价最低,比总体平均分低 1.68 分,这两类消费群体主要在政府对质量投诉的响应程度、政府的质量专项整治效果以及公民质量权益保障等质量公共服务的质量投入方面评价最低,比得分最高的组相差 5—6 分。以上事实表明,我国的质量公共服务在服务的普及性方面存在着较大的差异,从而导致了公共服务供给的不公平性。

(十一)东部地区的质量投入和部门形象高于中西部

按照我国通行的做法,对本年度质量观测调查的区域进行中、东、西划分,划分表如下表所示。可以看出,我国的西部、中部和东部区域的质量公共服务水平都是依次递增的,如图 12-6 所示。

表 12-13 东中西部区域划分表

区域	调查区域
东部	北京、天津、河北、辽宁、上海、江苏、浙江、福建、山东、广东、海南
中部	山西、吉林、黑龙江、安徽、江西、河南、湖北、湖南
西部	四川、重庆、贵州、云南、西藏、陕西、甘肃、青海、宁夏、新疆、广西和内蒙古

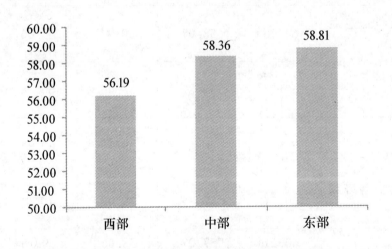

图 12-6 东中西地区质量满意度分值对比

通过对质量公共服务的若干个调查问题进行分析,对东部—西部、东部—中部差距较大的指标进行排名。很明显,东部明显高于西部的前五项指标分别是"政府对质量投诉的响应速度"、"打击假冒伪劣/专项整治的效果"、"质量诚信建设效果"、"政府对质量投入的重视程度"和"对政府质量监管部门的信任度",差距分别为 4.43 分、3.29分、3.23 分、3.11 分和 3.03 分。东部明显高于中部的前五项指标分别是"质量诚信建设效果"、"对政府质量监管部门的信任度"、"政府对质量投诉的响应速度"、"本地政府对质量投入的重视程度"和"本地政府打击假冒伪劣/专项整治的效果",差距分别为

1.77分、1.72分、1.68分、1.55分和1.47分。

表12-14 东部明显高于西部的质量公共服务指标

调查问题	东部－西部	所属结构变量
本地政府对质量投诉的响应速度	4.43	质量投入
本地政府打击假冒伪劣/专项整治的效果	3.29	
对本地政府质量诚信建设效果的评价	3.23	
对本地政府对质量投入的重视程度评价	3.11	
对本地政府质量监管部门的信任度	3.03	部门形象

表12-15 东部明显高于中部的质量公共服务指标

质量公共服务调查问题	东部－中部	所属结构变量
对本地政府质量诚信建设效果的评价	1.77	质量投入
对本地政府质量监管部门的信任度	1.72	部门形象
本地政府对质量投诉的响应速度	1.68	质量投入
对本地政府对质量投入的重视程度评价	1.55	
本地政府打击假冒伪劣/专项整治的效果	1.47	

可以看出,东部质量公共服务高于中部和西部的质量公共服务指标,主要集中于"质量投入"和"部门形象"这两个方面。不难看出,之所以出现这一结果,主要原因就是我国东部地区的经济发展水平相较于中部和西部,无论是GDP,还是人均GDP,都处于领头地位。同时,由于具有良好的经济基础,一方面东部地区质量公共服务部门拥有更充分的资金、技术和人才这些资源要素,从而可以加大对质量的各项投入;另一方面,东部地区的市场化程度更高,尤其是具有了相对良好的市场信誉基础,企业对产品质量的追求、质量信用也相对更好,消费者对质量监管部门的形象评价相应也更好。

(十二)区域质量公共服务水平与GDP强相关

表12-16 不同省份的质量公共服务得分(排名前10位)和GDP

省份	质量公共服务	排序	GDP(亿元人民币)
山东省	63.48	1	54684
吉林省	63.37	2	12981
辽宁省	62.31	3	27100
浙江省	62.16	4	37569

表 12-16（续）

省份	质量公共服务	排序	GDP（亿元人民币）
湖北省	61.95	5	24668
云南省	61.64	6	11721
四川省	61.46	7	26261
福建省	61.42	8	21760
山西省	60.68	9	12602
安徽省	59.10	10	19039

注：排名范围为省和自治区。

表 12-17　不同城市的质量公共服务得分（排名前 10 位）和 GDP

城市	质量公共服务	排序	GDP（亿元人民币）
苏州市	67.27	1	13000
天津市	67.02	2	12885
青岛市	66.85	3	8007
南宁市	64.93	4	2780
武汉市	64.04	5	9000
银川市	63.58	6	1420
长沙市	61.92	7	7153
大连市	61.67	8	8000
昆明市	61.52	9	3450
成都市	61.20	10	9108

注：排名范围为直辖市、副省级城市和省会城市。

　　根据质量公共服务水平的高低，对省份（含自治区，不含直辖市）和主要城市（包括直辖市、副省级城市和省会城市）进行排名，如表 12-16 和表 12-17 所示。为了验证区域质量公共服务水平和经济发展水平的关系，将质量公共服务水平与该区域的 2013 年的国内生产总值（GDP）进行相关性检验，检验结果如表 12-18 所示。根据结果可知：不同省份的质量公共服务水平，与该省份的国内生产总值 GDP 的相关性系数为 0.46，两者为强正相关关系；不同城市的质量公共服务水平，与该城市的国内生产总值 GDP 的相关性系数为 0.45，两者为强正相关关系。

表 12-18　区域质量公共服务水平和 GDP 相关性检验结果

	与不同省份的质量公共服务的相关程度(Pearson 相关性系数)	与不同城市的质量公共服务的相关程度(Pearson 相关性系数)
区域 GDP	0.46	0.45

　　以上相关性检验结果表明,区域的国内生产总值 GDP 越高,该区域的质量公共服务水平也就越高。由于国内生产总值 GDP,常被公认为是衡量某区域经济状况的最佳指标,可以说,某个区域的经济发展水平越高,其质量公共服务水平也越高。对于公共质量服务排名最高的省份——山东省来说,它是我国东部沿海的经济大省,国内生产总值以年均 10% 以上的速度递增,国民经济的主要指标均走在全国前列。因此,山东省的质量公共服务水平领衔于其他各省(区),也是较为客观的。同样地,苏州之所以能够领衔其他的直辖市、副省级城市和省会城市,与其发达的经济水平是分不开的。苏州是我国开放型经济的典范,进出口额和出口额约占全国 10%,自 2002 年以来出口额连续 10 年位居全国第 3 位;2012 年,实际利用外资约占全省的 1/3 和全国的 10%,绝对额位居全国第 2 位。雄厚的经济基础,加之外资和外企带来的制度推动力,苏州的社会法制观念不断强化,政府部门的制度运行机制不断改变,质量公共服务的水平也得以一定的提升和优化。

四　回归分析

　　为定量地分析消费者个体特征对于质量公共服务的影响,本部分选取了若干质量公共服务领域的重要指标,进行回归分析。

(一)职业类型对于政府质量监管有效性有显著正效应

表 12-19　政府质量安全监管有效性的回归结果

被解释变量:政府质量安全监管有效性				
解释变量	参数估计值	标准误差	z 统计量统计量	P 值
性别(女性 = 0;男性 = 1)	− 0.0177	0.0295	− 0.6000	0.5480
年龄	0.0337	0.0148	2.2800	0.0220
户籍(农村 = 0;城市 = 1)	− 0.0059	0.0355	− 0.1700	0.8670
受教育程度	0.0138	0.0110	1.2600	0.2060
家庭收入	− 0.0000	0.0000	− 3.5200	0.0000
职业类型(机关事业单位 = 1)	0.1006	0.0333	3.0200	0.0030

　　注:由于结果仅保留四位小数,所以部分结果显示为 0.0000。

表 12-20　对本地质量监管部门信任度的回归结果

被解释变量:对本地质量监管部门信任度

解释变量	参数估计值	标准误差	z 统计量统计量	P 值
性别(女性 = 0;男性 = 1)	− 0.0148	0.0295	− 0.5000	0.6170
年龄	0.0333	0.0147	2.2600	0.0240
户籍(农村 = 0;城市 = 1)	− 0.0298	0.0354	− 0.8400	0.4010
受教育程度	0.0245	0.0109	2.2400	0.0250
家庭收入	− 0.0000	0.0000	− 1.7600	0.0790
职业类型(机关事业单位 = 1)	0.0989	0.0333	2.9700	0.0030

表 12-21　对政府质量信息信任度的回归结果

被解释变量:对政府质量信息信任度

解释变量	参数估计值	标准误差	z 统计量统计量	P 值
性别(女性 = 0;男性 = 1)	− 0.0279	0.0295	− 0.9500	0.3440
年龄	0.0476	0.0147	3.2300	0.0010
户籍(农村 = 0;城市 = 1)	− 0.0250	0.0354	− 0.7100	0.4800
受教育程度	− 0.0096	0.0109	− 0.8800	0.3800
家庭收入	− 0.0000	0.0000	− 3.1500	0.0020
职业类型(机关事业单位 = 1)	0.0936	0.0333	2.8100	0.0050

表 12-19 至表 12-21 分别对政府质量公共服务的几个重要方面进行了回归分析,包括政府质量安全监管的有效性、对政府质量监管部门的信任度以及对政府质量安全信息的信任度。回归结果共同表明,在控制其他个体特征变量以后家庭收入和职业类型变量是显著的,收入的显著为负,职业类型中若消费者来自于机关事业单位则其可显著地提升质量公共服务的评价。以上结果表明,前文所提出的机关事业单位在获取质量公共服务方面具有一定的信息优势,对于其质量公共服务评价的影响是显著的,表明由于职业类型不同而导致的质量公共服务差异确实存在。

(二)受教育程度对于规避购买假货效应显著

表 12-22　买到假货可能性的回归结果

被解释变量:买到假货可能性

解释变量	参数估计值	标准误差	z 统计量统计量	P 值
性别(女性 = 0;男性 = 1)	− 0.0039	0.0295	− 0.1300	0.8930

表 12-22（续）

被解释变量:买到假货可能性				
解释变量	参数估计值	标准误差	z 统计量统计量	P 值
年龄	-0.0046	0.0147	-0.3100	0.7570
户籍(农村 =0;城市 =1)	-0.0146	0.0354	-0.4100	0.6790
受教育程度	-0.0289	0.0109	-2.6500	0.0080
家庭收入	0.0000	0.0000	0.7400	0.4600
职业类型(机关事业单位 =1)	-0.0197	0.0332	-0.5900	0.5530

　　对于买到假货的可能性,仅有受教育程度仍然是显著的,其他变量都不显著。受教育程度较高的群体在购买到假货的可能性上显著较低。这表明,城乡之间,以及不同职业类型之间在消费环境方面主要的原因是受教育程度的差异。因此由于受教育程度不同而导致的消费者在质量知识水平上的差异是降低购买到假货的可能性的主要因素,而由于收入、年龄以及工作单位而导致的差异不会对其产生显著性的影响,因此增强消费者对于质量的真假识别能力是提升质量公共服务的重点。

(三)来自机关事业单位的消费者对于消费者保护评价更高

表 12-23　政府对消费者保护力度的回归结果

被解释变量:政府对消费者保护力度				
解释变量	参数估计值	标准误差	z 统计量统计量	P 值
性别(女性 =0;男性 =1)	-0.0010	0.0295	-0.0400	0.9720
年龄	0.0324	0.0147	2.2000	0.0280
户籍(农村 =0;城市 =1)	-0.0254	0.0354	-0.7200	0.4740
受教育程度	0.0101	0.0109	0.9200	0.3580
家庭收入	-0.0000	0.0000	-2.7200	0.0060
职业类型(机关事业单位 =1)	0.0845	0.0333	2.5400	0.0110

　　对于消费者保护力度的回归结果表明,收入是显著为负的,而年龄和职业类型的效应显著为正。因此,在机关与事业单位工作人员相对于企业、个体工商业者来说,能够在消费者保护的公共服务方面具有一定优势。

第十三章

维度四：公民质量素质的统计分析

一 统计结果排序

2013年宏观质量观测结果显示,我国公民质量素质总体指数为65.76分,其中质量意识、质量知识与质量行为指数分别为69.49、62.72与64.05。各具体观测指标评价分数与排名如表13-1所示。

表 13-1 公民质量素质的统计结果(按分值排序)

序号	观测指标(问项)	分值(降序)	排序
1	在工作和生活中对事情后果的重视程度	73.28	1
2	公民个人素质对于质量的重要性	71.92	2
3	自己在完成某项具体工作或任务时,对标准和流程的重视程度	71.82	3
4	自己在日常工作中,宁愿亏本或多花些精力,也不投机取巧的可能性	71.27	4
5	在工作和生活中会自觉检查的可能性	70.64	5
6	购买东西前,了解该产品的有关质量信息的主动性	70.19	6
7	对于"质量好的产品,应付出更高的价格"这一说法的认同程度	69.79	7
8	对"企业在质量安全中承担首要责任"的认同度	69.36	8
9	对自己的质量意识评价	69.15	9
10	无意购买到假冒伪劣产品后,您会退货的可能性	67.48	10
11	消费以后留存发票(或者消费依据)的主动性	66.51	11
12	企业对员工的质量素质的投入程度	66.23	12
13	对所在单位质量保障能力的评价	64.51	13
14	企业能将质量信用放在首位的程度	63.78	14
15	对质量维权程序的了解程度	60.16	15
16	无意购买到假冒伪劣产品后,会举报的可能性	59.45	16
17	对常用质量知识的掌握程度	59.39	17

表 13-1(续)

序号	观测指标(问项)	分值(降序)	排序
18	对质量标识(如:QS、3C 等)的了解程度	57.06	18
19	对质量社会组织的了解程度	56.67	19
20	使用当地质量投诉举报热线的主动性	56.60	20

表 13-2 公民质量素质调查结果

结构变量		得分	观测指标(问项)	得分	排序
公民质量素质	质量意识	69.49	在工作和生活中对事情后果的重视程度	73.28	1
			自己在完成某项具体工作或任务时,对标准和流程的重视程度	71.82	2
			自己在日常工作中,宁愿亏本或多花些精力,也不投机取巧的可能性	71.27	3
			在工作和生活中会自觉检查的可能性	70.64	4
			对于"质量好的产品,应付出更高的价格"这一说法的认同程度	69.79	5
			对自己的质量意识评价	69.15	6
			企业对员工的质量素质的投入程度	66.23	7
			企业能将质量信用放在首位的程度	63.78	8
	质量知识	62.72	公民个人素质对于质量的重要性	71.92	1
			对"企业在质量安全中承担首要责任"的认同度	69.36	2
			对所在单位质量保障能力的评价	64.51	3
			对质量维权程序的了解程度	60.16	4
			对常用质量知识的掌握程度	59.39	5
			对质量标识(如:QS、3C 等)的了解程度	57.06	6
			对质量社会组织的了解程度	56.67	7
	质量行为	64.05	购买东西前,了解该产品的有关质量信息的主动性	70.19	1
			无意购买到假冒伪劣产品后,您会退货的可能性	67.48	2
			消费以后留存发票(或者消费依据)的主动性	66.51	3
			无意购买到假冒伪劣产品后,会举报的可能性	59.45	4
			使用当地质量投诉举报热线的主动性	56.60	5

表 13-2（续）

结构变量	得分	观测指标（问项）	得分	排序
总分			65.76	

二　信度检验

表 13-3　公民质量素质的信度检验

指标	信度系数（Cronbach's α 值）
质量意识	0.8912
质量知识	0.8700
质量行为	0.8384
总体	0.9299

　　对公民质量素质的问卷进行信度分析后,得到质量意识、质量知识以及质量行为三个部分的指标设计的信度超过了 0.8,总体的信度指标达到了 0.9299,因此公民质量素质的指标设计达到了可接受的水平。

三　基于结果的基本分析

　　（一）公民整体质量素质合格率较高,但质量意识、质量知识和质量行为的合格率差别非常明显

表 13-4　公民质量素质的合格率

指标	指标数量	合格数量	合格率（%）
质量素质	20	15	75
质量意识	8	8	100
质量知识	4	7	57
质量行为	3	5	60

　　2013 年我国公民质量素质的总体指数为 65.76 分,总体为"及格"水平,但其内部差异较大,在所有的 20 项调查指标中,有 6 项超过了 70 分,达到了"较好"水平,9 项在 60—69 的"及格"区间,同时还有 5 项在 60 分以下的"不及格"水平,合格率达到 75%。

　　在质量意识的 8 个指标中,所有指标全都达到合格水平,合格率达到 100%。在质量知识的 7 个指标中,有 4 个指标达到合格水平,合格率达到 57%。在质量行为的 5 个

指标中,有3个指标达到合格水平,合格率达到60%。质量意识、质量知识和质量行为的合格率差别非常明显,与质量意识相比,质量知识和质量行为的合格率偏低,说明公民对于自身的质量意识相对满意,而质量知识相对匮乏,同时面对质量问题主动解决的动机不强。

(二)公民的质量意识很强,但是质量知识匮乏,质量行动能力偏弱

表13-5　公民质量素质的得分和排名

指标	得分	排名
质量意识	69.49	1
质量行为	64.05	2
质量知识	62.72	3

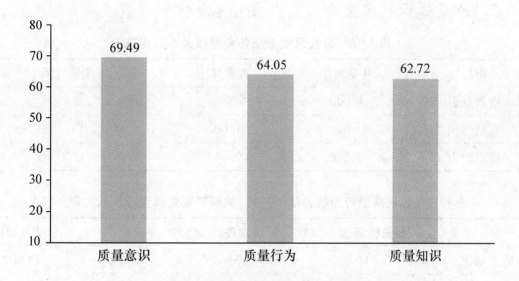

图13-1　公民质量素质各指标得分

调查数据显示,在公民质量素质的内部结构中,质量意识指数最高,为69.49分,接近"较好"水平,而质量行为与质量知识指数均在65分以下,分别为64.05分和62.72分。这表明,随着人们生活水平的提高,人们对于质量的意识不断提升,包括对于日常生活中的质量习惯、工作中的质量规范,特别是对优质优价的市场化质量理念均表现出较高的认同度,因而近年来我国对于质量的重视不仅在政府层面有具体的表现,而且在普通大众中也得到了一定程度的体现。然而,与质量意识相比,公众对自己的质量行为与所具有的质量知识评价并不高,也成为公民质量素质中的短板。美国、德国、日本等世界上的质量强国,其质量之所以优秀不仅是因为全社会的公民,特别是消费者具有很高的质量意识,而且具有将质量意识转化为具体行动的能力,例如:美国的消费者非常善于用法律来维护自己的质量权益,因而消费者在美国被当成是"上帝"来尊重,一个普

通的质量伤害事件可能会让厂商进行巨额的赔偿。相对而言我国在消费者保护的制度建设上相对滞后,成为阻碍消费者质量维权行为的重要因素。据中国消费者协会的统计,2012 年消费者协会受理的质量投诉案件为 28.05 万件,相比于 2011 年的 30.48 万件,减少了约 2 万件[1],这种下降不太可能是质量在短时间内的迅速改进,加之人们对质量问题的关注度不断提升,更为可能的原因是消费者对于利用消费者组织来维权的意识以及对其维权的效果期待不高。

同时,公民质量素质的另一个短板还在于质量知识水平的薄弱,对常用质量知识、日常的质量标识、对消费者协会等质量社会组织的认识等方面的得分均未达到及格线,是整个公民质量素质中的最大短板。这一事实也表明,我国的消费者之所以很难将质量意识转化为具体的行动,除了受制度建设相对滞后这一外部因素影响之外,还与消费者自身的质量知识能力不足有关,包括对于常用的质量法律法规、质量的标识符号等知识的缺乏。

(三)质量知识对质量行动能力具有显著性影响

表 13-6 公民质量素质各指标相关系数矩阵

指标	质量意识	质量知识	质量行为
质量意识	1.000		
质量知识	0.647	1.000	
质量行为	0.588	0.662	1.000

表 13-7 公民质量行为能力估计方程(被解释变量质量行为能力得分)

	参数估计值	标准误差	t	$P > |t|$
质量知识	0.519	0.015	34.760	0.000
质量意识	0.323	0.016	20.310	0.000
年龄	−0.033	0.016	−2.100	0.036
户口	−0.137	0.038	−3.640	0.000
受教育程度	−0.009	0.011	−0.820	0.410
收入	0.000	0.000	1.000	0.315
常数项	1.322	0.110	12.050	0.000

为了进一步地分析公民质量素质的内部结构,表 13-6 给出了公民质量素质三个方面的相关系数矩阵,该表显示质量知识与质量行为的相关系数最高,为 0.662,质

---

[1] 数据来源:中国消费者协会信息网,http://www.cca.org.cn。

量意识与质量知识的相关系数其次为 0.647,而质量意识与质量行为的相关性最弱为 0.588。这也初步地表明,质量知识对于质量行为的决定起着更为重要的作用,而质量意识转化为质量行为需要更多的质量知识的支撑。表 13-7 进一步地给出了在控制个体特征以后的质量行为能力决定方程的估计值,可以发现,质量知识与质量意识对于质量行为能力都有着显著性的影响,但相对而言质量适应的参数估计值要更大,其要高出质量意识的估计值约 60%,这一结果更是表明了质量知识对于质量行为的更大的作用。

　　2013 年以来,我国在保护消费者的制度建设上有了重要进展,《消费者权益保护法》于 2013 年 10 月进行了较大修改,通过了许多有利于消费者的条款,如网购商品有 7 天的后悔权,一些重要商品的质量纠纷由经营者承担举证责任等,而要让这些制度建设真正发挥作用,需要进一步地提高消费者的认知程度,让其有相应的知识和能力才能够将这些保护消费者权益的政策法规体现其价值。

（四）公民自身的质量意识很强,但对企业的质量信用没有信心

表 13-8　公民质量意识的得分和排名

质量意识	得分	排名
在工作和生活中对事情后果的重视程度	73.28	1
自己在完成某项具体工作或任务时,对标准和流程的重视程度	71.82	2
自己在日常工作中,宁愿亏本或多花些精力,也不投机取巧的可能性	71.27	3
在工作和生活中会自觉检查的可能性	70.64	4
对于"质量好的产品,应付出更高的价格"这一说法的认同程度	69.79	5
对自己的质量意识评价	69.15	6
企业对员工的质量素质的投入程度	66.23	7
企业能将质量信用放在首位的程度	63.78	8

　　从公民质量意识的 8 个指标得分可以看出,公民非常注重自身的质量意识,情愿多花时间和精力弄清楚产品的质量,也不愿意抱着侥幸的心理购买不知道质量好坏的产品。公民也情愿以更高的价格购买质量更高的产品。公民对自身质量意识的评价指数接近 70 分,从侧面反映出公民的质量意识非常强。相反,公民对于企业是否能将质量信用放在首位持怀疑态度,这项指标的指数最低,说明我国企业在提高产品质量信用方面还有很大的空间。"企业对员工的质量素质投入程度"得分也偏低,排在倒数第 2 位,说明公民认为企业对员工的质量素质培训方面投入还不够,企业应当加大对员工质量素质的培训。

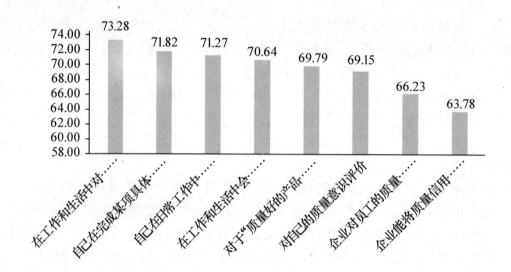

图 13-2　公民质量意识的得分

（五）公民事前收集质量信息的主动性很强，但事后解决质量问题的主动性不强

表 13-9　公民质量行为的得分和排名

质量行为	得分	排名
购买东西前，了解该产品的有关质量信息的主动性	70.19	1
无意购买到假冒伪劣产品后，您会退货的可能性	67.48	2
消费以后留存发票（或者消费依据）的主动性	66.51	3
无意购买到假冒伪劣产品后，会举报的可能性	59.45	4
使用当地质量投诉举报热线的主动性	56.60	5

从公民质量行为的 5 个指标可以看出，"购买东西前，了解该产品有关质量信息的主动性"得分最高，超过 70 分，说明公民在购买产品之前，会花时间主动了解产品的质量信息，减少与企业之间的信息不对称。相反，消费者"使用当地质量投诉举报热线的主动性"排名末尾，得分为 56.60 分。"无意购买到假冒伪劣产品后，会举报的可能性"得分为 59.45，处于"不及格"的层次，可见我国消费者针对质量问题的投诉举报意识和行动能力都是不强的。

在现场访谈中，很多消费者提到并不是不知道投诉和举报热点的电话，基本上都知道"12315"投诉热线电话。但是，消费者之所以不太愿意使用这些投诉举报电话，主要是因为投诉之后并没有得到回应或基本的处理。调查的总体数据，也印证了这一结论。可以看到，消费者对"本地政府质量投诉的响应速度"评分为 56.41 分，低于使用质量投

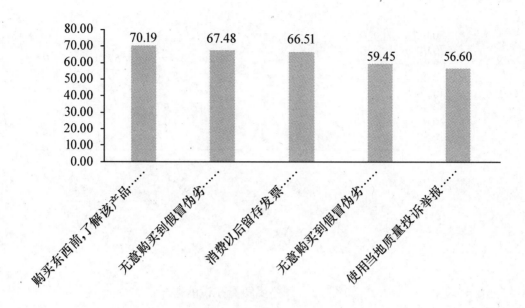

图 13-3 公民质量行为的得分

诉举报热线主动性的 56.60 分。因此,要提高消费者进行质量投诉的积极性,投诉热线宣传的边际收益将越来越不明显,而基于保护消费者权益的角度,切实提升质量投诉的回复率和处理效果将较大程度地拉动消费者的投诉举报热情。

(六)公民意识到掌握质量知识的重要性,但对质量知识的掌握程度还不够

表 13-10 公民质量知识的得分和排名

质量知识	得分	排名
公民个人素质对于质量的重要性	71.92	1
对"企业在质量安全中承担首要责任"的认同度	69.36	2
对所在单位质量保障能力的评价	64.51	3
对质量维权程序的了解程度	60.16	4
对常用质量知识的掌握程度	59.39	5
对质量标识(如:QS、3C 等)的了解程度	57.06	6
对质量社会组织的了解程度	56.67	7

在调查的 7 项消费者质量知识的问题中,主要包含两个大类,一类是较为抽象的质量知识,或者说是表明倾向性的知识,如对个人素质在质量中作用的看法、企业首要质

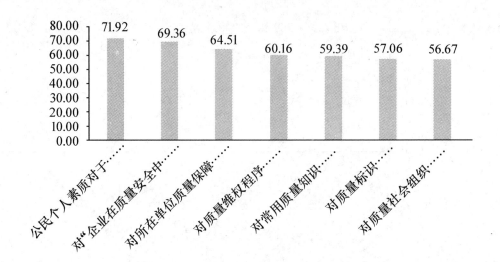

图 13-4　公民质量知识的得分

量责任的看法等;另一类是较为具体的知识,如 3C,QS 等质量标识的认知、质量社会组织的认知等。调查结果表明,消费者对于抽象的质量知识表现出较高的得分,对个人素质在质量中的作用为 71.92 分,对企业的主体质量责任也达到了 69.36 分,而对于较为具体的质量知识,包括维权途径的了解、与消费者相关的质量法律法规、常见的质量标识等,得分大都在及格线以下。这表明,消费者的质量知识能力短板主要还在一些日常的具体的质量知识,而这些知识需要大量的外部的信息输入才能形成,即大量的消费者教育活动的开展。从近年我国的消费者教育情况来看,虽然在一些地区得到了开展,如在中小学建立质量教育基地或消费者教育基地、在每年的"315"活动以及质量月活动进行全国范围内的质量教育,但总体而言,这些教育活动形式大于实质,我国的消费者离现代市场经济的"强大消费者"还有很大的差距,由于日常的质量知识的缺乏而导致的消费者质量的行动能力不足。因此,还需要政府、社会组织在质量教育方面进行更大的投入和体制机制创新。

（七）中部地区的公民质量素质整体上高于东部和西部,但三个地区的质量知识和质量行为得分各有高低

表 13-11　东中西部地区的公民质量意识得分和排名

质量意识	得分	排名
中部	70.39	1
东部	69.19	2
西部	67.95	3

表 13-12 东中西部地区的公民质量行为得分和排名

质量行为	得分	排名
中部	64.71	1
东部	63.67	2
西部	63.06	3

表 13-13 东中西部地区的公民质量知识得分和排名

质量知识	得分	排名
东部	62.9	1
中部	62.61	2
西部	61.79	3

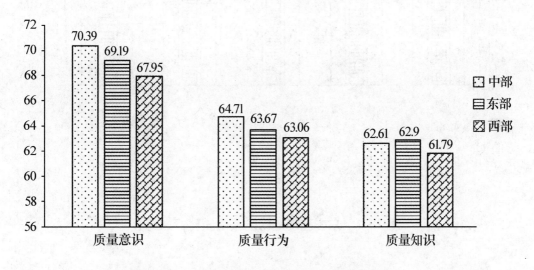

图 13-5 东中西部地区的公民质量素质得分

东中西部地区的公民质量素质总体上呈现出中部最高,东部其次,西部最后的特征,中部、东部、西部的公民质量素质的平均分值分别为66.09、65.77、64.57。在具体的公民质量知识方面,指标得分与总体特征存在着一定差别,东部地区的质量知识指数高于中部,说明东部地区的公民掌握的质量知识多于中西部地区。公民质量意识与公民总体质量素质基本上呈现相同的特征,即中部地区的分值最高,东部其次,西部最后,但是在公民质量知识和质量行为的多数观测指标的分值上,东部地区要略高于中部和西部地区见,说明在质量的意识方面,中部地区的消费者要强于东部和西部地区的消费者,即中部地区的消费者有更为强烈的意识来保障自身的质量权益不受侵犯,而且也更为积极主动的防止自身免受质量伤害,但是在如何保护自身的质量权益方面,中部地区的消费者要落后于东部,而且在部分观测指标中还落后于西部地区的消费者。东部地

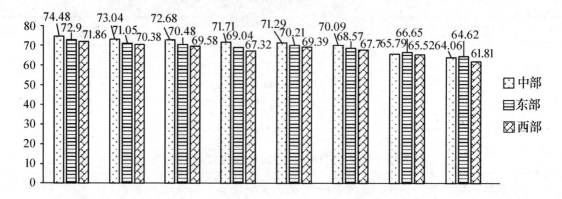

图 13-6　东中西部地区的公民质量意识得分

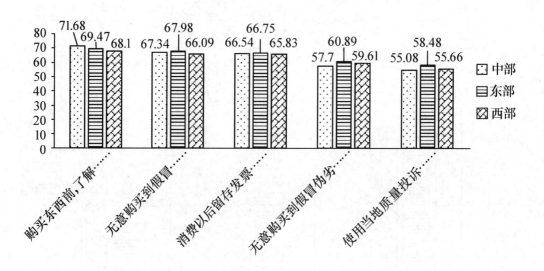

图 13-7　东中西部地区的公民质量行为得分

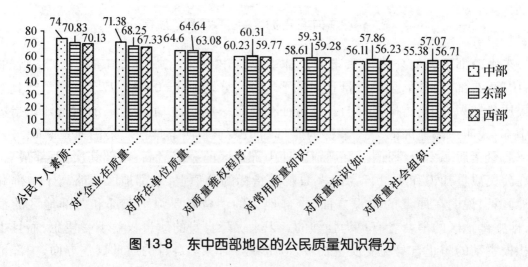

图 13-8　东中西部地区的公民质量知识得分

区在质量知识和质量行为的多数观测指标中都排在第 1 位,说明东部地区的消费者在如何保障自身的质量权益,以及通过什么方法和途径来保护等质量行为能力上要强于中西部地区的消费者。

(八)区域公民质量素质与 GDP 正相关

表 13-14　不同省份的公民质量素质得分(排名前 10 位)和 GDP

省份	质量素质得分	排名	2013 年 GDP(亿元人民币)
湖北省	70.73	1	22250.16
吉林省	68.80	2	11937.82
辽宁省	68.56	3	24801.30
河北省	68.19	4	26575.01
浙江省	68.09	5	34606.30
广西壮族自治区	67.98	6	13031.04
山东省	67.90	7	50013.24
四川省	67.68	8	23849.80
贵州省	66.84	9	6802.20
山西省	66.30	10	12112.81

注:排名范围为省和自治区。

表 13-15　不同城市的公民质量素质得分(排名前 10 位)和 GDP

各市	质量素质得分	排名	2013 年 GDP(亿元人民币)
南宁市	75.23	1	2803.54
武汉市	72.26	2	9000.00
苏州市	72.15	3	13015.70
青岛市	71.98	4	8006.60
天津市	71.43	5	14370.16
银川市	71.29	6	1250.00
石家庄市	69.93	7	4863.60
贵阳市	69.11	8	2085.00
大连市	68.85	9	7650.80
长春市	68.74	10	5000.00

注:排名范围为直辖市、副省级城市和省会城市。

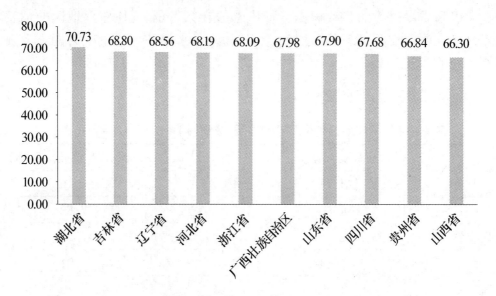

图 13-9　不同省份的公民质量素质得分(排名前 10 位)

表 12-16　相关性检验结果

	与不同省份的公民质量素质的相关程度(Pearson 相关性系数)	与不同城市的公民质量素质的相关程度(Pearson 相关性系数)
区域 GDP	0.20	0.11

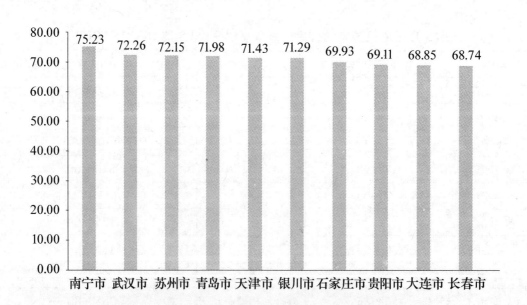

图 13-10　不同城市的公民质量素质得分(排名前 10 位)

　　根据公民质量素质指数的高低,对省份(含自治区,不含直辖市)和主要城市(包括直辖市、副省级城市和省会城市)进行排名。公民质量素质排名前 10 位的省份依次是湖北、吉林、辽宁、河北、浙江、广西、山东、四川、贵州和山西。公民质量素质排名前10位的城市依次是南宁、武汉、苏州、青岛、天津、银川、石家庄、贵阳、大连和长春。从排名和得分来看,公民质量素质呈现明显的区域性特征,质量素质较高的公民主要集中在东部和中部地区,排名前10位的省份中,东部和中部地区占了7个席位,包括辽宁、河北、浙江、山东、湖北、吉林和山西。与西部地区相比,东部和中部地区的经济水平较高,公民的质量需求较高,质量素质也相应较高。

　　为了进一步验证区域公民质量素质和经济发展水平的关系,将公民质量素质指数与该区域2013年国内生产总值(GDP)进行相关性检验,结果显示:不同省份的公民质量素质与该省份的国内生产总值GDP的相关性系数为0.20,两者为正相关关系;不同城市的公民质量素质与该城市的国内生产总值GDP的相关性系数为0.11,两者为正相关关系。也就是说,国内生产总值GDP越高,该省份或城市的公民质量素质也就越高。

(九)城市公民的质量素质高于农村公民

表 13-17　城乡公民质量素质得分和差值

质量素质	城市	农村	差值
质量行为	65.05	61.46	3.59
质量知识	63.51	60.07	3.44
质量意识	70.08	67.98	2.1

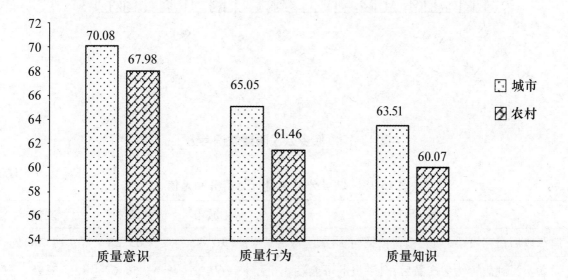

图 13-11　城乡公民质量素质得分

表 13-18   城乡公民质量意识得分和差值

质量意识	城市	农村	差值
自己在日常工作中,宁愿亏本或多花些精力,也不投机取巧的可能性	72.15	68.97	3.18
对于"质量好的产品,应付出更高的价格"这一说法的认同程度	70.61	67.65	2.96
自己在完成某项具体工作或任务时,对标准和流程的重视程度	72.44	70.22	2.22
对自己的质量意识评价	69.75	67.61	2.14
在工作和生活中会自觉检查的可能性	71.2	69.16	2.04
企业对员工的质量素质的投入程度	66.73	64.92	1.81
在工作和生活中对事情后果的重视程度	73.66	72.31	1.35
企业能将质量信用放在首位的程度	64.09	62.97	1.12

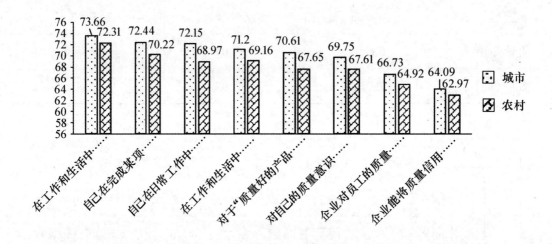

图 13-12   城乡公民质量意识得分

表 13-19   城乡公民质量行为得分和差值

质量行为	城市	农村	差值
消费以后留存发票(或者消费依据)的主动性	67.76	63.28	4.48
无意购买到假冒伪劣产品后,会举报的可能性	60.55	56.6	3.95
使用当地质量投诉举报热线的主动性	57.58	54.06	3.52
无意购买到假冒伪劣产品后,您会退货的可能性	68.39	65.12	3.27

表 13-19（续）

质量行为	城市	农村	差值
购买东西前,了解该产品的有关质量信息的主动性	70.95	68.24	2.71

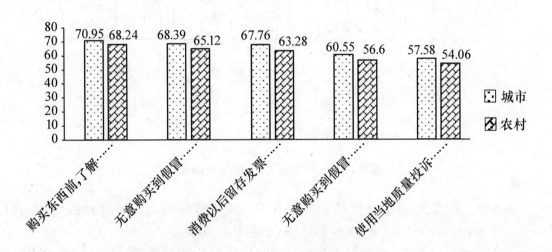

图 13-13　城乡公民质量行为得分

表 13-20　城乡公民质量知识得分和差值

质量知识	城市	农村	差值
对"企业在质量安全中承担首要责任"的认同度	70.32	66.86	3.46
对常用质量知识的掌握程度	60.3	57.05	3.25
公民个人素质对于质量的重要性	72.72	69.85	2.87
对质量标识(如:QS、3C 等)的了解程度	57.82	55.08	2.74
对所在单位质量保障能力的评价	65.27	62.55	2.72
对质量维权程序的了解程度	60.89	58.29	2.6
对质量社会组织的了解程度	57.22	55.23	1.99

　　从以上一系列图表中能够观察到,城乡之间的公民质量素质存在显著差异,城市居民在所有选项中的得分均高于农村居民。从绝对值的结果来看,无论是城市居民还是农村居民,在质量知识上的得分要小于质量意识和行为,说明居民对质量的意识和行动能力要强于其所拥有的质量知识水平,因此需要更多地加强对居民的质量知识的教育。而通过对城乡之间居民质量意识、质量知识和质量行为的对比,两者之间的差值分别为2.1,3.44,3.59,说明农村居民相较于城市居民的差距主要表现在其质量知识的缺乏和行动能力的缺乏方面。知识能力的缺乏主要是由于农村居民对质量知识的获取途径的匮乏,以及受相应教育和宣传不足的影响;而行动能力的缺乏与居民自身的维权意愿,

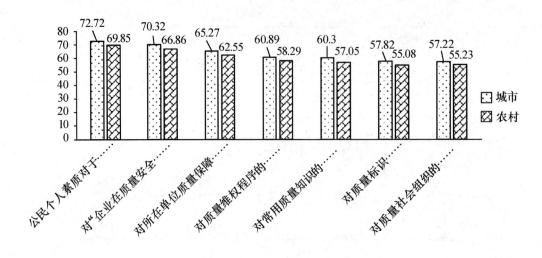

图 13-14   城乡公民质量知识得分

维权的成本高低以及维权的渠道是否畅通有关。通过数据的比较可以分析得到,农村居民会由于维权的能力、成本和途径的制约,影响其行动能力。

城乡公民在质量意识、质量行为和质量知识三个指标的差值能够在一定程度上反映出城乡公民对于质量关注的差异性。从质量意识的差值上可以看出,城市公民更加愿意花精力关注质量信息,并且愿意花更多的钱购买质量更高的产品。相反,农村公民则不太愿意花精力和更多的钱追求质量更高的产品,原因可能在于农村公民的可支配收入低于城市公民,因此价格对农村公民的吸引力大于质量。"企业能将质量信用放在首位的程度"指标的差值最小,并且城乡公民的得分都偏低,说明城乡公民都不太信任企业的质量信用。从质量行为的差值上可以看出,城乡公民在购买产品前都会关注质量信息,这一指标的差值最小。但是城乡公民在投诉、举报、退货以及保留发票四个指标上的差值都非常大,说明如果遇到质量问题,城市公民采取行动的几率大于农村公民。从质量知识的差值上可以看出,城市公民掌握质量基本知识的得分偏低,但是农村公民的该项指标得分更低,并且与城市公民的差值较大,说明城乡公民的质量知识存储量太少,城乡公民对于质量标识了解程度的差值同样很大,近一步说明城乡公民急需提高质量知识,尤其是农村公民。"对质量社会组织的了解程度"指标的差值最小,但是得分非常低,说明城乡公民都不太了解质量社会组织,质量社会组织应当进一步发挥其社会作用。

(十)公民的文化程度与质量素质之间存在较为明显的线性关系

表 13-21   不同文化程度公民的质量素质分值

项目	研究生及以上	大学	大专	中专、中技、职高	高中	初中	小学	文盲或半文盲
总体质量素质	68.57	66.35	65.66	65.08	63.54	63.11	60.17	61.59

表 13-19（续）

项目	研究生及以上	大学	大专	中专、中技、职高	高中	初中	小学	文盲或半文盲
意识	72.10	70.04	69.37	69.46	67.92	69.03	65.92	66.46
知识	66.02	64.06	62.85	62.61	60.07	59.46	56.36	58.37
行为	67.59	64.94	64.77	63.18	62.64	60.83	58.23	59.95

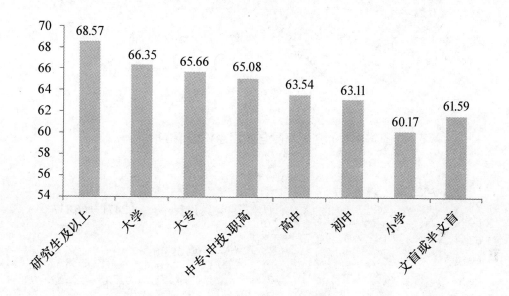

图 13-15　文化程度与居民总体质量素质分值的关系

　　如表 13-21 所示，可以看到不同文化程度的消费者在质量意识、质量知识和质量行为三个方面，都存在一个较为显著的特点，就是普遍上无论消费者的文化程度高低，三者的分值大多依次为质量意识、质量行为和质量知识。反映出消费者一般都拥有较高的质量意识，在市场交易的过程中会留意和观察产品的质量优劣，并且会基于自身的质量意识采取一定的行动，比如，保护自身的合法权益以及对假冒伪劣产品的销售者进行举报。但是在意识和行为的背后都存在自身质量知识的短板，即是对很多的质量基础知识还不是很了解，即使拥有很强烈的质量意识和行动能力，没有质量知识作为支撑往往对产品的质量特征难以进行辨别，也难以更为有效地维护自身的合法权益。因此，通过本次调查可以发现目前我国消费者的质量知识是公民质量素质的主要短板。

　　如图 13-15 所示，通过观察可以看到，公民的文化程度与质量素质之间有较为明显的线性关系，文化程度与公民的质量素质整体上呈文化程度越高质量素质就越高的趋势，因此可以认为，公民的文化程度本身会影响其自身的质量素质。如 13-16、13-17、

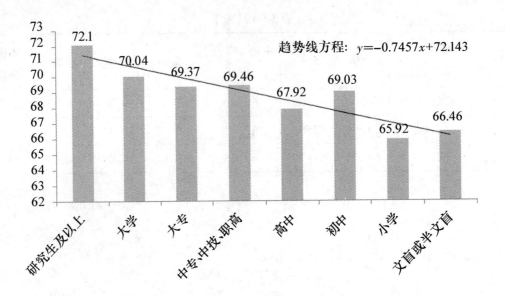

图 13-16 文化程度与质量意识分值的关系

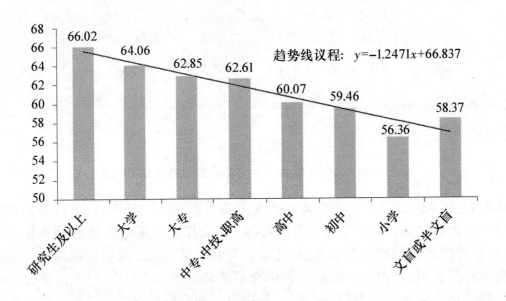

图 13-17 文化程度与质量知识分值的关系

13-18所示,文化程度与公民的质量意识、知识、行为之间也呈现相同趋势,说明文化程度的提升会带来公民质量意识、知识和行为的提升。通过上图所标识出的趋势线及其公式可以看到,文化程度与质量意识的趋势线方程为 $y = -0.7457x + 72.143$,文化程度与质量知识的趋势线方程为 $y = -1.2471x + 66.837$,文化程度与质量行为的趋势线方程为 $y = -1.1832x + 68.091$。根据其斜率可以得出,文化程度的提升所带来的相应质量知识的提升作用更为明显,而文化程度的提升对质量行为的影响次之,文化程度的提

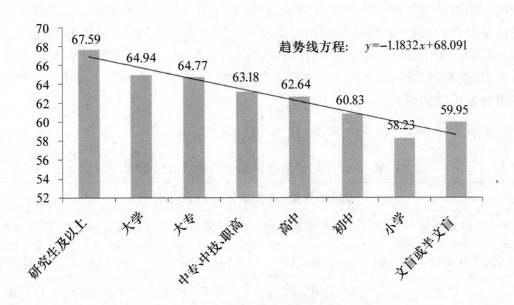

图13-18　文化程度与质量行为分值的关系

升对质量意识的提升所带来的影响最小。说明公民本身的文化素质对质量知识的提升也起到一定作用,同时质量意识受到文化程度的影响作用较小,说明质量意识的提升不一定需要依靠文化程度的提升,通过相关的专门质量知识学习也可以提升自身的质量意识,保护自身的质量权益。

四　回归分析

(一)女性质量意识显著高于男性

表13-22　对自己质量意识评价的回归结果

被解释变量:对自己质量意识评价				
解释变量	参数估计值	标准误差	z 统计量统计量	P 值
性别(女性=0;男性=1)	-0.0501	0.0297	-1.6900	0.0920
年龄	0.0439	0.0148	2.9600	0.0030
户籍(农村=0;城市=1)	0.0391	0.0356	1.1000	0.2720
受教育程度	0.0593	0.0110	5.3800	0.0000
家庭收入	-0.0000	0.0000	-3.3000	0.0010
职业类型(机关事业单位=1)	0.0773	0.0335	2.3100	0.0210

表13-22表明,在对自己质量意识的评价方面,除了户籍变量不显著以外,其他的个

体特征变量均是显著的。值得注意的是,在控制其他变量的影响以后,性别对于质量意识评价是显著的,男性的质量意识评价要显著低于女性,这与前文分析的女性对于质量有着较高的期望也是吻合的。受教育程度较高的消费者也对自己的质量意识有着显著较高评价,受教育水平作为个体人力资本的体现,是质量的重要投入要素,因而对于质量意识有着重要的影响。

(二)农村对于优质优价认同度显著低于城市

表 13-23   对优质优价的认同度的回归结果

被解释变量:对优质优价的认同度				
解释变量	参数估计值	标准误差	z 统计量统计量	P 值
性别(女性 = 0;男性 = 1)	0.0130	0.0296	0.4400	0.6610
年龄	0.0465	0.0148	3.1400	0.0020
户籍(农村 = 0;城市 = 1)	0.0899	0.0355	2.5300	0.0110
受教育程度	0.0524	0.0110	4.7700	0.0000
家庭收入	− 0.0000	0.0000	− 0.5300	0.5970
职业类型(机关事业单位 = 1)	0.0322	0.0334	0.9600	0.3360

对于优质优价的认同度是消费者质量意识的重要方面,只有认同这一观念才有对于选择优质产品的内在动机。对优质优价的市场意识的回归结果表明,消费者个体特征中年龄、户籍、受教育程度三个变量的效应显著为正,而性别、收入、职业的影响不显著。在控制其他变量以后,城市对于优质优价的认同度仍然要显著地高于农村,这一点是导致城乡质量二元结构的另一重要原因,在农村之所以质量水平相对较低,既有监管、公共服务等外部原因,也有消费者自身对于质量的选择上缺乏相应意识的原因。另一方面,受教育程度也是决定优质优价意识的另一要素,由于农村居民的受教育本身要低于城市,因而进一步地限制了居民对于优质优价的认同。

优质优价的市场机制是质量治理最为基础的制度基础,一个地区的公民对于优质优价的认同度一定程度上反映了该地区优质优价的市场意识水平。图 13-19 显示了区域的优质优价总体得分与人均 GDP 之间的关系,该图表明区域内优质优价的认同度与经济发展水平之间并无直接的线性关系,而是呈三次曲线关系,在人均 GDP 20000—40000 元之间,这一分值有一个上升趋势,在 40000—80000 元区间有下降趋势,而到了 80000 元以上又为上升。这表明,在经济较为落后和经济发达的地区都有着较高的优质优价的质量意识,而在人均 GDP 处于 40000—80000 元的中间水平省份则相对而言对优质优价的认同度较低,或者说有更高的数量驱动型增长倾向。

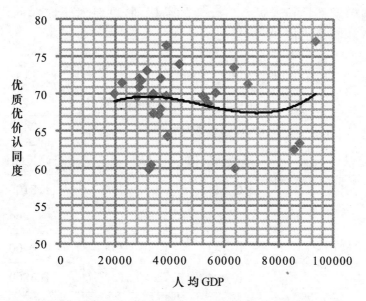

图 13-19　优质优价认同度与地区人均 GDP 之间的关系

（三）年龄与质量知识了解程度显著负相关

表 13-24　对质量知识的了解的回归结果

被解释变量：对质量知识的了解				
解释变量	参数估计值	标准误差	z 统计量统计量	P 值
性别（女性 =0；男性 =1）	0.0561	0.0295	1.9000	0.0570
年龄	− 0.0367	0.0147	− 2.4900	0.0130
户籍（农村 =0；城市 =1）	0.0826	0.0354	2.3300	0.0200
受教育程度	0.0620	0.0110	5.6600	0.0000
家庭收入	− 0.0000	0.0000	− 2.3800	0.0170
职业类型（机关事业单位 =1）	0.0122	0.0333	0.3700	0.7150

对质量知识了解程度的回归结果表明，除了职业类型以外，其他 5 个个体特征变量都是显著的。其中性别、户籍、受教育程度对于质量知识评价指数有显著为正的效应，而年龄和家庭收入的效应则显著为负。在信息化时代，质量知识的获取越来越多地要依靠现代网络媒体，而年轻人无疑在这一方面具有优势，因此年龄对于质量知识的了解具有显著为负的影响，但无论是对于质量安全感受还是质量满意，年龄都是显著为正的影响，这说明随着质量知识的增长，年轻的消费群体对于质量的期望也在提升，因而相较于年长者其质量的安全性和满意度要更低。另一个值得关注的现象是，即使在受教育程度提高以后，城市居民对于质量知识的了解仍要显著地高于农村，这表明在质量知

识的获取上我国确实还存在着城乡二元化的结构,特别是对于农村的质量知识的普及、信息的提供等公共服务方面仍有差异。

(四)来自于机关事业单位的消费者有更高的维权行为能力

表 13-25　举报行为的回归结果

解释变量	被解释变量:举报行为			
	参数估计值	标准误差	z 统计量统计量	P 值
性别(女性=0;男性=1)	0.0533	0.0295	1.8100	0.0710
年龄	-0.0206	0.0147	-1.4000	0.1620
户籍(农村=0;城市=1)	0.1431	0.0354	4.0400	0.0000
受教育程度	0.0260	0.0109	2.3800	0.0170
家庭收入	0.0000	0.0000	1.3300	0.1850
职业类型(机关事业单位=1)	0.0928	0.0333	2.7900	0.0050

表 13-26　退货行为的回归结果

解释变量	被解释变量:退货行为			
	参数估计值	标准误差	z 统计量统计量	P 值
性别(女性=0;男性=1)	0.0001	0.0296	0.0000	0.9980
年龄	-0.0230	0.0148	-1.5600	0.1200
户籍(农村=0;城市=1)	0.1217	0.0355	3.4300	0.0010
受教育程度	0.0244	0.0110	2.2200	0.0260
家庭收入	-0.0000	0.0000	-2.1200	0.0340
职业类型(机关事业单位=1)	0.0600	0.0334	1.8000	0.0720

上表是对消费者质量行为的回归结果,这两个回归结果所反映的共同现象是,户籍、受教育程度和职业类型对于质量行为有着显著为正的影响。由于质量知识对于质量行为有直接的影响,而受教育程度对于提升消费者的质量知识又有显著的正影响,所以受教育水平对于质量行为也自然有显著性的影响。值得注意的是,职业类型虽然对消费者的质量知识以及优质优价的质量意识都没有显著性的影响。但对于举报、退货等行为有着显著性的影响,来自于机关或事业单位的消费者,在这方面的行为倾向要明显更高,这表明来自于政府或事业单位的消费者不仅具有质量公共服务的信息优势,而且在质量的具体行为上也具有一定优势,因而能够有较高的维权能力。户籍变量同样也是显著的,城市居民的举报或退货等行为的倾向要显著地高于农村居民,这表明农村

居民一方面不具有相应的质量知识,另一方面在具体的行为能力上也较弱,这是导致农村质量状况较城市要差的重要因素。此外,上表的结果表明,在控制其他变量的影响以后,男性的举报行为倾向要显著高于女性,男性对质量知识的了解仍显著高于女性,而前文的分析又表明男性的质量意识较女性要更低,更进一步地说明了女性对于质量更为敏感,或者说有更为苛刻的要求。

第五篇

一般性结论与政策启示

第十四章

质量安全总体状况进入上升周期

一 特征事实

质量安全是不好的产品、服务或工程,由于其质量伤害,给人们生理、心理或财产带来的安全性负面影响。[1] 自2008年毒奶粉事件后,中国质量安全成为公众视野中的突出问题。尤其在媒体报道中,中国的质量安全形势严峻。然而,根据宏观质量观测数据,我们发现中国消费者在实际生活中所受的质量安全伤害风险较低,消费者对质量安全的评价已稳定在基本满意的状态,质量安全问题不再是我国宏观质量管理的突出问题,我国质量安全状况已经开始进入上升周期。

(一)我国质量安全水平保持在及格线上并且呈上升趋势

根据宏观质量调查数据,自2012年起,消费者在实际生活中受到质量伤害的比例仅为13.41%(包括轻微的伤害)。根据产品、服务、工程、环境四个方面总评价,中国消费者对质量安全总体评价一直稳定在60分以上,2013年的质量安全评价整体略有提升。因此,从四大维度的整体数据可以发现我国消费者目前对质量安全评价十分稳定,已达到了基本满意的水平。

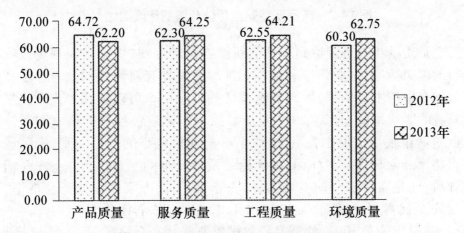

图 14-1　质量安全评价分值的年度对比

将质量安全评价中具体的子项进行比较可以发现,2013年多数的子项指标相比

---

〔1〕 程虹:《宏观质量管理的基本理论研究———一种基于质量安全的分析视角》,《武汉大学学报(哲学社会科学版)》2010年第1期。

2012 年略有提升。如图 14-2 所示,在可进行年度比较的 8 项质量安全评价项中,2013 年有 5 项的质量安全评价高于 2012 年。质量安全评价下降幅度最大的汽车产品,质量安全评价也仅下降 3.51%。另外两项产品不仅下降分数不超过 1 分,甚至有一项的质量安全评价在两年内均超过 70 分,本身就处于较满意的水平。因此,消费者对质量安全的分项评价非常稳定,不仅保持在 60 分以上水平,而且大部分子项有明显增长。这表明从质量安全的分项评价角度,我国质量安全稳定在基本满意的水平。

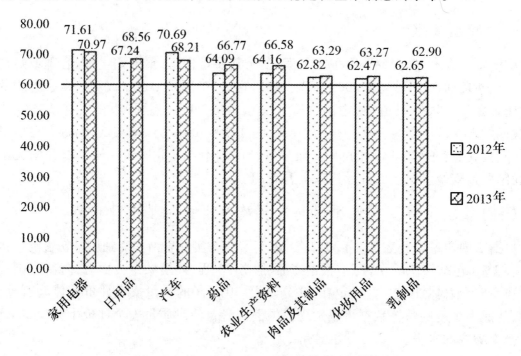

图 14-2　产品质量安全评价分值的年度对比

　　质量安全是质量状态是否达到了社会所能容忍的底线,更多地表现为政府所制定并强制推行的国家标准、行业标准和地方标准。这类具有强制性的政府标准就是政府在质量监督抽查中的主要依据,因此质量监督抽查合格率可以被视为判断质量安全水平的较为权威的客观指标。比较 2013 年产品质量国家监督抽查合格率和质量安全评价,可发现,这两组数据成正比关系,即质量安全评价较高的产品类别,产品质量国家监督抽查合格率相对较高。具体而言,无论是质量安全的主观评价指标——消费者对质量安全评价,还是质量安全的客观指标——产品质量国家监督抽查合格率,一致表明我国质量安全问题并不严重。在表 14-1 中,质量安全评价最高的产品——电脑(70.43 分),所对应的是 100% 的产品质量国家监督抽查合格率,而质量安全评价最低的产品——儿童用品,其产品质量国家监督抽查合格率也超过 70%。消费者对于质量安全的主观评价为"基本满意"和"较满意"之间(即质量安全评价在 60—75 分之间)时,质量安全的客观指标——抽检合格率是在 70%—100% 之间。因此,根据质量安全的客观数据验证,同样可以发现我国质量安全状况,从整体上而言,高于社会能容忍的底线之上。

表 14-1　产品质量国家监督抽查合格率与质量安全评价

项目	质量安全评价	产品质量国家监督抽查合格率（%）
电脑	70.43	100.00
服装	68.54	88.89
汽车	68.21	86.82
农业生产资料	66.58	76.92
儿童用品	63.85	71.43

注1：资料来源：国家质量技术监督检验检疫局网\http://www. aqsiq. gov. cn/ztlm/cpzlccgg/。质量安全评价数据来自2013年宏观质量观测调查数据。

注2：表中产品质量国家监督抽查合格率是由项目这一类产品中，选取具有代表性的具体子类产品或关键零件组成的2013年数据。如：儿童用品选取的是毛绒玩具的数据，汽车选取的是汽车用制动器衬片的数据。

（二）消费者对政府质量安全监管的评价大幅提高

政府对质量安全的监管投入了大量力量，除了质量监管体制机制的构建，质量安全相关法律法规的颁布实施之外，还进行了定期的质量监督抽查和日常的监督检查工作。一旦发生重大质量安全事件，政府部门需要调动各方面力量进行事件调查、追责和处罚。

宏观质量观测数据表明，相较于2012年，消费者对政府质量安全监管工作的评价有大幅的提高。表14-2中，政府质量安全监管的有效性提高幅度最大，消费者对其评价分数增长率高达15.89%。此外，政府对重大质量安全事件处理的及时性的评价增长了8.76%，政府对质量安全问题的预警效果也增长了2.56%。数据表明，我国政府在2013年的质量安全监管工作，相比2012年有较大进步，取得了消费者认可的成效。

表 14-2　消费者对政府质量安全监管的评价

问题选项	2012 年分值	2013 年分值	变化率（%）
政府质量安全监管的有效性	50.54	58.57	15.89
政府对重大质量安全事件处理的及时性	54.82	59.62	8.76
政府对质量安全问题的预警效果	54.97	56.38	2.56

通过逐步回归的方法，将2013年宏观质量观测中所有涉及质量安全的子项进行分析，可以发现：工程、环境、食品和医疗服务对政府质量安全监管有效性提高的作用显著。这表明，政府质量安全监管的有效性，主要受工程、环境、食品和医疗服务这四项质量安全水平影响。要进一步提高政府质量安全监管的有效性，最需要重视的就是工程、环境、食品和医疗服务这四方面，可作为下一步政府质量安全监管的重点。

表 14-3　政府质量安全监管有效性的影响因素

模型	非标准化系数		标准系数	T 统计量	Sig.
	参数估计	标准误差			
（常量）	0.100	0.155		0.646	0.518
工程	0.239	0.027	0.205	8.747	0.000
环境	0.245	0.023	0.240	10.781	0.000
食品	0.225	0.024	0.203	9.552	0.000
医疗服务	0.193	0.023	0.189	8.424	0.000

a. 因变量：政府对企业质量安全监管的有效性

说明：本表格选取了 2013 年宏观质量调查数据中所有涉及质量安全的 23 项子项，[1] 作为解释变量。被解释变量是政府对企业质量安全监管的有效性。经过逐步回归后，得到表格中所示的工程、环境、食品和医疗服务四项显著的解释变量。

（三）家用电器、汽车、粮油和日用消费品领域持续表现出低质量安全风险特征

根据 2012 年和 2013 年的宏观质量观测数据的年度对比，可以发现在家用电器、汽车、粮油和日用消费品这四个领域的消费者质量安全评价上，一直保持在较高水平。不仅在同一年份内，高于其他产品的质量安全评价。而且在年度对比中，持续保持较高水平。

在家用电器方面，2012 年的宏观质量观测数据表明，中国消费者对家用电器的总体安全性评分均达到 71.61 分，对各类的家用电器满意度打分也均在 70 分以上的较满意水平，其中最高的“电视”得分为 73.97 分，得分最低的热水器也高达 70.16 分。2013 年消费者对家用电器的质量安全评分继续保持在 70 分以上的高水平，达到 70.97。

在汽车方面，2012 年的宏观质量观测数据表明，中国消费者对汽车的安全性能评分达到 70.69 分，对汽车的各类指标满意度打分也均在 60 分以上的基本满意水平，其中评分最高的“外观”指数为 71.83 分。2013 年消费者对汽车的质量安全评分继续保持在 65 分以上，达到 68.21 分。

在粮油方面，2012 年的宏观质量观测数据表明，中国消费者对粮油的评分均达到 66.52 分以上的基本满意水平。2013 年的宏观质量观测数据继续支持了 2012 年消费者对粮油安全的判断，粮油的安全性指数保持在 65 分以上的水平。相比 2012 年，2013 年消费者对粮油的安全性评价继续保持在 60 分以上的基本满意水平，尤其是对粮食的安全性评分高达 68.29 分。

在日用消费品方面，2012 年的宏观质量观测数据表明，中国消费者对日用品的总体

---

〔1〕　涉及质量安全的 23 项包括：消费产品、食品、粮食、食用油、肉类、乳制品、家用电器、药品、电脑、日用消费品、化妆用品、儿童用品、服装、汽车、电梯、农业生产资料、医疗服务、公共交通、工程、自住住宅、道路、公共建筑、环境。

安全性评分均达到 67.24 分以上的较满意水平,对各类的日用品满意度打分也均在 60 分以上的基本满意水平,其中最高的"洗漱用品"指数为 68.30 分,指数最低的化妆用品也达到 62.47 分。

表 14-4　质量安全评价对比

问题选项	2013 年得分	问题选项	2012 年得分
家用电器	70.97	家用电器	71.61
汽车	68.21	汽车	70.69
粮食	68.29	粮油	66.52
食用油	64.25		
日用消费品	68.56	日用消费品	67.24

二　理论分析

(一)政府职能转变和简政放权是信任得以重建的重要原因

信任是从一个规矩、诚实、合作的行为所组成的社区中产生的一种期待。[1] 自 2008 年的三聚氰胺事件爆发后,中国消费者对中国产品服务的质量安全的信任迅速下滑,尤其是国产婴幼儿乳制品市场萎缩甚至面临消失的风险。从 2012 年到 2013 年,中国消费者对质量安全的评价达到及格线以上水平,甚至对乳制品这类发生重大质量安全风险的质量安全评价也有所上升,这表明中国消费者对质量安全的信任逐步增强,达到了基本满意的水平。

政府作为信任重建的重要主体发挥了重要作用。政府控制了所有信任形成的制度环境,政府的监管强度与信任的构建有密切的关系:当一个社会完全没有管制时,欺诈流行,不讲信誉;随着政府监管的增强,企业的信誉也相应增加;政府管制的范围和强度超过了某个点后,企业又开始不讲信誉了;监管越多,企业讲信誉的积极性越低,最后到达一个死角,只有管制,没有信誉,所有的交易都只能在政府的管制下进行。[2]

可以说,目前质量安全总体状况进入上升周期,很大程度上是与政府监管强度的改变有关,即从 2013 年 3 月开始的政府简政放权和行政审批改革有密切关系。减少和下放了一批投资审批事项,对确需审批、核准、备案的项目,要简化程序,限时办结,取消和下放一批生产经营活动和产品物品的许可事项,再取消一批对各类机构及其活动的认定等非许可审批事项。在取消一批资质资格许可事项[3]的背景下,企业大幅提高了追求信誉的积极性,从而促进了质量安全整体水平的提升。

---

〔1〕　弗兰西斯·福山:《信任——社会道德与繁荣的创造》,远方出版社 1998 年版。
〔2〕　张维迎:《信息、信任和法律》,生活·读书·新知三联书店 2003 年版,第 17—22 页。
〔3〕　《国务院机构改革和职能转变方案》,2013 年 3 月。

（二）关键性风险控制是实现质量安全治理的有效途径

质量安全监管,实则是对风险的控制。在微观的风险管理实践中,通过风险辨识、评价与控制等方法进行有重点的风险控制已得到广泛应用。这是根据风险性质、特点、频度和严重程度,对风险进行分级,为整体安全风险预警提供依据。[1] 这种动态的风险管理方法,对可接受的风险,不主动采取风险控制措施,对合理可行的风险或高风险,采取风险控制,使风险降低到合理或可接受的水平上。实际上,由于宏观质量管理中的质量安全监管,所涉及的风险领域更广,风险来源更加多元,而政府的监管力量是有限的,因此也可以借鉴微观的风险控制管理的方法,进行质量安全监管。对质量安全风险较高或社会敏感度较高的领域,政府应该集中精力,进行重点监管,通过改善质量安全的最短板,从而促进一个国家和区域内总体质量的持续提升。

中国消费者对质量安全整体状况评价提高,尤其是对政府监管效果的评价大幅提高,其中重要的原因也是在 2013 年政府采取的质量安全监管改革措施,体现了有重点的风险控制的方法。针对中国消费者普遍关心的食品、药品安全,政府整合了食品药品监管资源,组建食品药品监督管理机构,对食品药品实行集中统一监管,强化食品、药品这两大领域的执法能力。由于对食品药品的重点监管,一定程度上消除了消费者对政府质量安全监管的不满,从而提高了消费者对政府质量安全监管的评价。

三　政策建议

（一）对家用电器、汽车、粮油和日用消费品等质量安全风险较低的领域取消检验

宏观质量观测的数据表明,家用电器、汽车、粮油和日用消费品等领域,自 2012 年以来一直保持较高的质量安全水平,属于质量安全风险较低的领域。因此在政府的质量安全监管中,应该放松对这些行业的管制,将监管力量投入到更需要监管的质量安全领域。对于在家用电器、汽车、粮油和日用消费品领域,可以减少监管力度,降低大规模的监督抽查和大规模打假活动的频率,或者取消政府部分质量安全风险极低的监督检验项目。

（二）对工程、环境、食品和医疗服务消费者最关心领域进行重点监管

根据宏观质量观测数据,工程、环境、食品和医疗服务是对政府质量安全监管的有效性提高最重要的质量安全领域,是中国消费者最关心的领域。因此,应该进行有的放矢的重点监管,并加大处罚力度,将有限的执法力量集中到更容易发生质量安全问题的领域,对关系到老百姓日常生活,尤其是妇女儿童健康问题的质量安全产品服务进行重点监管。设置质量准入门槛,实行生产和销售许可,执行严格的监督检查,进行强制认

〔1〕　罗云、宫运华、宫宝霖、解增武、孙晓祎:《安全风险预警技术研究》,《安全》2005 年第 2 期。

证,从而保护广大消费者人身和动植物生命安全,保护环境、保护国家安全。

（三）允许市场和社会主体制定和使用团体标准,在质量安全底线之上进行自我规范

在市场上的质量供给安全底线之上,政府应该放开,由市场和社会主体进行自律,通过市场竞争实行质量的优胜劣汰。鼓励市场和社会主体制定高于质量安全底线之上,高于政府标准水平的团体标准。并允许企业在产品、说明书和销售包装上标注承诺高质量水平的执行标准标注和第三方机构的认证标识,主动提供质量担保书。任何感兴趣的单位或个人均可以免费且便捷地在标准公开信息平台上查询到各类产品服务所需要达到的质量最低要求以及远高于最低要求的团体标准信息。为消费者提供合理的法律救助,建立消费者集体诉讼制度,对传播虚假质量信息的商家进行法律惩罚和赔偿。

第十五章

质量满意度稳中有进

一 特征事实

(一)三大领域的质量满意度获得较大幅度增长

2013年总体质量满意度从上一年度的62.02分增长到64.51分,增长了4.01%。其中服务质量满意度从2012年的62.30上升到2013年的64.66,提升幅度为3.79%;工程质量满意度从2012年的60.76上升到2013年的63.74,提升幅度为4.90%;环境质量满意度从2012年的60.30上升到2013年的62.13,提升幅度为3.03%。2013年的质量观测数据表明,消费者对中国质量发展状况的总体评价是平稳的。本调查观测的服务、工程、环境三大领域,2012年的满意度评价分布在60—65分之间,2013年的满意度评价同样分布在62—65分之间,总体分布趋同各维度排序有所变化,具体的维度评分也有变化。稳定的质量发展现状说明了当前的质量治理体系的作用是稳定的,但不容忽视的是,2012年、2013年质量评价总体都只达到了60分基本满意的及格线,还有很大的提升空间。

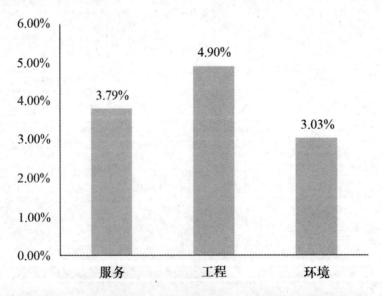

图 15-1 2013 年服务、工程、环境三大领域满意度增长率

(二)产品质量满意度仍保持在及格线以上

对比2012年与2013年的质量观测数据,家电、汽车的质量满意度依然名列前茅。

家电质量满意度从 69.50 上升到 70.04,上升了 0.54;汽车质量满意度从 68.2 降至 67.28,下降了 0.92。汽车与家电行业都属于市场化程度较高的行业,消费者对这类产品的质量满意度总体较高。特别对于家电行业,国产品牌(如:海尔、美的、格力、格兰仕等)具有很高的质量水平,不仅在国内市场上能与国外品牌一较高下,还能出口到很多国家和地区。"中国家电出口指数"显示,2013 年我国家电出口增速相比 2012 年有所增长。

日用品、药品、农业生产资料的质量满意度稳步提升。从 2012—2013 年日用品质量满意度从 66.61 升至 67.14,提升了 0.53;药品质量满意度从 63.71 升至 65.68,提升了 1.97;农业生产资料质量满意度从 63.53 升至 65.71,提升了 2.18。日用品虽然时有曝光产品质量风险,但众多国内外品牌充分参与市场竞争使得消费者有更多的选择,因此质量满意度在提升。药品和农业生产资料是关系到消费者身体健康的关键产品,它们质量满意度的提高表明近年来质量治理的有效性。

粮油、乳制品的质量满意度有所下降,肉制品质量满意度未发生变化。粮油质量满意度从 66.52 降至 63.25,下降了 3.27;乳制品从 62.65 降至 62.45,下降了 0.20;肉制品质量满意度未发生波动。食品是近几年来质量问题频发的重点领域,尽管政府加强了各种监管治理手段,类似于三聚氰胺、瘦肉精之类的重大质量安全事件没有再度爆发,但消费者感知的满意度仍然不高,并且有下降趋势。这些充分表明,食品质量问题是我国质量治理的短板。

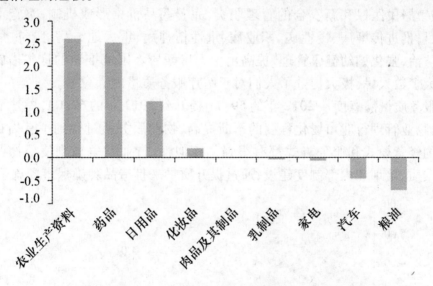

图 15-2 2012 与 2013 年度产品质量满意度分值差

(三)服务质量满意度全面提升

服务业在经济中的占比代表着国家经济发展水平,服务业质量满意度也能代表服务质量发展水平,而从 2012—2013 年,服务质量总体满意度跃居首位,这是可喜的提高与成就。互联网服务质量满意度从 61.28 增至 65.79,提升幅度为 4.51。互联网经济是

21 世纪的时代特点,随着我国互联网的普及,以及互联网服务提供商的竞争加剧,服务提供商纷纷改善服务基础线路,提升流量和网速,各种资费套餐和优惠活动使得消费者能够享有更高的上网体验,更多的选择和更低的资费价格,消费者的质量满意度大幅提高也就理所当然。

公共交通服务质量满意度有大幅增长,从 2012 年的 59.92 增至 2013 年的 65.01,提升了 5.09。各地政府积极地开展基础设施建设,方便人们出行,这些成就通过观测数据调查展现出来。全国范围内高铁、城铁相继开通,使全国范围内朝发夕至成为可能,消费者在乘坐飞机之外又多了一种选择。除传统的修路、修高架桥之外,全国各主要城市也相继开始修建地铁,极大分散了传统公共汽车的客流量,使人们能享受廉价而便捷的出行方式。公共交通服务质量的提升,缓解了许多城市的拥堵难题,有助于提升人们的生活质量。

教育服务质量满意度略有提升,从 2012 年的 63.66 增至 2013 年的 64.73,提升了1.07。教育服务质量一直是我国各级政府重视的基础工程,从义务教育普及免除农村学费到改善教师待遇,再到提供免费营养午餐,这些基础教育的投入逐步取得成效。而中学教育的各项改革和高等教育质量的评估建设,都为提升人才培养质量作出了重要贡献。总体而言,教育服务质量正沿着良好势头稳步提升。

医疗服务质量满意度有大幅提升,从 2012 年的 58.69 增至 2013 年的 62.70,提升了 4.01。国家积极扩大基本医保覆盖面,推进重特大疾病保障和救助机制建设;整合职工医保、城镇居民医保和新农合的管理职责,完善药品价格形成机制;实施重大公共卫生服务项目,推进传染病、慢性病、职业病、重性精神病、重大地方病等严重危害群众健康的疾病防治,强化妇幼健康管理,提高出生人口素质。国家推动的这些措施和改革惠及了全国大多数人民,极大提升了人们对于医疗服务质量的满意度。

物业服务质量满意度从 2012 年的 59.71 提升到 2013 年的 62.03,提升了 2.32。近年来,随着物业管理行业市场化程度的不断提高,物业服务质量得到了有力提升。物业管理公司的经营模式和服务方式都有很强的相似性,行业竞争加剧使得物业公司更加注重员工素质、培训和内部制度建设,通过提升质量来打造品牌确保市场竞争优势。

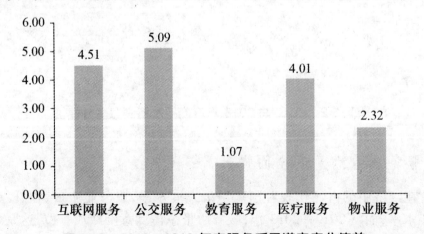

图 15-3　2012—2013 年度服务质量满意度分值差

二 理论分析

(一)我国经济的转型是促进质量发展的根本动力

我国目前正处于经济转型时期。党的十八大报告提出,要适应国内外经济形势新变化,加快形成新的经济发展方式,把推动发展的立足点转到提高质量和效益上来。经济转型实质是一场大规模的制度变迁过程,转型的关键是"使制度正确",形成提高质量发展的激励和治理机制。经济转型为质量发展提供了制度基础,具体表现在两个方面:其一,经济转型为质量发展提供了新的激励结构,使质量发展的成本与收益联系,从而实现私人边际成本与社会边际成本相等;其二,经济转型对质量发展施加约束,抑制经济社会活动中主体破坏生态环境的机会主义,把经济主体对自身利益最大化的追求限制在一定范围内,并相应抑制质量发展中经济主体可能发生的浪费资源、污染环境、破坏生态等机会主义倾向,从而降低质量发展的代价。

(二)质量满意对于经济增长具有基础性作用

2013 年国内消费对经济增长贡献率达到 50%,内需的作用得到了充分体现。消费者有高质量产品的需求,企业也有提供高质量产品的动力。在家用电器市场上,众多的国内外厂商都在提供各式产品。早在 20 世纪 80 年代,我国国产的家用电器质量并不好,但经过 30 年的市场竞争,企业不断改善产品和服务质量,那些质量较差的产品和厂商逐渐被淘汰,才有了今天中国制造的家用电器畅销全球的局面。反观我国当前的质量管理体制,对于行业的监管和准入,会限制厂商的竞争态势,市场无法充分发挥资源配置的基础作用,就无法实现自然地优胜劣汰。激烈的市场竞争可以缓解信息不对称的情况,消费者可以有更多的选择权去获取高性价比的产品。因此,过多的政府干预将无助于形成良好的市场竞争秩序。今后政府的改革方向应该只关注基本的安全,对于质量发展和质量满意应该交由市场来调控。让消费者用货币来投票,选出他们认为的优质产品和厂商,淘汰那些劣质产品和厂商,将是未来发展的必然趋势。

三 政策建议

(一)优化服务行业结构,用市场化手段增长客户体验感

服务质量满意度排名首位,离不开我们目前所倡导的传统产业转型升级所带来的服务业的发展,通过推动服务业特别是现代服务业发展壮大,从而优化产业结构,扩大消费需求。本次调查中对于服务业的调查,主要从医疗、教育、公共交通、通讯业、互联网和金融服务几个方面来评价,应当看到目前我国医疗体制改革还在持续深化;2013 年国家对教育的投入超过了 GDP 的 4%;目前的全国各大城市为了缓解交通压力,加大了对公共交通的投入力度,如武汉、郑州、杭州等城市的地铁均逐步开通和持续建设;通讯

业、互联网和金融服务业由于本身处于较为激烈的竞争环境当中,这些产业所提供的服务的规范化、流程化和客户体验均能够得到消费者的认可。

（二）政府质量监管主要集中于食品等重点领域

2012 年和 2013 年的质量观测数据充分表明我国质量发展状况处于"基本满意"的水平,大部分行业领域的质量满意度均达到了及格水平,且年度对比表明,大部分领域的质量满意度稳定性进步,只有食品(主要包括乳制品、粮油等)满意度较低,且出现了年度下降的趋势,而食品也是我国质量安全问题的重点领域。因此,我国的质量治理投入应主要地聚集于食品重点行业领域,并从其他满意度发展水平较高的领域退出,主要由市场来发挥作用,减少对于企业进入的不必要的行政许可、收费等。

第十六章

市场竞争进一步地促进了行业与区域质量发展

质量观测调查数据表明,市场竞争对我国行业性、区域性的质量发展具有正向作用,市场竞争成为促进质量发展的主要动力。

一 特征事实

(一)市场化促进了我国制造业质量满意度提升

根据相关的理论研究,非国有化比重是度量行业市场化程度的一个重要指标,报告选取了2013年我国不同行业的非国有化就业比重来大体度量不同行业的市场化水平。数据显示,不同行业的总体市场化程度与该行业的质量满意度之间总体上呈现出正相关关系。

表16-1 不同国有化程度的质量满意度比较

国民经济就业统计行业	非国化比重(%)	质量观测行业	满意度得分
制造业	91.3	家用电器	70.03
		汽车	67.28
房地产业	82.9	自住住宅	67.88
金融业	71.2	金融服务	66.26
信息传输、软件和信息技术	70.4	通讯服务	65.59
交通运输、仓储和邮政业	37.2	公共交通	64.22
水利、环境和公共设施管理业	14.3	环境	62.13
		公共工程	67.06
卫生和社会工作	11.1	医疗	61.84
教育	5.2	教育服务	64.73

资料来源:国家统计局《中国统计年鉴2013》,北京:中国统计出版社。非国有化比重是指在总就业中,除非国有企业的就业量所占的比重。

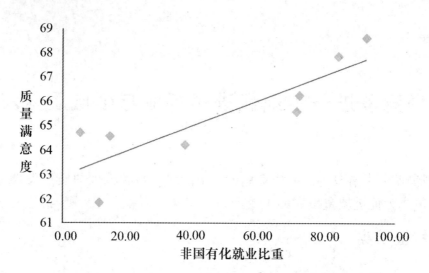

图 16-1 不同市场化程度行业与质量满意度得分的散点分布(%)

表 16-1 以及图 16-1 的数据均显示,非国有化程度越低,其质量满意度就越高,非国有化程度与行业的质量满意度达到了 0.85,为强正相关关系。我国在市场开放较早的领域,如:家用电器、汽车、房地产业等,经过多年的市场化改革,已经形成了较为充分竞争的市场,非国有化就业比重在 70% 以上,其质量水平达到或接近了 70 分的"较满意"的水平,而一直主要由政府经营的行业,如公共工程、医疗、教育等行业,非国化的就业比重在 20% 以下,而其质量的满意度明显地较低,质量满意度分别为 67.06、61.84、64.73 分。这表明,行业层面竞争越充分,质量满意度水平越高。

(二)市场化促进了区域质量安全、质量满意以及质量公共服务水平的提升

作为区域市场化程度的指标之一,本报告选取了樊纲等(2011)研究市场化进程的一个重要指标——政府与市场关系,该指标是一个综合指数包含了市场分配经济资源的比重、减少政府对企业的干预、减轻企业税外负担、缩小政府规模等多个方面的指标,该指数分值越高代表其市场化的环境越好。[1] 实证分析结果表明,宏观质量总指数及各分类指数与市场化指数之间存在较强的正相关关系,市场化对于促进质量发展起到了重要的作用。

表 16-2 市场化指数与宏观质量指数的相关系数

宏观质量指数	与市场化指数的相关系数
区域质量总指数	0.423
质量安全	0.426

〔1〕 市场化指数的数据来源:樊纲等(2011):《中国市场化指数:各地区市场化相对进程 2011 年报告》,经济学科出版社。

表16-2（续）

宏观质量指数	与市场化指数的相关系数
质量满意	0.361
质量公共服务	0.369

从表16－2的结果可以看到,区域的市场化指数与区域宏观质量总指数、质量安全评价指数、质量满意指数、质量公共服务指数等均有正相关关系,相关性系数在0.36以上。

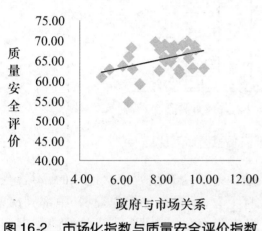

图16-2　市场化指数与质量安全评价指数关系

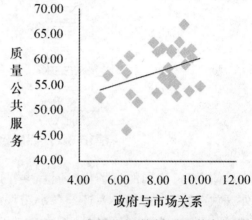

图16-3　市场化指数与质量满意指数关系

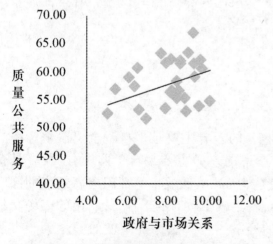

图16-4　市场化指数与质量公共服务关系

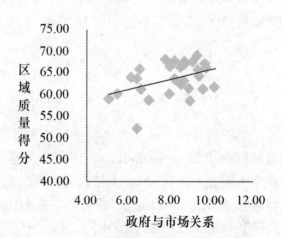

图16-5　市场化指数与区域质量总指数关系

图16－2至图16－5均表明了市场化指数与区域质量指数之间的正相关关系。市场竞争不仅直接地对产品、服务的质量满意度水平有改善作用,而且对于一个地区的质量安全性也有很强的改善作用,两者的相关系数达到了0.426,超过了其与质量满意的

相关系数 0.361,同时市场化程度与政府的质量公共服务之间也存在着正相关关系,这表明市场化程度的提升不仅不会削弱政府的作用,反而可以提高政府质量监管的有效性。提高市场化水平能够显著地提升我国区域质量公共服务的满意度。

(三)产品质量与服务质量满意度变化与区域经济发展变化趋势一致

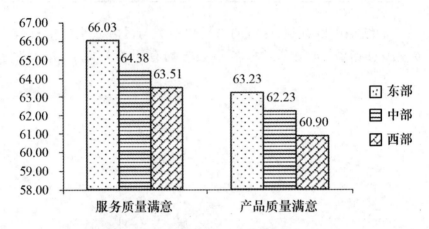

图 16-6　产品质量与服务质量区域对比图

　　总体而言,我国的市场化发展程度在区域结构上是从东往西依次递减的,不管是在对外开放、政府与市场关系还是各类市场的发育上看,都是东部优先发展,中部其次,西部最后。反映区域质量发展状况的宏观质量观测调查数据表明,产品质量满意度和服务质量的满意度均与市场化程度的变化趋势是一致的,即从东往西依次递减。东部地区在服务质量满意度指数上要比中部高出 1.65 分,比西部高出 2.52 分。在产品质量满意度指数上,东部要高出中部 1 分,高出西部 2.33 分。

二　理论分析

(一)市场竞争从根本上提升了企业的质量主体意识

　　经济增长理论认为各国经济增长和人均收入的差异主要是来自于全要素生产率的差异(Caselli & Gennaioli,2005),而全要素生产率的差异主要来自于两个方面:一是企业微观的技术进步,另一个是改善资源的配置(即资源从低效率的部门向高效率的部门转移)(樊纲等,2011)。市场化最主要的内容,就是减少政府的干预,让自由的市场交易能够在资源配置中起主要作用,与市场相关的经济、社会、法律的制度的健全等。市场化的主要作用就是改善资源的配置效率和微观的经济效率,实证研究表明市场化对于我国全要素生产率的贡献率达到了 39.2%(樊纲等,2011)。只有在一个要素可以自由进入和退出、消费者可以自由选择的自由竞争环境下,企业才有足够的动机去生产高质量的产品和服务。质量发展的根本目标就是优势的产品能够在市场竞争中取得较高的价格,进而淘汰质量低劣的产品,从根本上说也是经济效率的改善过程,因此市场化作为提高微观经济效率的基础性制度变量,也是质量发展的根本前提。

（二）质量的市场属性决定了改革要不断减少政府干预增强市场主体作用

质量包括质量安全与质量发展两方面的内容,质量安全是指质量不能对人造成伤害的底线,而质量发展是指产品或服务的属性在安全的前提下能够更好地满足消费者的需要。质量安全是企业必须达到的最低标准,体现的是社会公共的利益,因而更多的是一种外在的强制,需要政府通过法律、规制等手段来实现。而质量发展主要是企业的市场行为,因为高质量的产品能够让企业获得更高的市场收益,从而获得竞争优势。即使是质量安全,除了在一些涉及公共利益的领域,如特征设备、环境安全、经济安全等领域需要政府规制以外,一般而言也主要是市场竞争行为,因为只有安全的产品才能让企业在市场中生存下去,不安全的产品很快会被市场淘汰。因此,总体而言质量的发展内在地具有市场的属性,是通过自由竞争而不断发展的,正是这一属性决定了质量的发展应发挥市场的决定性作用。

三 政策建议

（一）构建市场发挥决定性作用的质量治理基础性制度

党的十八届三中全会的决定提出,建设现代市场体系的目标是:"形成企业自主经营、公平竞争,消费者自由选择、自主消费,商品和要素自由流动。平等交换的现代市场体系。"对于我国质量的治理,应坚定不移地按《决定》的总体要求来进行。即进一步地发挥市场在质量治理中的决定性作用,具体而言要确立企业的主体责任地位,让不同所有制、不同规模的企业平等地参与市场竞争,降低质量市场进入壁垒,让企业有充分的竞争压力来提供好的产品质量。完善消费者信息获取和权益保护的制度,重点突出对于国有企业、垄断行业的质量提升,减少非市场性因素造成的进入壁垒,放开民营资本进入金融、电力、供水、供电、医疗、教育等领域,进一步地提高消费者的自由选择权。打破地方保护,实现商品和要素的自由流动,形成全国统一的产品和要素竞争市场,同时质量的监督、执法与公共服务按照相关的法律规定,在不同的地区要尽可能统一。

（二）培育能够独立竞争的质量市场主体

质量市场化的前提是有合格的市场主体,即有生产高质量产品的内在激励的企业主体。而培育合格的市场主体,关键是要建立起优质优价的市场机制,进一步完善质量的信号功能。一是要建立完善标准的标识制度,在国家强制性标准的标识之外,要允许企业进行高于国家标准的团体标准的标识,让不同的标准能够在市场中进行充分竞争,由消费者自由选择,让按更高标准进行生产的产品能够实现更高的市场收益,实现标准的优胜劣汰,进而实现产品的优胜劣汰。二是要发挥价格对质量的识别作用,就要完善基于消费者的商品比较实验,让商品的质量信息通过独立的社会第三方竞争性地提供,提高消费者对于商品的知情权,使同等价格的产品能够进行质量的比较,同等质量的产品能够进行价格的比较,让消费者对不同质量的产品有充分的选择权,激励产品的生产者进行质量的竞争。

(三)加快市场化质量信号载体的建设

市场促进质量发展的前提是要有大量的市场化的质量信号提供者,通过市场竞争的方式向企业和消费者提供有效的质量信息,否则难以实现优质优价、优胜劣汰的市场竞争机制。目前我国市场经济还不完善,尤其是还未建立能充分体现优质优价的市场机制,使得企业普遍缺乏提供高质量的产品和服务的激励,难以成为合格的质量供应主体。其主要原因是:一方面,产品以统一的政府标准为主的质量评价,导致了企业质量供给水平的同质化。由于我国的标准大多是由政府主导制定,缺乏社会多元的质量评价标准,只能对市场准入的最低基础安全性领域进行质量规范。这使得企业所提供的产品和服务的质量评价,只能依据国家最低强制性标准,企业没有动力花更高的成本来提供高于强制标准的产品和服务。另一方面,市场缺乏有效的质量信号,使"劣币驱逐良币"的市场环境成为常态,打击了企业创造更高质量的积极性。消费者面对质量的不确定性,出于理性只愿意付出平均价格,使得供应高于平均价格的高质产品的企业反而难以卖出产品,而供应低质产品的企业能获得更多收益。

为解决这一问题,应通过各类信号工具传播质量信息,对劣质产品服务的企业形成一定约束,激励企业主动追求高质量水平。第一,鼓励企业主动发布质量信息,在产品、说明书和销售包装上标注承诺高质量水平的执行标准标注和第三方机构的认证标识,主动提供质量担保书。第二,开放检测机构对消费者提供检测服务,按照消费者需求,提供检测服务,并公开检测认证结果,政府对这类检测进行一定程度补贴。在企业所提供的产品和服务达不到所承诺的质量水平时,消费者不仅可以选择减少未来的购买,而且可以根据检测结果索要相应的补偿。第三,为消费者提供有效的质量伤害救济,建立消费者集体诉讼制度,对传播虚假质量信息的商家进行惩罚,同时对消费者给予赔偿。

第十七章

消费者更多地转向对质量满意的需求

"质量安全"和"质量发展",是目前我国质量治理的两大目标,政府一方面要抓产品、服务、工程、环境的安全,还希望通过抓"质量发展"来促进经济发展质量的提升。质量是一组固有特性满足需求的能力,如果说固有特性衡量了质量安全的程度,那么满足需求,也就是消费者对质量是否满意,就衡量了质量发展的水平。然而,消费者对于质量安全与质量满意的需求,并不是完全均等的,对2013年全国质量观测的数据显示,我国消费者已经出现了明显的转向对质量满意需求的趋势,这对我国质量问题的治理方法将产生重要的影响。

一 特征事实

(一)消费者对质量满意度的评价普遍低于安全性

消费者对于不同产品、服务、工程和环境的安全性与满意度评价的绝对分值本身,就是消费者对质量满意度的评价低于安全性的直接证明。

表 17-1　消费者对安全性与满意度的分类对比

观测对象	安全性分值①	满意度分值②	①-②
所消费产品	62.83	62.08	0.75
所有食品	61.37	61.44	-0.07
粮食(米面等)	68.29	67.48	0.81
食用油	64.25	63.25	1.00
肉类	63.29	62.35	0.94
乳制品	62.90	62.45	0.45
家用电器	70.97	70.04	0.93
药品	66.77	65.68	1.09
电脑	70.43	69.61	0.82
日用消费品	68.56	67.14	1.42

表 17 – 1（续）

观测对象	安全性分值①	满意度分值②	① – ②
汽车	68.21	67.28	0.93
化妆用品	63.27	61.95	1.32
儿童用品	63.85	63.28	0.57
服装	68.54	67.56	0.98
电梯	65.37	64.31	1.06
农业生产资料	66.58	65.71	0.87
医疗服务	63.56	61.85	1.71
公共交通	65.80	64.23	1.57
工程（总体）	64.68	63.74	0.94
自住住宅	69.18	67.88	1.30
道路	65.17	63.67	1.50
公共建筑	68.25	67.01	1.24
环境（总体）	63.37	62.13	1.24

如表 17-2 所示，除了"所有食品"这一项中，消费者对安全性的评价略低于满意度之外，在其他所有的产品、服务、工程和环境类别中，消费者对于满意度的评分，都明显低于对安全性的评分。安全性与满意度间的这种差距，在服务质量、工程质量和环境质量中，显得更为明显，平均差值在 1.3 左右，明显高于消费产品。基于"所有食品"项下各分类的消费者评分，以及对"所有食品"本项的安全性与满意度绝对分值的考虑，课题组认为消费者对食品总体的安全性评价略低于满意度，来自于消费者对食品安全的笼统的心理担忧，而涉及具体的食品类别，则反映出较为具体的评价感知。

对上表中消费产品的进一步分析还可以看到，对于家用电器、电脑、日用消费品、化妆品、服装、汽车等产品类型，在消费的过程当中会产生更多的消费者体验，对其再次购买也更依赖于消费体验，而消费者恰恰对这几类产品的满意度更低于安全性的评价。相反，食品类商品对安全性而不是体验更敏感，儿童也很难明确表达对产品的体验，因而安全性与满意度的差值较小。

（二）消费者对质量满意度的要求逐步提升

从 2012 与 2013 年宏观质量观测四个维度满意度对比中可以看到，在 2013 年虽然服务、工程和环境满意度评分比 2012 年有所上升，但产品质量的满意度却有 4.08% 的大幅下降,说明消费者对于产品满意的要求在不断提高。同时,消费者对于满意度评分的结构分布,也有着趋同的变化。

表 17-2 消费者对四大维度评分的区间分布年度对比

区间		(70, 100]	(65, 70]	(60, 65]	(0, 60]
总体	2012	6.14%	24.56%	44.74%	24.56%
	2013	2.94%	38.24%	58.82%	0%
产品	2012	21.21%	33.33%	42.42%	3.03%
	2013	6.25%	50%	43.75%	0%
服务	2012	0%	22.22%	42.59%	35.19%
	2013	0%	37.5%	62.5%	0%
工程	2012	0%	36.36%	45.46%	18.18%
	2013	0%	50%	50%	0%
环境	2012	0%	6.25%	56.25%	37.5%
	2013	0%	0%	100%	0%

如表 17-2 所示,消费者在 2013 年的满意度评分,相对于 2012 年的一个明显趋势是,高于 70 分,或是低于 60 分的极端评分明显减少,对于各类别的评价更加趋向于中间,并且更多地集中于 60—65 的这个区间。可以看出,消费者对于质量的满意度,虽然总体上评价有所提升,但由于消费者对于满意的要求不断的升高,因而对于满意水平的总体评价却并不高,停留在一个较低的水平上。

(三)消费者追求满意的意识远超过其知识能力

从公民质量素质各板块得分的数据可以看到,对于公民质量素质的评价当中,消费者质量意识的评分达到了 69.49 分,明显高于第二位质量行为的 64.05 分,更显著高于第三位质量知识的 62.72 分。特别是在质量意识的问项中,"自己在日常工作中,宁愿亏本或多花些精力,也不投机取巧的可能性","自己在完成某项具体工作或任务时,对标准和流程的重视程度","对于'质量好的产品,应付出更高的价格'这一说法的认同程度"等选项,平均达到超过 70 分的结果,表明消费者有较好的质量成本意识,对质量满意有更高的需求。

然而,消费者的质量知识却和其意识有很大的差距,特别是在"对常用质量知识的掌握程度","对质量社会组织的了解程度","对质量标识(如:QS、3C 等)的了解程度","对质量维权程序的了解程度"这几个日常消费会随时碰到相应情形的选项,普遍没有达到 60 分的及格线。在质量行为的评价中,虽然购买前主动获取信息的选项有 70.19

分,进一步验证了消费者有强烈的质量意识,但由于其质量知识能力与质量意识的巨大差异,无法指导消费者正确的进行消费,使得消费的最终结果,并不能达到满意的预期。

二 理论分析

(一)向买方市场的转型驱使卖方提升质量满意度

任何在现在看来质量水平很高的国家,都走过了一段从以质量安全为主,逐渐演变为以消费者满意为主的历史,这其中的拐点就是市场从紧缺转为过剩的时点。只有当消费者有更多选择的时候,企业才会在利益的驱使下,不断基于消费者的需求提高产品的质量,通过满意的购买来获得经济利益。这是因为,随着产品和服务提供者的增多,消费者搜寻适合自己的产品和服务的成本也快速增加,那么选定一个品牌的产品和服务之后,这种搜寻成本会使消费者倾向于锁定在感到满意的品牌上,还能低成本地传播良好的形象。因而越是信息充分的社会,厂商越是需要通过顾客满意来留住、拓展消费者。

我国生产者与净消费者之比的数据显示,从 20 世纪 90 年代中后期开始,市场开始从短缺转为过剩,绝大多数产品和服务都能找到多个提供者。特别是我国进入产品过剩的时点,伴随着信息化和互联网信息的爆发式增长,使得消费者有更多、更快速的渠道接触到质量信息,也使我国的厂商需要快速地步入以顾客满意为导向的经营方式。同时,我国在消费品、服务业等多个领域都有较高的对外开放程度,外资企业早已使用提升质量满意度的竞争方式,更需要国内企业尽早转型。

(二)第三方中立质量信息是提升质量满意度的直接驱动力

消费者对于产品和服务的满意或不满意的感受,来自于在消费前对产品和服务的预期,与消费后对其评价之间的差值,如果超出预期则会有满意的感受,而低于预期则会产生不满意的感受。因此,信息不对称是影响消费者满意度的直接原因,在购买前消费者对产品和服务质量的信息了解得越充分,产生不满意感受的可能性就越低。

消费者有多种渠道可以了解到产品和服务的质量信息,以降低购买对象和自身之间的信息不对称程度。目前在我国比较主流的几种渠道,包括:(1)官方发布的对产品进行监管时获得的质量信息;(2)企业在市场营销中发布的广告信息;(3)媒体发布的测评信息;(4)互联网上消费者购买后发表的体验交流信息;(5)少量的政府所属消费者组织发布的测评信息。在这些渠道中,(1)和(5)两类信息由于政府监管成本的限制,一般都很难覆盖消费者经常消费的所有领域。同时由于政府自身的角色很难保持中立;(2)类信息完全来自于厂商,自然会放大自身的优势,忽略可能会产生消费者不满意部分的信息。虽然(3)类信息可以提供一些测评信息,但媒体依靠厂商广告生存的利益机制,使得这类信息同样极有可能站在生产者的角度来提供。(4)类信息虽然往往能够提供消费者最关心、最想要的质量评价,但是往往非常难以搜寻,也存在验证互联网信息发布者真实性的问题,同时由于这类信息主要来自于消费者体验之后的感受,因而主要是定性的评价而很难量化,缺乏科学性的评价也使这类信息很难传播。

因此,在纷繁冗杂的质量信息中,消费者最需要的是独立于厂商和政府之外,以消费者利益为出发点,能够覆盖日常经常消费的产品类型和不同品牌,中立的、充分的、科学的质量信息。这类信息越充分,积累的时间越长,越能转化为消费者的质量知识,使消费者获得选择的主动权,进而驱动厂商不断提升质量的满意度。

(三)比较试验是提供第三方中立质量信息的有效路径

比较试验,指的是通过对同一类型的不同品牌产品或服务,用同一标准、同一规则进行测试,并相互比较产品或服务优劣的一种行为。在美国、德国、日本、法国、英国等主要发达国家,都有大量主要从事比较试验的消费者组织,如美国的消费者联盟、德国的商品检验基金会、法国的消费研究所等。比较试验的运作机制,决定了它"强迫"生产企业提升质量满意度的行为。

国际上主流的比较试验操作方式,都是由从事比较试验的机构以消费者的身份,独立、隐秘的从市场上购买不同品牌的同一类型产品,每个品牌购买一件或少数几件,依据本机构制定的测试标准(包括客观测试和消费者主观测试),在匿名的检测机构进行独立的测试,对结果进行打分和排名,并将测试结果以杂志的形式出版,以较为低廉的价格出售给消费者。在整个操作方式中,由于消费者所购买的杂志普遍是从事比较试验机构的最主要收入来源,因而这些机构都会将消费者的满意程度,作为测试标准的主要参照系,最终公布的结果,也是以消费者的满意程度为标准,即使是安全性的测试部分,也是以消费者希望的安全程度,而不是印刷的标准所描述的安全水平为标准。因此,厂商在这种测试标准的压力下,自然会将消费者的满意标准作为企业生产的标准,否则很难在市场上立足。国外的调查显示,比较试验机构刊登在杂志上的质量信息,在消费者的消费选择中占据了举足轻重的地位,对生产厂商的销售结果也起到了极其重要的直接影响。

因为有比较试验机构的存在,一个不够让消费者满意的设计或产品,都有可能给企业带来巨大的风险。如果我国能有若干个这样的比较试验机构,相互之间独立运作又有着一定的竞争关系,那么每一件产品、每一个厂商都会有必须让消费者满意的压力,进而提升总体的质量满意水平,这也是提升消费者质量知识的一种非常有效的方法。

三　政策建议

以上2013年质量观测中,消费者对安全性与满意度的调查结果,以及理论分析的结果共同证明,在目前的市场经济条件下,中国的消费者转向更加关注产品、服务、工程和环境的满意度,而不只是它们本身的安全性。这种转变对于政府的宏观质量治理来说,提出了新的要求和挑战。从1995年我国第一次有机构从事比较试验至今,18年间有不少机构在进行比较试验的实践,主要包括遍布全国各地隶属于当地工商局的消费者协会,每年会分别选择几种产品进行测试;大量消费类杂志、电视节目,对诸如化妆品、电脑、汽车等消费类产品进行了比较试验;以及近年来开始有少部分公司开始进入比较试验的领域。但是,这么多年的比较试验探索,并没有产生发达国家所出现的那种对企业的约束力,亦没有对消费者满意度的提升产生实际的推动力,甚至有很多消费者根本不知道有比较试验的存在。为此,我们提出如下政策建议:

(一)推动独立第三方组织进入比较试验领域

在现有的科学技术条件下,大部分产品和服务的质量安全风险,相对来说可以控制在可接受的范围内,消费者受到质量安全伤害的概率越来越低。从而,消费者逐渐将质量安全作为一个消费的默认条件,更关注产品是否能让自己获得满意的体验。因而政府在进行宏观治理时,应当基于成本和收益的考虑,将监管的范围从质量水平非常成熟的领域退出,如:电脑、家用电器等,逐步转移到食品、儿童用品等质量安全风险较高的领域。对于那些质量已经比较成熟的领域,消费者高于质量安全的满意诉求,属于生产者市场竞争的范畴,并不是政府可以直接满足的,这并不是全社会所有人的基本需求,政府也很难低成本、中立地完成这一任务。相反,政府应当创造有利于比较试验开展的制度环境,自然会有很多机构能够通过比较试验的方式,以很低的成本为消费者筛选出优质优价的产品。

消费者对比较试验结果的信赖,完全来自于对发布结果机构公信力的信赖。如果一个机构有可能被企业所收买,或者发布的测试结果几次被证实有误,那么消费者很快会不信任这一机构发布的任何结果。对公信力的判断,除了对比较试验机构形象和行为的道德判断之外,最直接的就是由隶属关系决定的机构本身的独立性。一个不属于任何其他组织,甚至不属于政府部门的比较试验机构,不会频繁承受来自于多方利益相关者的压力,其测试结果的公信力将大大超过没有实际独立地位的比较试验机构。因此,对于现有存量的比较试验机构,应当加快其中隶属于行政部门的消费者保护组织,与其主管部门真正脱钩,并按照社会组织理事会的治理结构进行管理,成为真正代表消费者利益的社会组织。同时,政府应广泛鼓励社会组织、非营利机构、公司进入比较试验领域,使它们展开良性竞争。

(二)完善社会组织代表消费者利益的法律和标准体制

当前最困扰从事比较试验机构的问题之一,就是测试标准的合法性。现有的比较试验中,绝大部分选择了与产品相关的一个或一组国家标准作为测试产品的依据,其中既有强制性国家标准,也有推荐性国家标准。如果按照现有的国家标准来进行测试,那么仍然只能满足消费者对安全性的需求,而无法满足对满意度的更高要求。只有允许从事比较试验的机构,自行开发一套以消费者满意为合格线的标准和测试方法,才能使比较试验真正发挥其应有的作用,促进整个产业的质量满意度提升。特别是在服务业领域,政府一直缺少传统的在产品领域比较成熟的质量评价方法,服务业本身又很难出现安全性问题,使得消费者对安全性和满意度的感受相差更远,而这正是比较试验更能发挥作用的领域。

目前,我国还没有明确的法律法规和判例,来保护以消费者利益为出发点所开发、实施的检验测试方法,因而比较试验结果经常受到企业在合法性和可信度上的质疑。因此,应当在《消费者权益保护法》中明确,任何组织、个人都有权对商品和服务,进行有可证明科学依据的比较、测试,并公开发布测试的结果,保障从事比较试验主体的合法地位。当比较试验结果与企业利益相冲突并发生法律纠纷时,司法部门应当在可证明科学依据的前提下,支持比较试验机构以消费者利益为出发点,来确立自己的测试标准、测试方法和测试结果。

(三)出台相应的可持续发展政策

比较试验因其对测试产品和服务领域专业性的要求,因而很难由一家机构垄断所有类似信息的供给,必然会出现规模不一的各类综合性和专业性的比较试验机构,以满足消费者不同的需求。这种多元信息供给的模式,还能约束比较试验机构的行为,使之难以被厂商所收买。事实上,国际上大量大规模的比较试验机构,都不接受厂商任何有相关利益的赞助。

但是,比较试验由于其模拟消费者的测试方式,必然会产生大量的费用,用于购买各类消费产品、开发符合消费者利益的测试方法,以及实际的产品测试,对于汽车、大家电、手机等昂贵商品,其费用更是非常可观。尤其是在机构成立之初,还缺乏稳定的杂志收入之时,经费问题对于机构的生存则显得尤为重要。因此,政府应该出台相应的政策,允许任何想从事比较试验的机构,都能够注册成为公益性社会组织,并享受相应的税收减免政策;对于只以比较试验测试结果为收入来源的企业,应当给予一定比例的税收减免。同时,比较试验机构所产生的测试结果,应当受到严格的知识产权保护,特别是针对互联网上的电子版本,应当出台相应的知识产权保护办法。

(四)加强消费者教育引导公众关注比较试验

阅读比较试验类的杂志,是提升消费者质量知识的一种很好的途径,也是消费者质量意识增强后的一种行为。然而,我国仍有大量的消费者,完全不知道比较试验是什么,也不知道有哪些机构在从事比较试验,更不知道从何种载体和渠道能够获得相应的信息。因而,政府在现阶段应当在消费者教育中,传播比较试验的知识和开展情况,引导消费者主动关注这方面的信息。

在一些贫困地区,当地消费者由于条件和渠道的限制,更加难以获得充分的质量信息,而这些地区又恰好是最容易被假冒伪劣商品侵害的地区。因此,政府应当在这些地区通过政府采购的方式,在居民较为聚集的地方,放置比较好的比较试验杂志供民众免费阅读。

第十八章

质量发展在公共事业上的结构性短板有所改善

质量的结构性问题是在我国经济发展过程中,由向市场经济转轨和体制机制不断改革所导致的,在质量发展过程中经济社会某些领域的内在不平衡性问题。[1] 质量发展不平衡性的一个重要表现就是公共事业的服务质量偏低,从提供物品的角度来看,公共事业的服务质量包括医疗服务质量、教育服务质量以及城市的公共交通服务质量等领域。

我国采取的是渐进式的改革模式,跟随经济体制改革的步伐逐步推行政府和社会管理体制机制的改革,社会领域的改革滞后于经济社会的发展。不同领域内改革的各个部分、层次和要素之间缺乏统筹规划,难免在不同领域的改革过程中出现被忽视的环节和主体。我国的质量发展处在这样一个背景中,也出现了较为显著的结构性问题,如在"2012 质量观测"数据结果中呈现的"政府行政管理体制重监管轻服务"、"医疗质量体制重硬实力轻软实力"、"学前教育被忽视"等结构性问题。不过,2013 年的质量观测结果显示,这些质量发展中的结构性问题在部分领域出现了不同程度的好转,质量结构的短板问题得到了部分的改善。

一 特征事实

根据 2013 年的宏观质量调查数据,我国质量发展在公共事业上的结构性问题的改善主要体现在医疗服务质量、城市公共交通服务质量和教育服务质量等几个领域。其中,与 2012 年的观测数据相比,部分领域服务质量的消费者评价从负面逆转为正面,部分公共事业领域的服务质量的评价有一定程度的上升。但是,公共事业领域的服务质量与其他产品和服务领域的消费者评价相比有较大的差距,需要进一步改进。

(一)医疗和公共交通服务质量的满意度评价转为正面

在医疗服务质量方面,2012 年的观测数据表明,中国消费者对本地区医疗服务质量的总体评价仅为 59.89 分,没有超过 60 分的及格线。在对影响医疗服务质量的相关因素的评价当中,消费者对医生的能力、医生的态度和医院的治疗价格都评价较低,尤其是医院的治疗价格方面,消费的评分仅为 47.77 分。这些都是影响医疗服务质量的"软件"方面,当然,消费者对于医院的位置分布和医院的环境这些"硬件"指标的评价要明显高于这些医院软实力的评价。这种评价吻合了我国医疗服务建设和医院发展重视硬

---

〔1〕 武汉大学质量发展战略研究院中国质量观测课题组:《中国质量发展观测报告——面向"转型质量"的共同治理》,中国质检出版社 2013 年版。

件投入,而忽视了服务水平和服务质量的现实。在 2013 年的质量观测数据当中,中国消费者对本地区医疗服务的总体安全性的评价指数为 64.83 分,对于本地区医疗服务质量的总体满意度指数为 61.94 分,总体上偏向基本满意的程度。

在城市公共交通服务方面,2012 年的观测数据中,中国公民对本地区公共交通服务质量的总体评价仅为 59.915 分,还没有达到及格线。对公交车和出租车服务质量的评价都在 59 分上下,而对于影响公共交通服务的各种因素的质量评价当中,候车环境的恶劣更是为消费者所诟病,得分仅有 56.19 分。在 2013 年的质量观测数据当中,对本地区公共交通的总体安全性指数为 65.84 分,而对于本地区公共交通服务质量的总体满意度的评价为 64.25 分。由此可见,中国消费者对于医疗服务和公共交通质量的评价从负面转向了正面,这是一个较为根本性的改变。

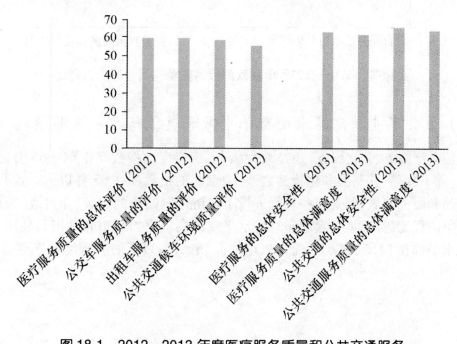

图 18-1 2012—2013 年度医疗服务质量和公共交通服务
质量消费者评价的对比

(二)教育服务的消费者满意度进一步改善

2012 年的宏观质量观测中,消费者对本地区教育服务质量的总体评价为 63.29 分,而且对于大学教育服务质量的满意程度要低于其他国民教育层次,如高中、初中的满意水平。另外,对民办幼儿园的服务质量评价要明显低于公办幼儿园的服务质量的评价,前者评分为 61.35 分,而后者达到了 65.27 分。2013 年的宏观质量观测对于本地区教育服务质量的总体满意度评分为 64.83 分,好于上一年度对教育服务质量的总体评价。

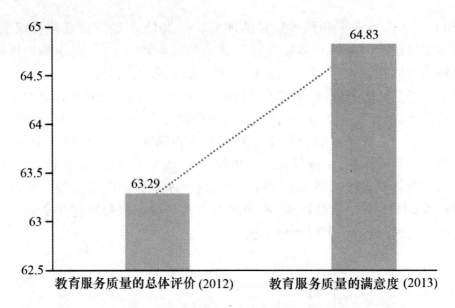

图 18-2 2012—2013 年度教育服务质量消费者评价的对比

（三）公共事业满意度水平整体上低于其他产品和服务领域

　　不管是医疗服务、公交服务,还是教育服务,满意度的指数都在 61—65 分之间。而其他产品,除了食品、乳制品和化妆品之外,满意度的指数都在 65 分以上。这些满意度较高的产品和服务领域,都是那些现行进行了经济体制改革的领域,而且改革导致的市场化和竞争的程度越高,消费者的满意度水平就越高。比如汽车和日用品领域,消费者的满意度水平都在 67.5 分以上,而在家电产品领域,消费者的满意度水平更是高达 70 分以上。

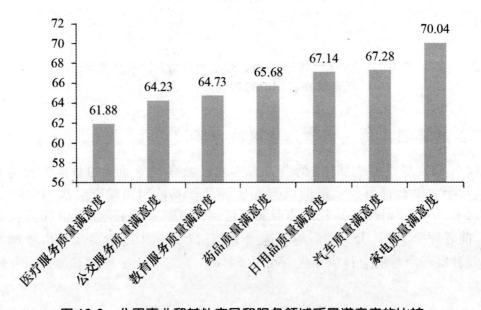

图 18-3 公用事业和其他产品和服务领域质量满意度的比较

二　理论分析

如果说质量发展中在公用事业领域的服务质量出现结构性短板,其主要原因在于体制机制改革的不均衡发展状态。那么,这一领域的缺失和短板得到一定程度的弥补的原因也就在于我国这几年来在政府行政和社会管理这些领域不断进行改革的尝试。质量领域也是一个复杂的、有机联系的系统,短板的不断改善同样有利于实现我国整体质量发展能力的稳步提高,最终使得质量的系统力量出现质的飞跃。

(一)推进社会体制改革是质量结构性短板得以弥补的根本原因

中国的转型包括了经济体制从计划经济体制向社会主义市场经济体制的转变,以及社会结构的转型。但是,社会体制改革滞后于经济体制机制的改革,这是导致当前质量发展在公共事业领域出现结构性短板的根本原因。如果说经济体制机制的改革肇始于1978年的十一届三中全会,那么我国社会体制领域的改革是从1985年医疗市场化改革的正式启动开始,[1]但是在改革过程中缺乏整体性和系统性,带来了关于公益性和市场化的争论,进而在2005年7月28日的《中国青年报》刊出由国务院发展研究中心负责的最新医改研究报告,这一年成为新一轮医疗体制改革的起点。教育体制的改革也是从1985年5月颁布才真正开始,其间也经历了1990—2003年间"教育产业化"的反复,进而有2003年以来教育部在落实科学发展观和教育公共政策的转变。医疗体制、教育体制、公共交通等公共事业领域的体制机制改革都经历复杂的转化与发展的过程,改革过程缓慢,甚至历经反复,导致我国质量发展领域的结构性失衡。

社会体制的改革包括教育、医疗、住房、事业单位改革和社会管理改革等领域,现在已经成为我国体制机制改革新重点。[2]"十二五"时期是深化医药卫生体制改革的攻坚阶段,也是建立基本医疗卫生制度的关键时期。2013年是深化医药卫生体制改革向纵深推进的攻坚之年,也是全面实施"十二五"医改规划的关键一年,[3]在健全全民医保体系、推进重特大疾病保障和救助机制建设、提高基本医疗保险管理能力和服务水平、整合职工医保、城镇居民医保和新农合等方面取得了较大的进展。此外,在2011年,国家教育体制改革试点已经全面启动,重视顶层设计、抓住长期困扰教育科学发展的难点和社会关注的热点问题,解决重点问题。并且谋求在人才培养体制、办学体制、管理体制和保障机制这4个重点领域取得突破。这也是教育部2012年和2013年的工作要点。近年的改革强调实施顶层设计,提出可操作的系统性解决方案,促进了公用事业领域的质量发展。

---

〔1〕　邹东涛主编:《中国经济发展和体制改革报告NO.1:中国改革开放30年(1978—2008)》,社会科学文献出版社2008年版。

〔2〕　杨宜勇:《中国社会体制改革的战略与路径》,《人民论坛》2013年第30期。

〔3〕　《国务院办公厅关于印发深化医药卫生体制改革2013年主要工作安排的通知》。

（二）弥补质量结构短板可提高我国质量发展的系统功能

结构是描述实体之间关系和模式的基础词汇,它本身可以是有形的或者是无形的,既可以自己成为一个客体,如建筑结构,也可以成为一个特征,如社会结构。[1] 结构本身决定了子系统和各种要素之间的关系。[2] 系统体系结构是一个综合模型,由众多的结构要素组成,一个系统的结构是实现系统功能大于系统组成部分或者系统的构成要素之和的关键。结构对于系统的功能起着决定性作用,一方面,结构使得系统形成了不同于其固有要素的新特质,另一方面,系统结构在"约束"和"协同"作用下决定组成要素的行为。我国社会经济运行已经形成包含质量安全和质量发展两个维度,涉及经济、政治、文化和社会各个层面的质量系统。结构的合理性是决定质量系统运行效率和功能实现的决定性因素。质量发展中的结构性短板导致质量系统运行不畅,使得质量发展在国民经济中难以发挥其应有贡献。

我国当前社会体制改革滞后于经济体制机制的改革,社会发展不适应经济发展的需求。在经济增长的同时,交通拥堵、看病难、上学难等社会问题频现。公用事业领域的质量发展有助于解决经济和社会发展的不协调,并且使经济社会发展更加贴近人民群众的生活需要。关于医改,十八大报告提出要保基本,建机制,重点推进医疗保障、医疗服务、公共卫生、药品供应、监管体制的综合改革。在教育领域,十八大报告提出探索招生和考试相对分离、学生考试多次选择等运行机制来改革考试招生制度,以健全家庭经济困难学生资助体系,构建利用信息化手段等方式来促进教育公平,而且要建设现代学校制度的教育管理和办学体制等。这些改革路径都有助于提升这些质量发展领域的短板。随着质量发展的一些结构性薄弱环节被逐步修补,质量系统对于社会经济发展的支撑作用得到巩固和提高。

三　政策建议

我们的分析指出,我国质量发展领域在公用事业方面的一些结构性短板已经得到了一定程度的扭转,但是总体而言,距离消费者的期望还明显不足,距离充分发挥质量系统的综合性功能,发挥质量发展对于国民经济的支撑作用还有很大的改进空间,这就要求我们采取一些政策措施进行改善和提高。

（一）开放公共事业领域的市场准入提升质量发展

无论是教育、医疗还是在公共交通服务上,消费者和这些公共服务的提供者之间都存在一定程度的对立,这种对立尤其表现在突出的"医患矛盾"和高等教育质量上。对于这些公共事业服务,消费者不满意的一个重要原因就在于对市场准入限制带来的垄断。在这些公共服务的提供上,一直以来国家对社会资本和国外资本的进入限制比较

---

〔1〕　Pullan, Wendy（2000）. *Structure*. Cambridge：Cambridge University Press.
〔2〕　林可济:《论结构与功能》,《福建师范大学学报》（哲学社会科学版）1987 年第 1 期

严格,公立机构一直处于垄断地位。这种机构没有积极性去改善面向其服务对象的产品和服务的水准,这样它的质量就难以得到提高。开放公共事业服务领域的市场准入条件,实际上有利于促进教育、医疗和城市公共交通等领域的竞争,通过市场主体的竞争行为,激励公立和非公立的各种公共服务改善服务质量。应该降低这些公共服务业发展的投资门槛,扩大外包的比例,放宽公共事业的特许经营准入,鼓励和引导社会资本投向这些公共事业领域。

(二) 改善公共事业的结构失衡促进质量发展

医疗和教育等公共事业服务领域消费者满意度有改善,但是仍然有较大的提升空间。我国的公共事业领域由于一些结构性失衡,导致消费者对其服务质量的满意程度不高。如在医疗服务领域,这种结构性失衡就体现在医疗服务的地区结构失衡、软硬件投入失衡、医疗机构的所有制分布失衡等多个方面。同时,在公共事业的教育、公共交通等领域也存在类似的结构失衡问题。公共事业领域的结构失衡问题的解决,不能简单地通过增加投入或者强化现有政策措施等方式来达到目的。下一步社会体制改革过程当中,应该重新配置城乡公共事业服务资源,提高农村公共事业服务资源的供给能力。利用信息化整合城乡医疗资源并支撑城乡对口支援工作,实现大医院与基层医院的信息对接、技术对接、管理对接和资源共享。给予公共事业机构更多经营自主权,允许各类结构竞争以实现差异化发展,满足消费者各类需求。

(三) 改革公共事业的政府投入方式保障质量发展

在进一步加强公共事业领域公益性的基础上,公共事业服务的提供逐步由政府全包转向以政府为主,政府、市场和社会多方参与的新格局。不过,政府始终是这些公共事业领域的主要投资来源。首先,政府应该在鼓励社会资本进入的同时,进一步加大在教育、医疗和城市公共交通等公共事业领域的投入强度,并且建立健全基本公共事业服务均等化的机制,这本身是保障这些领域质量发展的重要前提。其次,在此基础上,政府投入应该根据公共事业机构的服务数量、质量、效果、满意度等考核结果,以及政府对于公共事业服务监管结果核定工作量并确定投入。再次,调整政府财政支出结构,采取政府购买服务,通过竞争的方式,向所有符合资质的服务提供者购买服务,根据服务契约向服务承担者支付合同款。政府购买服务还可以通过向需求方,即民众发放"公共事业服务券",让他们自由选择服务机构。

第十九章

产品质量稳定增长的根基不牢

我国质量发展的主体是产品质量,2013 年我国第一产业和第二产业比重为53.9%,第三产业比重是46.9%,同时我国是世界货物进出口贸易第一大国,因此产品质量是宏观质量发展中最为基础和重要的领域,也是影响经济持续增长的重要因素。2013 年宏观质量观测调查数据表明,我国在总体质量发展稳中有进的同时,产品质量仍出现了不稳定的状况,与我国经济增长的总体波动性相一致。

一 特征事实

在调查的产品、服务、工程和环境四个领域中,与 2012 年相比,服务、工程和环境等三个领域的得分是上升的,只有产品领域的得分出现了下降,下降的比例为 4.08 个百分点,且产品质量相对位次由 2012 年的第一位下降到了 2013 年的最后一位,低于环境质量的得分。

表 19-1   四大领域质量满意度的年度对比

项目	2012 年分值	2013 年分值	变化率(%)
产品	64.72	62.08	-4.08
服务	62.30	64.66	3.79
工程	60.76	63.74	4.9
环境	60.30	62.13	3.03

以上数据表明,构成我国经济发展基础的产品质量仍不稳定,产品质量满意度相对于其他领域而言,还没有进入到一个上升的转变。另据国家质检总局公布的《2013 年中国产品质量状况分析报告》,国家监督抽查共抽查了 17020 批次产品,批次抽样合格率为 88.9%,同比下降 0.9 个百分点。虽然质量满意的得分仍然在及格线以上,但数据显示其底线还未筑牢。在我国宏观质量的治理中,产品满意性质量应成为重点。

(一)满意度变动与产业发展的变动趋势相一致

表 19-2 质量满意度与增加值变动率

项目	满意度变化	产业	增长率(%)	出口	增长率(%)
产品	-4.08%	第二产业	7.8	货物出口	7.3
服务	3.79%	第三产业	8.3	服务出口	10.6

资料来源:国家统计局编:《中国统计年鉴 2013》,中国统计出版社 2014 年版。

表 19 - 2 数据表明,2013 年我国第三产业(即服务业)的增长率为 8.3%,高于第二产业的增长率 0.5 个百分点,也高于总体的增长率 0.6 个百分点,同样地服务出口增长率达到 10.6%,超过货物出口增长率 3.3 个百分点。同时作为第一产业的主要行业,如粮油、乳制品等均出现了一定幅度的下降,而 2013 年的农业,增长率为 7.7%,为所有产业中增长率最低的产业。以上均表明,我国的经济中最为基础的产品,其质量的发展基础仍然是不够稳固的,还不足以支撑我国经济总量的增长。

图 19-1 GDP 增长率与单位劳动力产值增长率(%)

图 19 - 1 的数据进一步表明,从 2010 年开始我国经济增长的速度出现了一个下行区间,国内生产总值的增长率从 2010 年的 10.4% 下降至 2012 年的 7.7%,2013 年继续保持在 7.7% 的增长率水平,代表经济效率的另一个重要指标单位劳动力产值增长率也从 2010 年的 10.1% 下降至 2013 年的 7.3%,这表明我国在利用资源的效率上增长速度趋缓。经济增长的乏力与我国产品质量总体的波动性大致相同,质量对于支撑经济的可持续增长作用仍有很大空间。

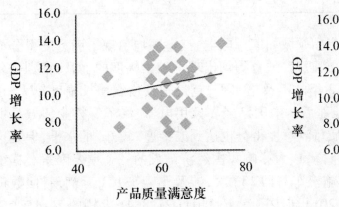

图 19-2 区域产品质量满意度与 GDP 增长率

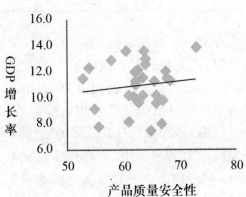

图 19-3 区域质量安全性与 GDP 增长率

表 19-3　产品质量安全与质量满意的相关统计量

	标准差	与 GDP 增长率的相关系数
产品质量安全	20.63	0.116
质量满意	33.17	0.178

以上数据表明,在区域层面上,产品的质量满意与区域的生产总值增长具有高度的相关性,在质量满意度较高的地区,其经济增长的速率也较高,质量水平与经济增长的相关性在区域层面可以得到验证。同时,从表 19-3 的数据可以看到,产品质量满意与经济增长率的相关系数为 0.178,高于产品安全与经济增长率的相关系数 0.116,产品质量满意在区域间的标准差达到 33.17,高于产品质量安全的标准差。可见,产品质量满意对于经济增长的相关性更大,但是我国产品质量满意度的波动性在区域层面较大,产品质量还没有进入到一个稳定增长的轨道。

(二)部分重要领域的质量评价出现了下降

表 19-4　满意度得分下降的主要产品领域

	行业领域	2012 年得分	2013 年得分	变化率(%)
产品	食品	63.38	61.44	-3.06
	汽车	68.2	67.75	-0.7
	粮油	66.52	65.82	-1.1
	乳制品	62.65	62.61	-0.1
服务	互联网	61.28	65.79	7.36
	公交	59.92	65.01	8.49
	教育	63.66	64.73	1.68
	医疗	58.69	62.70	6.83
	物业	59.71	62.03	3.89

从表 19-4 数据可见,主要的产品领域如家用电器、汽车等均出现了满意度得分下降的状况,而主要的服务领域如公交、医疗、教育等均出现了较大幅度的上升,特别是公交、医疗、物业等服务业领域由 2012 年的不及格水平,越过了及格线增长幅度较大,在我国的总体质量中产品质量相对地滞后。中国已经在家用电器、汽车等行业领域是世界产销量第一的大国,且其总体的质量满意度得分也达到或接近"较好"的水平,但是这两个领域在 2013 年均出现了小幅下降,成为影响我国经济增长的一个重要因素。据统计,2013 年我国由于质量问题而实施汽车召回 133 次,涉及车辆 531.1 万辆,召回数量同比增长 65.8%,召回数量占到了 2013 年中国汽车总销量 2198.41 万辆的 24.1%,创

历史新高。[1] 最新公布的《2013 年中国质量状况公报》表明汽车行业拼装问题突出,翻新废旧、回收安全气囊以及整车质量违法问题在一定范围内存在,导致消费者对于汽车质量的状况满意度有所下降。以上数据表明我国虽然已经是世界汽车的生产大国,但在汽车生产的质量上仍然存在较多问题,汽车质量并不稳固,这一点与宏观质量观测数据的发现是一致的。

此外,我国食品一直是消费者普遍感到敏感的领域,其质量满意度下降了 3.06%,中国消费者协会的投诉数据也显示 2013 年食品类的质量投诉排名第三位。

表 19-5　2013 年上半年商品投诉量

商品大类	2013 上半年	投诉比重(%)	2012 上半年	投诉比重(%)	比重变化
家用电子电器类	56587	21.3	53288	20.8	+0.5
服装鞋帽类	25526	9.6	25465	9.9	−0.3
食品类	17967	6.8	18914	7.4	−0.6
烟、酒和饮料类	4696	1.8	4717	1.8	0
房屋建材类	11497	4.3	11879	4.6	−0.3
日用商品类	19302	7.3	18983	7.4	−0.1
首饰及文体用品类	4664	1.8	3107	1.2	+0.6
医药及医疗用品类	2563	1.0	2758	1.1	−0.1
交通工具类	15084	5.7	13496	5.3	+0.4
农用生产资料类	5380	2.0	3487	1.4	+0.6

资料来源:中国消费者协会信息网(http://www.cca.org.cn/web/xfts/newsShow.jsp? id=63380)。

食品中的乳制品行业消费者对于其质量的信心一直没有恢复,而 2013 年又发生了进口奶粉检出有害物质的事件,使得消费者对于乳制品质量的总体信任度进一步下降,在调查中显示乳制品的质量满意度虽然处于 62.65 分的相对较低位置,却在 2013 年出现了 0.1 个百分点的下降。

二　理论分析

(一)质量已成为当前我国经济增长最为重要的要素

促进经济增长的要素有很多,包括传统的土地、劳动力和资本要素,也包括人力资本、科技进步、管理水平等创新性要素,现代增长经济学的实证分析表明,传统要素对于经济增长的贡献率在不断下降,而以全要素生产率为主要表现的创新型要素对于经济增长的贡献率日益上升(Solow,1957),一国经济发展始终要转移到依靠全要素生产率

---

〔1〕　数据来源于国家质检总局公布的《2013 年中国产品质量状况分析报告》。

的增长上来才能够保持经济增长的可持续性。我国作为一个后发的发展中国家,虽然也需要十分注重科技、教育、管理等创新型要素的作用,但是科技创新并不是每一个企业都能够做到的,人才的培养、管理水平的提升都需要有一个很长的过程,因此只有质量才是经济发展更为普遍而现实的要素(程虹等,2013)。一个企业也许无法总是进行新的技术创新,但是却能够在现有的成熟技术上通过让产品品质的不断提升,增加产品的市场收益,进而促进宏观经济的增长。同时,美国、欧洲等国家都将区域的顾客满意度指标作为经济走势的重要参考指标,不管是理论上,还是各国的实践都表明质量对于经济增长有着不可替代的作用,质量的波动性与一国经济的波动性有内在的一致性。

(二)质量满意是促进有效需求提升的关键

质量是"一组固有特性满足需要的程度",产品不能对人造成伤害是质量的底线,不安全的产品不可能产生好的质量,但是安全的产品并不一定是满意的,在一个竞争较为充分的市场中,只有较满意的产品才能决定消费者的购买行为。瑞典在其实行的顾客满意度晴雨表指数(SCSB,1989)中,顾客满意度指数被划分为更加具体的五个指标:顾客期望、感知绩效(即感知价值)、顾客抱怨、顾客忠诚和顾客满意,强调了质量预期与价格因素对满意感受的影响。其他一些学者在 SCSB 的基础上增添了"感知质量"的指标,并通过定制化、可靠性以及总体评价 3 个标识变量来度量,将顾客满意度指数拓展为顾客预期、感知质量、感知价值、顾客满意度、顾客抱怨和顾客忠诚等 6 个指标。有学者对于美国顾客满意度指数(ACSI)的研究发现,在决定顾客满意度的因素中,个性化定制比可靠性更有影响力;顾客期望值在生产和消费数量相对低的行业中更有影响力;相较于价格,顾客满意度对质量的影响更加敏感。以上理论研究均表明,在经济发展较为成熟的阶段,质量的评价将进行到以消费者满意性为主的阶段。因而,要发挥质量对于经济增长的促进作用,在保证安全性的前提下,质量满意度是更为关键的要素,质量满意度与经济增长的波动性将直接具有关联性。

三 政策建议

鉴于满意度对于经济增长的重要作用,以及我国产品质量状况仍然处于波动的现实情况,我国应将质量发展的重点放在满意度方面,减少对于质量安全的过多投入,通过各种政策激励企业面向消费者的质量创新行为。

(一)在全社会树立起质量第一的发展理念

我国数量型增长已经面临着重大的挑战,教育、科技等创新性要素对于经济发展方式的转型非常重要,但对于我国这样一个发展水平还比较低的发展中国家来说并不具有普遍性和现实性,产品质量的波动已经影响到了我国经济增长的稳定性和可持续性。我国只有将经济发展建立在质量上来,才能够保证未来经济持续稳定的增长。要实现"收入倍增计划",需要从现在开始到 2020 年每年保持 7% 以上的人均收入增长率,在资源紧缺、劳动力成本上升、土地供应紧张的现实环境下,只有通过质量的提升才能实现数量的进一步增长,质量是我国未来经济增长的最大潜力。据统计,若能通过质量的创新使得我国的全要素生产率达到目前日本的水平,我国的 GDP 总量可以在要素投入不变的情况下增长 1.6 倍,若全要素生产达到目前德国的水平,我国的 GDP 总量可以增长 2.1 倍。[1] 质量的增长对于我国经济增长隐藏着巨大的潜力,而将质量强国确立为我国的国家战略,是加快我国经济发展方式转变的重要战略抉择。

(二)加大政府财政与质量相关的支出

总量上要扩大对于质量提升的公共服务支出,结构上从以质量安全为主转变为质量安全与质量满意度并重。目前我国的质量治理总体投入中,有大量的是投向了质量安全的领域,如对于产品生产许可的认定、对特种设备的安全监管、对食品药品的监督、进出口商品的检测等,大量的是对产品安全性的保障。质量观测数据表明,消费者对于安全性的评价已经高于质量的满意度,并且安全性的年度变化已经比较稳定地进入到了一个上升通道,限制总体质量发展的主要因素是产品质量满意度的状况。在家用、电器、汽车、乳制品等一些重要的产品领域质量的满意性均出现了一定程度的下降,这与我国经济总量的总体波动性是一致的。因而要促进我国经济的稳定可持续增长,就必须做好以质量满意为主的宏观质量治理。将政府质量的公共服务支出从对安全性的监管,转移到对企业质量能力提升的投入。由于中小企业在质量创新能力方面更加灵活,更能够满足消费者个性化的需求,但其在质量的投入上面临各种约束,政府应加强对于中小企业的技术、标准的导入,设立面向中小企业的质量专项,以支持企业在质量创新上的努力。

---

〔1〕 数据转引自程虹、陈昕洲、罗连发《质量强国若干重大问题研究》,载《宏观质量研究》2013 年第 3 期。

第二十章

质量知识能力成为消费者质量素质的短板

一个高度文明的社会往往与质量的进步呈正相关性关系。"一个高度文明的社会，才会拥有高水平的质量。一个高水平的质量，也是一个高度文明社会的重要组成部分。"[1]一般来说，在一个公民具有较高文明素养的社会里，公民出于对更高文明的追求，也会对质量有孜孜不倦的追求和更为严格的质量标准要求。因此，要构建一个更高质量水平的社会，离不开作为公民的广大消费者的自身质量素质的培育和养成。早在20世纪，西方的欧美国家，随着经济的快速发展，产品质量问题频发，消费者的基本权益受到了严重损害。在这一时期，这些国家就开始努力推行消费者质量教育计划，针对产品的质量辨别、购买中质量标识的识别、消费者自身权益维护等方面的质量知识展开教育，以提高消费者质量素质。而我国近年来伴随经济的加速增长，重大质量安全事故也日益频发，社会各界开始加大对质量知识教育的力度。但武汉大学质量研究院2013年质量观测数据表明，当前我国消费者的质量知识能力与质量行动能力要弱于消费者的质量意识，尤其是消费者的质量知识水平较为薄弱，对常用质量知识、日常的质量标识、消费者协会等质量社会组织的认识等方面的得分均未达到及格线，这些均说明我国目前消费者的质量知识素质能力成为消费者公民质量素质提升的短板。

一 特征事实

（一）消费者质量知识能力弱于质量意识

表 20-1　公民质量素质内部结构

公民质量素质	得分
质量意识	69.49
质量知识	62.72
质量行为	64.05

消费者公民质量素质一般由质量意识、质量知识和质量行为三个部分构成。2013年质量观测数据表明，在作为消费者的公民质量素质内部结构中，质量意识指数最高，为69.49分，接近"良好"水平；而质量行为与质量知识指数均在65分以下，其中消费者质量行为指数为64.05分，居于第2位；消费者质量知识指数为62.72分，居于最后。这

---

〔1〕 程虹：《宏观质量管理》，湖北人民出版社2009年版，第148页。

表明,我国消费者现具有较好的质量意识和理念,但相比较而言,消费者缺乏大量的质量知识,质量行动力不强。

(二)消费者质量基本知识能力不足

表 20-2　公民质量知识能力内部结构

项目	观测指标	得分
质量知识	对常用质量知识的掌握程度	59.39
	对质量社会组织的了解程度	56.67
	对质量标识(如:QS、3C 等)的了解程度	57.06
	对所在单位质量保障能力的评价	64.51
	对"企业在质量安全中承担首要责任"的认同度	69.36
	对质量维权程序的了解程度	60.16
	公民个人素质对于质量的重要性	71.92

就消费者的公民质量知识能力薄弱进行进一步结构分析,2013 年宏观质量观测数据表明,有关质量的抽象知识得分较高,如"公民个人素质对于质量的重要性"得分达到71.92 分;而与日常生活联系紧密的较具体的质量知识,消费者得分较低,如:对常用质量知识的掌握得分为59.39 分、对质量社会组织的了解得分为56.67 分、对 QS、3C 等质量标识的了解得分为57.06 分,均未达到及格线。这表明,消费者的质量基本知识非常不足。

(三)不同属性的消费者质量知识能力呈现结构性差异

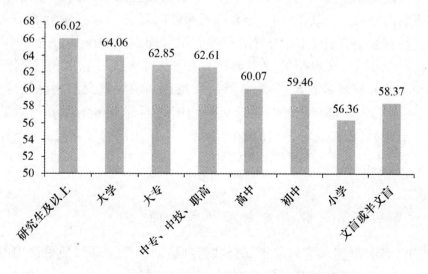

图 20-1　不同文化程度公民的质量知识素质分值

表 20-3　城乡公民质量知识素质得分

项目	观测指标	城市	平均分	农村	平均分
质量知识	对常用质量知识的掌握程度	60.30	63.51	57.05	60.07
	对质量社会组织的了解程度	57.22		55.23	
	对质量标识(如:QS、3C 等)的了解程度	57.82		55.08	
	对所在单位质量保障能力的评价	65.27		62.55	
	对"企业在质量安全中承担首要责任"的认同度	70.32		66.86	
	对质量维权程序的了解程度	60.89		58.29	
	公民个人素质对于质量的重要性	72.72		69.85	

表 20-4　东中西地区的公民质量知识评价

项目	观测指标	东部	中部	西部
质量知识	对常用质量知识的掌握程度	59.31	58.61	59.28
	对质量社会组织的了解程度	57.07	55.38	56.71
	对质量标识(如:QS、3C 等)的了解程度	57.86	56.11	56.23
	对所在单位质量保障能力的评价	64.64	64.60	63.08
	对质量维权程序的了解程度	60.31	60.23	59.77

对消费者公民质量知识素质作进一步属性分析,2013 年宏观质量观测数据表明,在文化程度方面,初中文化程度及其以下的消费者质量知识得分不高,均未达到及格,分别为初中文化程度的消费者得分为 59.46 分、小学文化程度的消费者得分为 56.36 分、文盲或半文盲的消费者得分为 58.37 分。这表明急需对文化程度较低的消费者进行质量知识普及。在城乡消费者方面,农村消费者的质量知识素质平均分为 60.07 分,低于城市消费者的 63.51 分,这表明城乡差异比较中,农村消费者获取的质量知识相对不足。在我国地域差异消费者方面,消费者的公民质量知识多数观测指标的分值显示,东部地区得分要略高于中部和西部地区,这表明我国中西部地区消费者的质量知识比东部地区消费者要落后,需加大对中西部地区消费者质量知识的教育投入。

二　理论分析

(一)质量治理是消费者参与的共同治理

20 世纪 70 年代,欧美国家兴起了新公共管理运动。该运动以质疑政府行政官僚管理的有效性为起因,以打破政府对公共事务治理的垄断性、提升治理绩效为使命,重构政府、市场与社会三者间的关系,积极推动市场和社会力量来共同参与公共事务治理。

在这场运动中逐渐形成了治理理论。根据治理理论,对社会公共事务的治理主体应是多元的,既可以是政府,也可以是市场和公民社会团体,甚至是公民个人等。在多方治理主体关系中,对市场、社会团体和个人可以解决的问题,充分发挥其主体的优势,积极参与,自行解决。当前,我国党和政府明确将"推进国家治理体系和治理能力的现代化"确定为全面深化改革的总目标,质量治理作为国家治理体系中的重要组成部分,也应由过去质量的政府单一治理模式转变为多方主体共同参与的多元治理模式。在这种质量治理模式的转变过程中,消费者作为质量的消费者、使用者和监督者,是质量供求关系中的需求方,与质量安全和发展密切相关,必然成为质量治理的重要参与主体。因而,在质量治理中,我国政府要充分相信和尊重消费者民众的力量,用激励约束相容机制发挥其参与质量治理的积极性和创新性,从而依靠广大消费者等各方主体力量实现质量的共同治理。

(二)质量基本知识能力是消费者公民质量素质的重要因素

公民素质是公民作为社会政治生活的主体,为参与政治和社会生活所应具备的政治社会意识、知识能力和行为能力,从而具有参加社会公共活动的公民资格。对于公民素质应具备的要素,在古希腊,经典公民素质理论认为善存在着四种特定形式,即节制、正义、勇气、智慧(审慎)。这些善的特定形式构成合格公民的基本素质。威廉姆·甘斯认为,公民资格需要具备一系列相关的品德,包括一般品德、社会品德、经济品德、政治品德。[1] 可见,公民素质是一个复杂综合的体系。但从根本上来说,公民意识、公民知识能力、公民行为能力三方面构成了公民素质的基本要素内容。公民意识是先导,决定着一个人的思想与行为,它是公民素质中不可或缺的先决内容。公民知识是公民素质的基础,它是公民意识转化为公民行为能力的关键链接要素。公民能力则是公民意识和公民知识的外化和表现,体现了公民素质的社会化行为内容。可见,在公民素质三要素中,公民知识是公民素质的关键要素。

公民的质量素质是公民在质量方面素质的体现,它同样由消费者质量意识、质量知识能力和质量行为能力三方面构成。消费者的质量意识是指消费者对质量的认知和理解,如:消费者对质量的认知、对维权的直觉等。消费者的知识能力是指消费者自身已掌握的质量知识,如:对质量安全的知识、质量信息的了解、质量法规的知识、质量标准等知识。消费者的质量行为能力,则是消费者质量意识和质量知识的外化行为表现,如:消费者的维权行动。消费者的质量知识能力是消费者质量意识转变为行动的关键点。质量知识按性质分,可分为基本知识和专业知识两类。质量的基本知识是质量专业知识的基础,在消费者的质量素质中起着重要作用。这是因为通常具有较高质量意识的消费者,在产品和服务的交易中对质量选择具有较高的理性,并会基于这一质量意识产生质量维权行动。但消费者若缺乏许多基础的质量知识,即使质量意识再强烈,也会制约质量行动的有效实施。因此,消费者的质量基本知识能力是消费者质量素质的

---

〔1〕 威尔·金里卡:《当代政治哲学》,刘莘译,上海三联书店 2004 年版,第 519—520 页。

关键制约因素。

（三）提升消费者的质量知识能力，需要构建全方位的公民质量教育环境

根据公民素质教育理论，我们可知消费者的公民质量素质不是先天赋予的，而是后天生成的，要生成这种与公民资格相适应的公民质量素质，提升消费者的质量知识能力，教育无疑是强有力的杠杆。正式和非正式的教育，使消费者作为公民具有了支配意义的质量素质。因此，教育在消费者质量素质的形成过程中具有本体性意义。具体来说，一方面，从广义上，教育即生活，消费者的质量素质是在社会日常生活中生成的，其与教育休戚相关，教育在一定程度上构成消费者的生存场域，在某种意义上消费者质量素质的形成和发展与教育过程具有同一性。另一方面，消费者质量素质的形成是个体社会化的重要标志之一，而教育又是个体社会化的直接手段。在消费者个体社会化的过程中，教育必然承担着不可或缺的角色。并且随着消费者这一社会主体教育程度的提升，质量知识的丰富，质量素质逐渐提高，消费者的社会文明程度也日趋提升。"人的社会性注定了人要生存和发展必然向社会敞开，具体地说是向社会经济关系、政治关系和思想文化关系敞开；教育无疑是使向着社会敞开的人最后能真正地走入社会并与社会融合的必不可少的途径。"[1]因此，要提升消费者的质量知识素质，教育是必不可少的手段，需全面构建公民质量教育环境。

三　政策建议

（一）加大对质量基本知识科普读物的传播

要构建全方位的质量教育环境，在教育内容和形式上，根据 2013 年宏观质量数据显示，与日常生活联系紧密的常用具体质量知识，消费者得分较低，同时，在初中文化程度及其以下的消费者质量知识得分不高，均未达到及格。可见，需加大对文化程度不高的消费者质量常用知识的普及和传播。

为满足这一需求，质量科普读物的传播可谓是不错的一种教育形式。在现实中，我国关于质量的相关科普作品数量较少，特别是好的科普作品更是远远不够。"科普著作创作自有其固有规律，不外乎这么几点：直面生活，贴近现实；深刻其里，通俗其表；形式活泼，语言晓畅"[2]　正是科普读物的这些特点，适合文化程度较低的消费者，使其以通俗易懂的语言、图片等多种方式知晓贴近生活的质量常用知识。因此，我国当前需加大对质量科普读物的撰写、宣传和传播。具体来说，根据 2013 年质量观测数据，可知目前消费者对 ISO 等质量机构、产品化学成分的危害性、3C 等质量标识、我国质量社会组织基本情况等质量常用知识知晓不多，在质量教育上可先展开对这些质量常用知识的科

---

〔1〕 王卫东等：《当代语境中的思想政治教育》，湖南人民出版社 2004 年版，第 1 页。
〔2〕 刘人怀：《专家学者不妨多点科普和传播意识——喜读〈中国质量怎么了〉》，《宏观质量研究》2013 年第 2 期，第 2 页。

普教育宣传,在方式上建议可采取绘本、图书、电子读物、微信等多种形式。

(二)鼓励社会第三方组织在质量知识传播中的作用

要构建全方位的质量教育环境,在教育主体上,需大力鼓励社会第三方组织在质量教育中的作用。当前,我国的质量知识教育投入主体主要是政府,如2012年5月教育部协同质检总局印发了《全国中小学质量教育社会实践基地建设管理规范》,我国政府在各地相继建立了规范化的中小学质量教育社会实践基地,截至2014年1月,全国共有87家国家级基地、300家省级基地、453家市级基地,初步形成以国家级质量教育基地为骨干,省、市级质量教育基地相辅相成、共同发展的良好局面。[1] 在现今我国质量教育的投入主体上,政府是质量教育的主角,相比较而言,社会第三方组织在质量知识的教育传播方面,作用发挥不够。甚至,2012年和2013年连续两年的质量观测数据显示,作为维护消费者利益的消费者协会,消费者对其了解较少。而西方发达国家,社会组织在消费者质量教育方面发挥着重要作用,如美国的消协、德国的商品检验基金会等。因此,一方面,我国政府要加大制定鼓励社会组织发挥质量教育作用的制度规定;另一方面,我国社会组织自身也应加快职能转变,摆脱行政隶属关系,形成多样化的市场竞争性的社会组织体系,切实发挥其在消费者质量知识教育上的成效。

(三)加强对农村和中西部偏远地区消费者质量知识的普及

要构建全方位的质量教育环境,在教育投入的地区方面,2013年宏观质量实证数据显示,我国农村地区的消费者质量知识得分低于城市消费者得分,中西部地区消费者的质量知识得分大部分低于东部地区消费者,这表明需加强对我国农村和中西部偏远地区消费者质量知识的普及。党的十八大报告强调指出,要在提高城镇化质量上下功夫。新型城镇化建设是一个非常复杂的工程,涉及产业结构调整、生态文明建设、公共服务以及新型城镇化与人的发展的关系等诸多问题。但其中一个关键问题就是如何提高农民消费者的质量素质。因此,加强对农民消费者质量素质的提升,尤其是对中西部偏远地区农民质量知识的宣传教育和普及,对我国城镇化质量建设具有重要价值和作用。建议可考虑以农村为抓手,逐渐加大政府向农村地区的公共质量教育投入,具体可以流动性的公共质量图书、编排质量知识小品下乡等农民喜闻乐见的形式进行质量公共教育宣传。同时,企业自身也需加强产品或服务消费者手册的规范化、通俗化、形象化,以便让更多的农民消费者懂得质量基本知识。

---

〔1〕 国家质量监督检验检疫总局:《质检总局:今年将建20个中小学质量教育基地》(http://www.aqsiq.gov.cn/xxgk_13386/ywxx/cpzl/201401/t20140127_395281.htm,2014 - 01 - 27)。

第二十一章

单一政府质量信息供给不能有效满足消费者需求

一 特征事实

（一）政府质量信息供给能力与消费者需求存在显著差距

表 21-1 消费者质量信息获取主动性与政府质量信息供给评价

	观测指标	得分
消费者对质量信息的需求	购买东西前，了解该产品的有关质量信息的主动性	70.18
政府质量信息供给	政府对质量安全的预警效果	56.12
	对政府所发布质量信息的信任程度	59.80
	政府对质量信息的公开性	57.67
	政府发布质量信息的及时性（重大节假日、重大安全事件发生后等）	60.26
	获得政府发布的质量参考信息的方便性	58.24
	政府所发布质量信息对您消费的指导作用	60.17

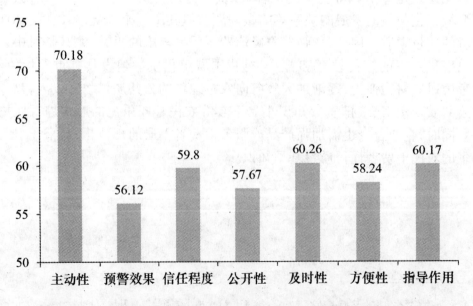

图 21-1 消费者质量信息获取主动性与政府质量信息供给对比

观测数据显示,在与质量信息提供有关的选项中,除了政府发布质量信息的及时性、政府所发布质量信息对消费的指导作用这两个选项的得分达到及格分 60 分以外,其余选项均未达到 60 分的及格线。而在消费者方面,消费者购买产品之前对于质量信息需求的主动性评价得分为 70.18 分,显示出目前政府所发布的质量信息实质上不能很好地得到消费者的认可,不仅消费者对政府所发布的质量信息的信任程度没有达到及格水平,而且政府难以满足消费者对日益多样产品的质量信息的需求,严重滞后于商品更新和发展的速度,无法为消费者提供及时准确的产品质量信息,与消费者希望获取质量信息的意愿形成强烈的反差。

(二)质量信息获取主动性越高的地区产品质量总体满意度就越高

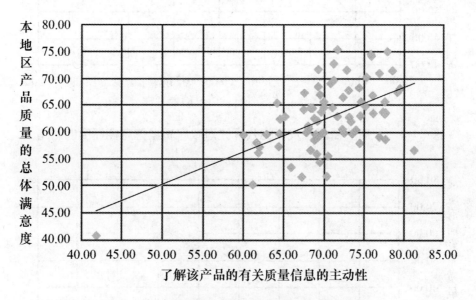

图 21-2 消费者质量信息获取主动性与产品

将不同地区消费者了解产品的质量信息的主动性与其本地产品的质量满意度进行相关性分析,得出两者之间具有较高的正相关性,其相关系数为 0.567。以消费者了解产品的质量信息的主动性为自变量,对本地产品的质量满意度为因变量,进行回归分析 P 值为 0.000,说明消费者了解产品质量信息的主动性对地区产品质量满意度的影响显著。一方面可以说明消费者对当地产品质量信息了解的越充分,就越能够促使当地产品通过质量进行有效的竞争,从而促使以质量为竞争手段实现产品的优胜劣汰;另一方面可以说明消费者对产品质量信息了解的越充分,也就能够更好地筛选出更为优质的产品,从而提高其所购买产品的整体质量水平,并随之影响了其对所购买产品的质量满意度的评价。

（三）消费者更关注政府发布质量信息的公开性和重大安全事件信息发布的及时性

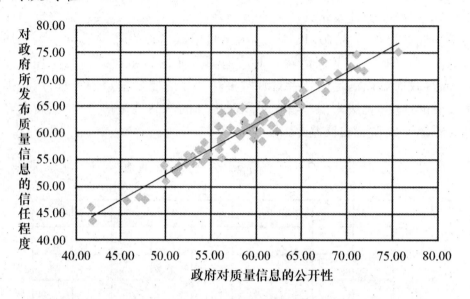

图 21-3　政府质量信息发布的公开性对政府质量信息信任度的影响

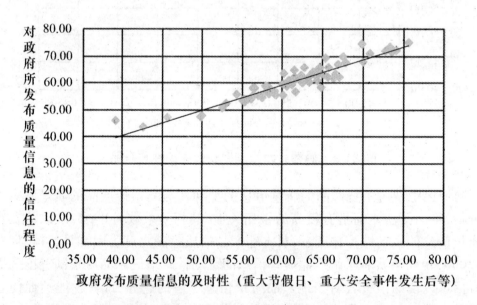

图 21-4　政府质量信息发布的及时性对政府质量信息信任度的影响

　　将不同地区政府发布质量信息公开性、及时性、获取的方便性和指导作用作为自变量，以消费者对政府所发布的质量信息的信任程度作为因变量进行相关性分析。通过逐步回归检验可以发现，对政府所发布的质量信息信任度影响显著的只有消费者对政府发布的信息公开性和及时性。消费者对政府所发布的信息获取的方便性和指导作用的评价与信任度没有显著的相关性，说明消费者对政府所发布的质量信息的信任并不是来自于政府发布的信息是否可以很方便的获取,以及政府发布的信息是否可以有效地指导自己的购买行为和选择意愿。并且对于质量信息获取的方便性和指导作用而言,两者是更偏向于竞争性的行为,都可以通过市场主体的供给来获取。政府发布质量信息的公开性和及时性与消费者对政府发布质量信息的信任度显著相关,说明了对政府而言应当注重自己所发布质量信息的公开程度和及时程度,这两个选项都带有一定性质的公共性。特别是在及时性方面,这里所包含的是政府对重大质量安全事件的事后处理和信息发布能力。因此,也可以看出消费者对政府的要求是集中在公共职能方面,尤其关注的是政府对质量安全事件发生后的处理能力。

二　理论分析

(一)政府质量安全预警需要依托大数据作为基础支撑

互联网已经进入大数据时代,大数据的应用已经在商业、医疗、政府、教育、卫生、人文等社会各方面产生了重大影响,[1]很多发达国家或国际组织都将大数据视作重要的战略资源。在各种大数据类型中,质量大数据又成为其中最为重要的数据类型之一。质量信息的来源不仅来自于实体消费中的企业所提供的产品数据、政府所获得检验抽查数据,更重要的是在互联网时代,消费者在网络和社交媒体等渠道上发布的对于产品和服务的各类评价和交流的信息,直接包含了各种不同类型的产品和服务的质量信息,能够反映不同消费者对不同种类产品和服务的消费偏好和评价,而且这些来自于互联网的用户评价与反馈实际上都是最真实的质量信息。2013年5月发布的《2012年中国人权事业的进展》白皮书指出,截至2012年底,中国网络微博用户规模为3.09亿。据对中国最有影响的10家网站统计,网民每天发表的论坛帖文和新闻评价达300多万条,微博客每天发布和转发的信息超过2亿条。[2]消费者对于所使用过有质量问题的产品,其在微博、论坛等社交媒体中对该产品的评价都是质量信息的重要数据来源。利用现代语义分析技术,对发表在微博、博客、论坛等网络媒体上的质量信息,进行实时地收集和分析,就可以及时为政府、企业和消费者的质量安全提供全面和客观的数据分析,对可能发生的质量安全问题提供及时的质量安全预警。海量的质量信息不仅可以全面反映不同种类产品的质量问题,而且由于其第一时间在网络上发布,及时性是任何其他产品质量信息收集方式都无法比拟的。此外,由于网络质量信息的来源非常广泛,纵使互联网中不可避免地存在不少虚假信息,但是也会在海量的数据下被大量的真实信息所淹没,这种直接来自于消费者的质量信息的客观性也是其他质量信息收集方式所不具备的。因此,采用互联网大数据作为质量安全预警的基础数据,并通过科学的分析和预测,就能够有力地支撑政府对质量安全预警全面性、及时性和客观性的要求。

---

〔1〕　维克托·迈尔·舍恩伯格:《大数据时代:生活、工作与思维的大变革》,浙江人民出版社2012年版。

〔2〕　资料来源:中国人大网,2013;《2012年中国人权事业的进展》白皮书。

（二）市场是质量信息的决定性供应者

消费者对质量信息的巨大需求，与消费者对政府所提供的质量信息的较低评价形成鲜明对比，特别是在产品的技术能力越来越复杂，产品更新周期缩短的情况下，质量信息的获取成本不断增加，而且愈发成为阻碍交易有效进行的障碍，这也显示出我国目前质量信息中介产业发展严重滞后的现实。消费者对质量信息的需求可以包括质量安全、产品的耐用程度、产品自身的缺陷、同类产品的优劣分析等，种类繁多的质量信息要想单一地依靠政府来收集和发布，以政府的有限人力、物力和财力难以做到面面俱到。更为重要的是政府对于质量信息的发布难以形成持续的利益驱动，政府对公众所发布的信息属于公共服务，无论政府所提供的信息对消费者的购买行为具有多高的参考价值，都无法通过自身的服务能力从消费者身上获得与自身所提供的质量信息相称的收益，因此从长期来看，政府没有为消费者提供大量优质质量信息的利益驱动。这也表明，消费者所需要的大量的质量信息更多的需要依靠市场主体来提供，以满足消费者的多元化需求。只有市场中出现了大量的质量信息服务的企业，才能使消费者在日常消费过程当中，在面对海量产品质量信息时可以通过购买专业权威的机构的质量信息服务，来对其所需要的产品质量信息进行有效地筛选，并获得产品之间可比较的有效质量信息，从而帮助消费者判断不同产品之间的好坏优劣。虽然目前我国质量信息服务产业还没有能够很好地发挥其对消费者提供有效质量信息的作用，但是质量信息服务逐步转向由市场来进行提供的趋势正在显现。质量信息所具有的鲜明市场属性决定了不同消费者的多元化需求，需要依靠大量质量信息服务的中介机构来提供质量信息，从而填补目前消费者对质量信息服务需求的巨大缺口。

（三）政府应着力于高风险质量信息的提供以及对质量安全事件的事后处理

观测数据显示，政府在质量信息的提供上，无论是从政府发布质量安全信息的预警效果，还是政府质量信息的公开性和消费者对其信任程度上看，均难以满足消费者对质量信息的强烈需求。政府应当履行的是公共职能，职责主要是加强和优化公共服务，这就决定了政府对于质量信息的发布是定位于保证质量安全底线，保障的重点是关乎消费者生命健康与安全等关键领域。此外，政府的有限力量决定了政府并不是质量信息的万能提供者，政府对于海量质量信息的收集、处理、分析等能力，存在不可避免的技术能力和专业能力的短板，企业对于产品的不断创新和改进，使得政府获取质量信息的技术能力天然滞后于市场所具备的技术能力，这也使得政府所发布的质量信息仅能关注于最紧迫和关键的领域，质量信息服务的内容也只能是关乎消费者生命安全和健康的少数高风险领域。此外，质量安全事件的发生往往具有不可预测性，政府对于质量信息的获取，特别是对于重大质量安全事件的信息获取，只可能在事件发生之后获得。因此，政府对于质量信息的发布，应当更多集中于对质量安全事件发生之后的事后处理，例如：通过政府的官方渠道及时向全社会发布权威信息，遏止虚假质量信息的蔓延等。同时在关键领域发挥政府集中力量和调配社会资源的优势，将质量安全事件的危害控制在最小范围内。而大量关键质量信息的来源，政府可以通过向市场中专业的大数据收集和分析机构采购质量信息的服务，也可以通过第三方社会组织的参与来弥补其能力的不足，共同为消费者提供更为权威和优质的基础性质量信息服务。

三　政策建议

（一）加快推进质量检验检测认证机构的整合

作为产品质量信息的重要提供者之一的质量检验检测认证机构，是现代服务业的重要组成部分。但是目前我国的检验检测认证机构规模普遍偏小，布局结构分散，重复建设严重，绝大多数是由不同的政府部门直接举办，不仅业务能力单一，而且由于条块分割导致质量信息服务不能及时提供。2014 年 3 月 11 日，国务院办公厅发布了《国务院办公厅转发中央编办质检总局关于整合检验检测认证机构实施意见的通知》，[1]开始逐步推进检验检测认证机构与政府脱钩，使之成为独立的市场主体，并且大力推进机构之间的整合。这一转变是推动质量信息服务机构做大做强的必要过程，更加有利于我国整体质量水平的提升，从而使消费者获得更高品质的产品。通过整合能够形成数家具有国际竞争能力的质量信息服务集团，使其既可以具有一定的规模优势，又能开展有序竞争的较为合理的市场结构，从而使我国的质量信息服务市场既能有效竞争，又能规模可控地良性发展。因此，应当加快推进质量检验检测认证机构的整合进程，使其更好地服务于我国的产品质量事业并助推我国经济快速发展。

（二）加快推进质量检验检测认证机构转企改制培育合格市场主体

随着产品质量信息复杂程度的提升，消费者愈发成为交易过程中的弱势群体。因此，亟须大量专业的质量信息服务中介机构来为消费者提供专业可靠的质量信息。《国务院办公厅转发中央编办质检总局关于整合检验检测认证机构实施意见的通知》中明确要求，到 2015 年基本完成检验检测认证机构与行政部门脱钩、转企改制；同时要加大政府购买服务力度，鼓励社会力量参与。这实质上反映了质量信息服务应当由竞争性的市场主体来进行有效供给。因此，除了加快推进质量检验检测认证机构的转企改制进程外，还应当大力培育合格的提供质量信息服务的市场主体。一个成熟的市场需要大量的质量信息服务供给者参与到质量信息供给的竞争中来，通过所提供的质量信息服务品质的优劣来相互竞争，并逐步筛选和提升质量信息的供给水平。因此，鼓励为消费者提供各类产品质量信息的中介服务机构的建立和发展，降低质量信息服务行业的进入门槛，规范质量信息服务行业的相应监管制度和法律法规，促进行业间的良性竞

---

〔1〕《国务院办公厅转发中央编办质检总局关于整合检验检测认证机构实施意见的通知》国办发〔2014〕8 号（http://www.gov.cn/zhengce/content/2014 - 03/11/content_8707.htm）。

争,从而更好地解决普通消费者和质量供应者之间的质量信息不对称的问题,使得消费者在交易的过程中能够以更小的成本获取最有价值的产品质量信息,帮助其做出有效的购买决策,进一步实现产品质量的优胜劣汰。

第二十二章

质量的公共服务成为影响质量发展和提升质量安全的最明显的制约因素

一 特征事实

现代化的质量治理体系与治理能力,需要政府、市场和社会三方共同支撑。我国质量治理体系现状是,政府的质量治理与现代化的政府治理要求还有较大差距,相较于市场和社会而言是最大的短板,而这一短板也限制了市场和社会力量在质量治理中的作用的发挥。体现在本年度的质量观测数据中可以看出,在区域宏观质量三大指数中,质量公共服务指数为 57.82,与宏观质量指数 63.74 分,相差 5.92 分,与公民质量素质和质量安全与质量满意指数相比分别低了 7.94 分和 7.22 分,总体上处于不及格的水平,是限制区域质量的最大短板。质量公共服务的 20 个问题中,有 18 个即 90% 的问题得分在及格线以下,表明消费者对于公共服务的大部分领域是不满意的。与 2012 年调查数据相比,政府公共虽然总体上有所增长,但相对于其他领域,仍然有明显的不足。

(一)质量公共服务总体水平虽有进步但仍然未达及格水平

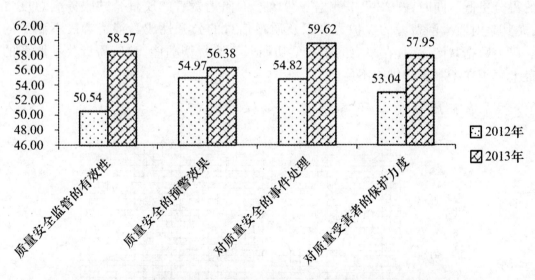

图 22-1 政府质量公共服务主要项目分值的年度比较(分)

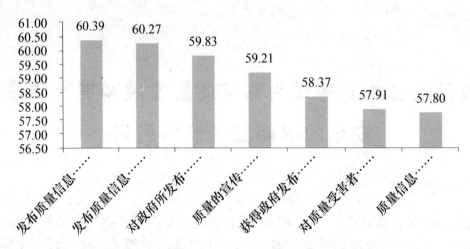

图 22-2　面向消费者质量公共服务的满意度分值

　　广义的政府质量公共服务既包括对企业和消费者的各类相关的质量服务活动,如:信息提供、消费者保护与救济、公共项目的投入等,也包括对质量的监管与执法等。比较 2012 年与 2013 年政府质量公共服务得分(图 22-1)可以发现,本年度政府的质量公共服务与去年相比有一定进步,在质量安全监管的有效、质量安全预警、质量安全事件的处理以及对消费者质量权益的保护等方面都较 2012 年有了进步,这表明政府通过各种努力在加强质量治理能力的自身建设方面取得了一定的成效。但与前一年相比,质量公共服务仍没有一项突破 60 分的及格线。相对而言,在 2013 年对消费者的质量权益保护以及质量安全预警的效果的得分要较对质量安全事件的处理以及质量安全监管效果的得分更低。同时,图 22-2 中数据表明政府面向消费者的质量公共服务满意度也不高,尤其是对质量消费者的保护力度以及质量信息的公开性成为消费者最不满意的方面。以上数据共同表明,在政府的服务型功能弱于监督型功能,政府质量公共服务的内部最大短板在于服务的供给不足。

(二)政府质量公共服务与市场化程度具有正相关性

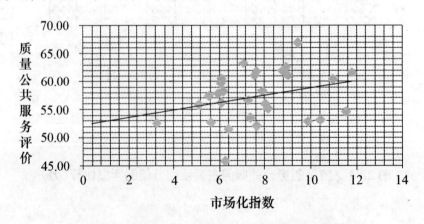

图 22-3　市场化指数与质量公共服务满意度的关系

　　从图22-3可以看到,政府的质量公共满意度与本地区的市场化程度之间同样存在较为明显的正相关关系,越是市场化程度高的地区政府质量公共服务满意度越高。这表明,在质量治理中,市场与政府之间的作用并不是互斥的,而是互补的。在一个较好的市场环境中,政府公共服务也能更好地发挥作用。相反,如果政府大包大揽,承担过多本应该由市场提供的服务,不仅不利于市场功能的发挥,而且会导致政府公共服务效能低下。

(三)质量公共服务供给的不均衡性突出

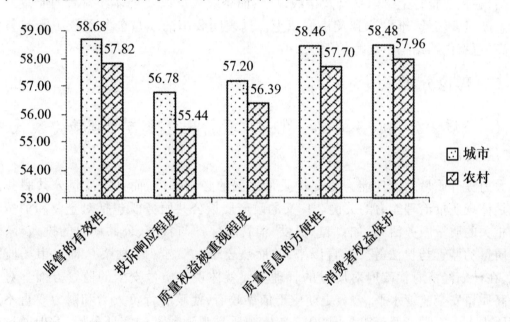

图22-4　城乡质量公共服务质量满意度分值对比

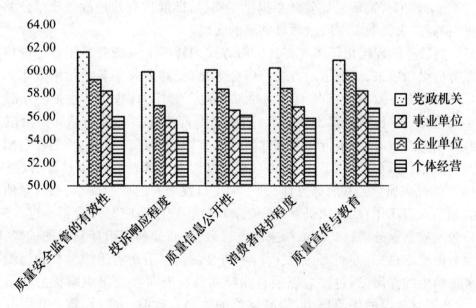

图22-5　不同职业类型质量公共服务质量满意度分值对比

　　我国质量公共服务总体满意度水平不高的同时,也出现了结构不均衡的现象,其典型特征就是城乡质量公共服务满意度在多个维度存在显著性差异。选取几个主要指标进行对比,可以发现质量监管的有效性、质量投诉的响应程度、质量权益被重视的程度、质量信息提供的方便性以及对消费者权益的保护方面,农村居民的评价均要低于城市居民,差值一般在 0.5—1 分之间。同时在不同职业类型的人群中,对于质量公共服务的满意度也存在显著性差异,一般而言党政机关与事业单位对于质量公共服务的满意度较高,在主要指标上可以达到及格线以上,而企业人员以及个体经营者的质量公共服务满意度显著较低,难以达到及格线以上。这表明我国的质量公共服务中既有整体水平不高,也有供给结构不均衡的问题。

二　理论分析

(一)质量公共服务的现代化是质量治理体系与治理能力现代化的关键组成部分

　　大力提升质量的治理能力是促进质量发展的必然举措,而推进质量公共服务的现代化是体现质量治理能力的关键。广义的政府质量公共服务既包括对企业和消费者的各类相关的质量服务活动,如:信息提供、消费者保护与救济、公共项目的投入等;也包括对质量的监管与执法等。一直以来,政府热衷于"掌舵"和"划桨",即对市场监管的职能,在计划经济时代政府对质量的管理主要就体现在质量安全的监管方面。对于如何提高质量安全监管水平,公众更期望于依靠政府,使政府背负人力和财力双重不足的监管压力。国内学者罗英对我国 2012 年宏观质量观测数据的实证分析,发现通过改善质量公共服务的供给水平,能够外在地对质量安全监管效果评价产生积极影响(罗英,2013)。这也为政府提高质量监管效果提供了路径,即通过有效地改善质量公共服务的供给水平,提高广大消费者在质量领域共享的实现。

　　质量公共服务的现代化还体现在其供给方式的转变上。新公共服务理论将市场引入公共服务的供给中来,缓解了地方政府资金不足,提高公共服务的供给效率。然而由于私人部门可能会在追求经济利益的同时忽视社会责任,有些学者主张公共服务的供给采取多元化提供。伍斯洛提出"政府、市场、志愿部门提供公共物品的供给模式",即拥有强制性权力的政府,和实行非强制性原则的市场,连同"志愿主义"的社会团体共同提供公共物品,既可以实现优势互补又能充分发挥各个部门自身所具备的优势(伍斯洛,1991)。体现在质量公共服务方面,为了满足日益增长的质量需求,政府对质量的公共服务必须引入市场化、社会化机制(罗英,2013)。一方面放宽社会资本进入的限制,将一部分公共质量服务项目交由市场主体进行运营,充分利用市场竞争的优势,降低公共质量服务的成本;另一方面,充分发挥行业协会、商会、消费者组织等社会组织在公共质量服务供给中的作用,通过建立以项目为导向的政府向社会组织购买公共质量服务的机制,逐步缓解政府的供给压力,提高供给的效率与效益。最后,新公共服务理论重申了"公民本位"的精神,因此政府在提供质量公共服务时应该坚持以公共利益为导向,建立健全公众参与机制,拓宽公众参与质量公共治理的途径,目的就是要在公共质量服务供给问题上形成政府、市场和社会共同参与的多元供给模式。

(二)公共服务均等化理论表明,质量公共服务的供给应当平衡多层次的质量需求

公共服务均等化是指政府要为社会公众提供基本的、在不同阶段具有不同标准的、最终大致均等的公共服务。实现公共服务均等化有助于公平分配,实现公平和效率的统一,是现代政府追求的目标。我国现有的质量公共服务的供给结构中,面对消费者、小微企业和农村的供给相对薄弱,而我国实现公共服务均等化的历程刚刚起步,在理论基础和实现途径上还面临许多问题,在质量公共服务领域就存在着需求压力过大、财政投入不足,难以满足多层次质量公共服务需求的问题。政府在面对质量这些问题可以从界定公共服务均等化的内涵和范围上做出解释。

一方面,公共服务均等化是一个动态的过程。国内学者贾康认为,基本公共服务均等化既具有层次性也具有阶段性。在我国目前的基本条件下要达到比较成熟的基本公共服务均等化状态,需要经历不同的阶段,而每个阶段的任务、重点与目标各有侧重,因此需要逐步、分阶段推进(贾康,2007)。体现在质量公共服务的供给上,政府总是大包大揽质量领域涉及的所有事物,而实际上政府背负着财力不足和人力短缺的双重压力,势必导致质量监管效率低下和基层监管人员的寻租行为。因此,政府在对质量的公共服务供给范围界定时,应充分考虑到国家目前的财政能力是否能达到,考虑到它是一个动态的过程。现阶段,我国质量公共服务供给应对消费者、小微企业和农村倾斜。

另一方面,公共服务均等化是机会均等和结果均等。国内学者安体富和常修泽认为公共服务均等化是机会均等和结果均等,可以从机会均等、结果大体相等以及尊重社会成员的自由选择权三个方面进行理解(常修泽,2007)。也就是说,政府在承认客观差异和城乡差异的基础上,对质量的公共服务供给上保持大体上的相等和可比较,同时更加关注弱势群体,以调整供给结构来平衡多层次的质量需求。

三 政策建议

(一)以质量公共服务供给的市场化推动政府质量治理体系与治理能力的现代化

质量观测数据清晰地表明,政府质量公共服务能力的不足是影响区域质量满意度提升的最大短板,需要大力提升政府质量公共服务的能力和水平。同时,质量观测的数据进一步表明,一个地区的政府质量公共服务与该地区的总体市场化水平是正相关的,因而推动市场化进程不仅不会使得政府质量监管弱化,还可以将政府的质量监管效能进一步得到提升。政府在质量领域的公共服务应按国家的改革要求,凡公民能自决的,政府都要退出;凡市场能调节的,政府都要退出。把本应属于市场和社会调节的质量治理领域交由市场和社会,通过市场化的进一步提升来加快政府质量治理体系与治理能

力的现代进程。政府应减少对企业质量的微观管理,确立企业的主体责任地位,减少质量监管的事前监管,重点加强事后监督。在此基础上,要加快社会的质监监管能力建设,尤其是要加强基于消费者的商品比较试验组织的发展,形成一大批具有独立监督能力的商品比较实验社会组织,从而提高消费者对于质量监管的手段方法。政府的质量监管应参照"负面清单"管理模式,在明确规定部分需要审批的清单后,所有事项均不再设置审批,转而加强对于质量安全的事后监管,对违反相关法律法规的企业进行重罚。

(二)加大对小微企业、消费者等质量弱势群体的公共服务投入,促进质量公共服务的结构性优化,带动质量监管水平提高

调查数据表明,在消费者对政府的质量公共服务的评价中,对于服务的评价相对地要低于监管的评价,因此要提升政府总体的质量公共服务水平,必须加强对于企业和消费者的质量公共服务这一结构性短板。政府的服务应立足于提升企业的质量能力和加强消费者的集体行动能力两个方面。企业的质量安全风险来自于两个方面:一是企业故意造假造成的质量安全风险,另一类是企业的质量生产能力无法达到相关的质量标准。随着市场经济的不断完善,由企业故意造假而导致的质量安全风险会越来越少,而由于企业质量能力不足而导致的质量安全风险成为主导,尤其是中小企业在我国特殊的国情之下,其满足质量标准的能力还非常薄弱(程虹、陈昕洲、罗连发,2013)。政府应加强主要面向中小企业的质量提升服务,设立质量专项让广大中小企业去申请,鼓励企业进行质量创新并予以一定的资助。转变我国各地政府举办的标准化机构的设置模式,将其转变为主要面向中小企业提供标准文献查询、标准使用导入等公共服务,由政府全额资助,免费向中小企业提供。中小企业在数量上占到了我国企业总数的99%,在吸纳城镇就业上占到了80%以上,[1]同时中小企业还是大企业的配套商,其质量水平很大程度上决定了大企业的质量水平。因而如果能够通过政府公共服务的合理引导提升了中小企业的质量水平,可以大大降低质量安全风险发生的概率,进而提升政府质量监管的效果。除了面向企业的质量公共服务,还应进一步加强面向消费者的质量公共服务水平,在质量发展水平较高的国家(如:德国、美国、日本等)都有着极为强大的消费者,他们在质量方面的集体行动能力很强,可以大大地减轻政府的监管压力并提升质量监管的水平。消费者质量集体行动能力的前提就是消费者有大量现实的手段来对质量进行监督。政府应加强对消费者的质量救济,设立质量伤害赔偿基金,加快消费者保护的立法,提高消费者在质量纠纷案件中的行动能力。加大对于消费者的质量基础知识宣传,广泛发动消费者来监督生产者,对举报和监督质量违法行为的消费者进行奖励。加大对于消费者组织的支持力度,降低消费者组织的成立门槛,设立基金支持消费者组织的运行。

---

〔1〕　数据来源:《中国中小企业社会责任指南》(http://smec.org.cn/? info-2467-1.html)。

(三)提高质量公共服务在政府绩效考核中的权重

我国目前质量公共服务满意度不高,还与整个社会对于质量的认识有关。我国虽然提出了将推动经济发展的立足点转移到质量和效益上来,但现实是,经济发展仍然主要依靠大规模的要素投入来驱动,质量对于经济发展的重要作用仍然没有从理念转化为实践。其中一个重要原因就在于,对于地方政府考核仍然主要是经济发展的数量指标,而不重视质量指标,GDP仍然是地方经济发展的指挥棒,质量的发展经常让步于经济数量的扩张。应在现有基础上,加入对于质量发展的考核,树立这样一种发展观,即只有建立在质量基础上的数量增长才是可持续的发展。将地区质量安全状况、质量发展等指标纳入到地方政府的考核体系中,除了GDP、投资等基础性指标以外,应加入消费者质量满意度、政府质量公共服务投入、企业的质量竞争能力、产品增加值率等区域质量发展的度量指标,并在考核的机制上更多地引入社会第三方的考核以及基于消费者的评价。

第二十三章

微观质量提升我国经济发展质量有巨大潜力

一　特征事实

（一）我国的产品质量总体上距离"较好"水平有较大差距

表 23-1　2013 年宏观质量观测得分分布

	总指标数	65－70 分的比重（％）	高于 70 分的比重（％）	平均距离[1]
质量安全	26	42.31	7.69	－4.19
质量满意	34	38.24	2.94	－5.29
质量公共服务	20	0.00	0.00	－12.18
公民质量素质	20	30.00	30.00	－4.24
总体	100	30.00	9.00	－6.48

表 23－1 数据表明,我国的质量观测数据中得分总体上集中于较低的区间,在宏观质量评价的四个领域中,仅有公民质量素质的得分有 30% 高于 70 分的"较好"水平,而质量公共服务高于 70 分的比例为 0,质量安全、质量满意高于 70 分的指标比例分别为 7.69% 和 2.94%。以上数据均表明我国的质量总体水平目前是一个较低水平的稳定状态,尤其是在质量公共服务以及质量安全与质量满意方面与 70 分的"较好"水平还有较大的差距,其平均差距分别为 －12.18 分, －4.19 分和 －5.29 分,质量作为促进经济增长质量提升的要素还有很大的潜力发挥空间。

（二）质量与区域消费水平的增长正相关

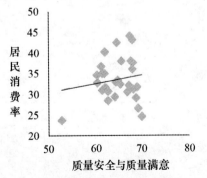

图 23-1　产品质量与居民消费率的关系

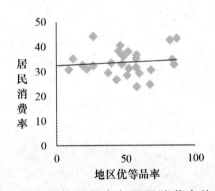

图 23-2　产品优等品率与居民消费率的关系

---

[1]　平均距离是指各指标的得分与 70 分的差值的平均值。

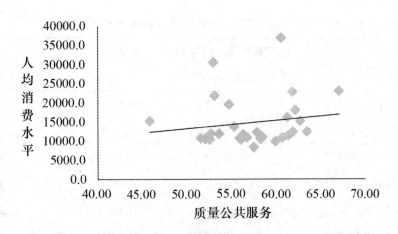

图23-3　政府质量公共服务水平与人均消费的关系

图23-1显示一个地区的质量安全与质量满意总指数与该地区的居民消费率具有正相关性,其相关系数为0.152。图23-2以基于产品的质量指标来代表区域的宏观质量状况,将其与居民消费率进行相关性分析,也可以得到一个较为明显的正相关关系,相关系数为0.11。图23-3的数据也表明,一个地区的质量公共服务水平对于人均消费水平具有显著的正相关关系,质量公共服务通过改善一个地区的质量消费者环境,进而能够促进地区的消费水平。以上特征事实均表明,质量有利于改善消费者的消费意愿,进而提升一个地区的居民消费率水平。作为经济增长质量的一个重要表现就是经济增长更多地转移到消费增长上来,因此微观的产品或服务质量的改善是提升消费率进而改善经济增长的动力结构的一个重要要素。

(三)产品质量满意度在促进个人消费增长上的效应不显著

理论与实证分析已经证明,质量水平提升特别是质量满意的提高能够促进消费的提升,这一假说在宏观的区域层面得到了初步的验证,但在微观层面消费的增长受到更多复杂的因素的影响,如:收入、受教育水平、家庭人口、居住地等,如果控制这些因素以后,质量的满意度对于消费的增长仍然是显著的,那么质量满意对于消费增长的转化机制是通畅的,而如果不显著则说明质量对于消费的增长进而宏观经济的增长的转化作用不通畅。回归分析表明,在控制个体特征以后,质量满意对于个人消费的增长作用存在着显著的结构化差异。

回归模型:

$$lnexpen_i = \beta_o + \beta_1 inc_i + \beta_2 people_i + \beta_3 age_i + \beta_4 urban_i + \beta_1 CSI_{ki} + \varepsilon_i$$

其中 lnexpen 代表消费者人均消费支出的对数,inc 代表家庭收入,age 代表被访者年龄,urban 代表被访者的户籍,CSI 代表不同领域的质量满意度。采用的是对数 - 水平模型,解释变量增长 1 个单位,所能带来的被解释变量的百分比变动量为 $100\beta_k$。

表 23-2　不同行业的质量满意对消费增长的回归结果

被解释变量:月平均消费水平

解释变量	参数估计值	标准误差	T 统计量
产品质量满意度	− 0.0012	0.0046	− 0.25
乳制品质量满意度	− 0.0038	0.0042	− 0.89
家用电器质量满意度	0.0062	0.0048	1.27
日用消费品质量满意度	0.0083 *	0.0048	1.73
服务质量满意度	0.0117 ***	0.0046	2.54
教育服务质量满意度	0.0056	0.0044	1.26
医疗服务质量满意度	0.0056	0.0042	1.33
金融服务质量满意度	0.0056	0.0047	1.2

注:*、**、***分别代表在 10%、5%、1% 的显著性水平下显著。为了结果呈现的简洁性,没有将模型中收入、家庭人口、年龄、户籍等控制变量的回归结果放在表格中。

回归结果显示,产品质量满意度对于消费的增长效应不显著,这一点与宏观层面的发现有所差异,其关键在于控制了收入、家庭人口等个体特征,产品质量满意度对于消费的增长效应不明显。在各个产品的子项中,只有日用消费品的质量满意度在控制其他变量之后,对于消费的增长仍然是显著的,其满意度增长 1 分,将带来 0.83 个百分点的消费增长。服务质量的总体满意度对于消费增长在 1% 的显著性水平下显著,且其效应较大,服务质量的满意度每增长 1 分所带来的消费量增长为 1.17 个百分点,但其他的具体服务业项目,如教育、医疗、金融等均未呈现显著的消费增长效应。以上结果表明,在微观的具体层面,质量对于消费的增长作用主要地体现在服务质量领域,产品质量对于消费的促进作用并不显著,这一点发现与产品质量仍处于不稳定的状态是一致的。随着生活水平的提高,消费者对于质量的需求在不断增长,加强以产品质量满意度为主的质量水平提升,是促进消费增长,进而促进经济健康可持续增长的关键。

二　理论分析

(一)质量显著提升了投入产出效率

市场要稳定地运行,需要交易双方对于产品质量的稳定的预期,对于质量的不确定性,会带来市场的萎缩甚至消失(Akerlof,1970)。质量是隐含于产品之中的一种特性,只有产品质量符合需求,消费者才会购买,企业才能实现效益并投入新的生产和投资。较高的产品质量,可以提高居民的消费支出;不好的产品质量,会抑制居民的消费支出。要素投入量相同的情况下,质量功能的提升,可以显著增强消费者的满意度,促使消费者淘汰已在使用的产品,购买质量水平更高的同类产品,从而直接导致产出规模的差异。我国经济发展的投资、内需、外贸"三驾马车",都可以靠产品质量来激发新活力。

在不增加物质资本投入的情况下,通过产品质量的投入,就可以在现有资源约束下达到更高的产出水平,从而实现 GDP 依靠内生动力的更高质量的增长,德国、瑞士等国家经济发展的事实均表明,只有在实体经济中建立起稳定的产品质量基础才能够抵御经济发展的外部风险,实现宏观经济有质量的增长。因此质量是转变经济增长方式最为重要的因素。

(二)微观产品质量有利于改善经济增长的动力结构

在充分竞争的市场经济条件下,供给大于需求是常态,因而宏观经济政策大量地注重于提高有效需求上来,但需求管理政策如果没有相应的供给改善也不可能获得成功,长期关注需求管理而忽视供给的宏观经济政策使得投资的作用被过分地夸大,消费过多地依赖于政府消费,从而在世界主要国家均不同程度地出现了危机,因而 20 世纪 80 年代以来宏观经济政策越来越多地转向于供给管理的层面,而供给管理最为重要的实现方式就是要提升微观产品的质量。由于质量代表了消费者对于产品的满意程度,是消费者作出购买决策的关键性,尤其是随着信息技术的发展,产品的同质化越来越明显,在同质化的产品中,质量是最重要的稀缺资源。因而质量水平的提升能够刺激消费者的购买欲望,使得经济增长具有十分稳固的微观基础。经济增长更多地依赖于消费的增长,特别是依赖于居民消费的增长,使得经济增长的动力结构更加优化。

(三)微观产品质量的创新是最为普遍性创新形式

任何经济增长都必须面临资源、环境等条件的约束,一味地靠牺牲环境,损耗资源的发展方式必然不可能持续,要对资源进行更加有效地利用就必须进行持续的创新,驱动创新的要素有很多,如:科技进步、新产品、新的工艺、管理形式的改变等。而从创新的实现形式来看,技术、人才和管理等创新要素都是最终表现,都是具体的微观产品质量。即使是技术这一要素,如果不能有效地提高产品的质量水平,也不一定能转化成生产力。一个企业如果没有先进的技术或科技人才,依然可以通过生产质量更高的产品获得市场的高回报,产品质量创新相对于技术创新而言更具有普遍性和一般性,它是一国强大的普遍性要素(程虹等,2013)。因此,高质量的产品能够在不增加要素投入的前提下,基于价格的自由竞争进行调节,带动资本、劳动力等要素流向优质产品的生产者,从而减少资源浪费、提高要素的产出率。

三　政策建议

(一)创设有利于中小企业质量创新的市场环境

从理论上看,质量满意度的提升,可以提高消费者的需求水平,进而促进社会有效需求的释放,有利于经济的发展。而从我国质量观测数据来看,质量满意度促进经济发展的效应并不明显,一些较高的质量满意度出现在经济发展水平相对落后的地区,这表明质量在促进地区经济发展方面的机制仍需进一步理顺。在产品质量领域,其质量满意度促进个人消费增长方面的作用并不显著,表明我国的产品质量在安全性得到稳固的基础上离总体的满意性还有一定的差距,质量满意的平均距离超过了 5 分。总体而言,消费者对于质量的需求在不断增长,但是质量的供给还相对地落后,因此提升消费者质量满意度应是我国未来质量发展的主要方面。要实现质量促进消费增长的作用,让产品质量的创新能够确实地转化为市场的收益。中小企业对于产品质量的创新上更加灵活,因而应注重于中小企业的质量发展,减少企业的进入门槛,从事前审批为主的监管转变为事后监管,以及服务和监管并重的管理模式,以各种激励措施促进中小企业的质量创新行为。

(二)将消费者评价引入到区域的经济增长考核

我国的经济发展方式转变,需要从需求管理转变为供给管理为主。供给管理就是充分相信市场的作用,同时要更好地发挥政府的作用。质量创新是我国供给管理的重要内容,要引导地方政府转向质量型增长道路,应建立起合理的经济增长考核机制。具体而言,将区域的宏观质量状况评价纳入到经济增长的考核中,在注重经济增长的数量的同时,还要考虑经济增长所带来的质量增长,如标准的创新能力、质量满意的提高程度、资源的消耗程度、投入产出比等质量型指标。特别是要加强基于消费者的质量评价,建立起消费者质量评价的指标体系,在经济增长的评价中更多地体现消费者评价的权重。加强建立起市场主导的"质量强市示范市"等各类评选活动,合理地引导各个地区由数量型增长向质量型增长的转变。

(三)加大对于职业技术人才培养的公共支出

质量创新的前提条件是要有稳固的职业技术专业人才队伍,世界的质量强国无一不具有一流的职业技术人才,而职业技术人才不仅需要企业进行投入,还需要政府通过公共投入的形式提供强大的职业技术人才发展基础和环境。我国释放质量对于经济增长的巨大潜力,应调整现有的人才教育与培养体系,大力发展现代职业技术教育。按照国务院常务会议关于发展现代职业教育的精神,加大对于职业技术教育学校的公共投入比重,改善职业教育的办学条件和办学环境,扩大免费中等职业技术教育免费生的范围,将一些实际从事职业技术教育的本科院校转变为职业技术学院,建立职业教育与学历教育的交流通道,给职业技术人才以学历晋升的机会。给民办职业技术学校以公平发展的政策环境,消除职业教育的进入门槛,通过竞争的方式提升职业技术教育的总体质量。扩大职业院校在专业设置和调整、人事管理、教师评聘、收入分配等方面的办学自主权。

附　　录

附录 A

关键指标的区域排名

A.1 全国各省关键指标排名

在所调查问题范围内,针对消费者普遍比较关心的民生问题,分别进行了全国不同省区(含直辖市)和主要城市的区域排名。这些关键性指标的区域排名如下面的表格和图形所示:

表 A.1 产品质量安全区域排名表

排名	地区	所消费产品的总体安全性(分)
1	天津市	69.00
2	福建省	67.69
3	吉林省	67.43
4	山东省	67.15
5	浙江省	66.99
6	辽宁省	66.04
7	山西省	65.75
8	湖北省	65.36
9	上海市	64.83
10	广西壮族自治区	64.36

注:排名范围为各省、自治区和直辖市。

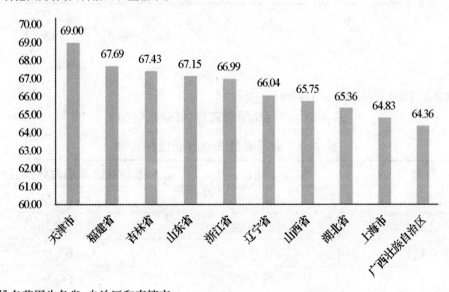

说明:排名范围为各省、自治区和直辖市。

图 A.1 产品质量安全区域排名(分)

表 A.2　产品质量满意度区域排名表

排名	地区	本地区产品质量的总体满意度(分)
1	天津市	70.67
2	山东省	69.71
3	广西壮族自治区	68.40
4	吉林省	67.79
5	辽宁省	67.00
6	福建省	66.81
7	浙江省	66.25
8	四川省	65.33
9	山西省	64.19
10	湖北省	64.18

注:排名范围为各省、自治区和直辖市。

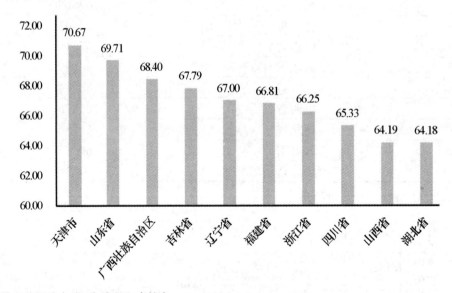

说明:排名范围为各省、自治区和直辖市。

图 A.2　产品质量满意度区域排名(分)

表 A.3　食品质量安全性区域排名表

排名	地区	本地区食品的总体安全性(分)
1	天津市	68.56
2	山东省	67.36
3	山西省	67.00
4	吉林省	66.50
5	浙江省	65.93

表 A.3(续)

排名	地区	本地区食品的总体安全性(分)
6	辽宁省	65.83
7	云南省	65.32
8	广西壮族自治区	65.11
9	湖北省	64.48
10	福建省	64.31

注:排名范围为各省、自治区和直辖市。

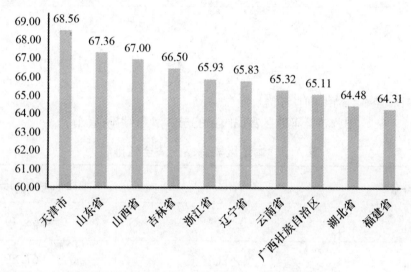

说明:排名范围为各省、自治区和直辖市。

图 A.3　食品质量安全性区域排名(分)

表 A.4　本地区食品质量的总体满意度排名

排名	地区	本地区食品质量的总体满意度(分)
1	天津市	68.22
2	辽宁省	68.08
3	山西省	67.50
4	吉林省	67.43
5	山东省	67.07
6	上海市	66.55
7	广西壮族自治区	66.38
8	浙江省	65.97
9	福建省	65.25
10	云南省	65.23

注:排名范围为各省、自治区和直辖市。

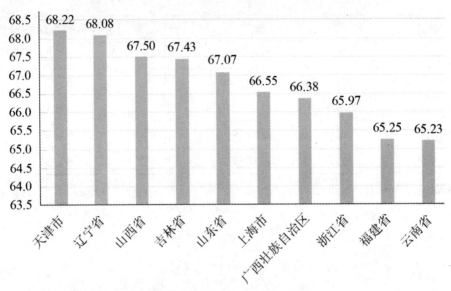

说明：排名范围为各省、自治区和直辖市。

图 A.4　本地区食品质量的总体满意度排名（分）

表 A.5　本地区乳制品的安全性排名

排名	地区	本地区乳制品的安全性（分）
1	辽宁省	68.79
2	黑龙江省	67.80
3	浙江省	67.55
4	山西省	67.44
5	广西壮族自治区	67.02
6	云南省	66.61
7	安徽省	65.58
8	四川省	65.38
9	山东省	65.33
10	吉林省	65.29

注：排名范围为各省、自治区和直辖市。

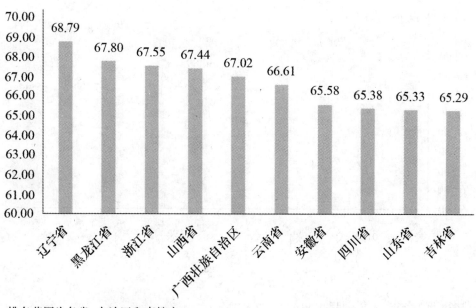

说明：排名范围为各省、自治区和直辖市。

图 A.5　本地区乳制品的安全性排名（分）

表 A.6　本地区乳制品质量的满意度排名

排名	地区	本地区乳制品质量的满意度（分）
1	云南省	69.36
2	辽宁省	69.04
3	黑龙江省	68.11
4	上海市	67.93
5	浙江省	67.64
6	宁夏回族自治区	66.89
7	广西壮族自治区	66.17
8	山西省	66.13
9	青海省	65.90
10	吉林省	65.64

注：排名范围为各省、自治区和直辖市。

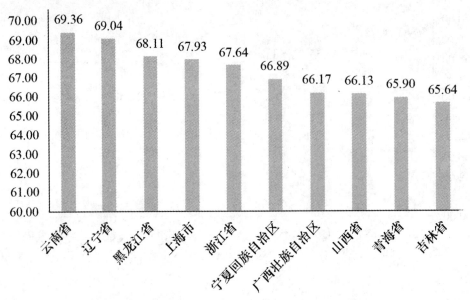

说明：排名范围为各省、自治区和直辖市。

图 A.6 本地区乳制品质量的满意度排名（分）

表 A.7 本地区医疗服务的总体安全性排名

排名	地区	本地区医疗服务的总体安全性（分）
1	山东省	69.21
2	浙江省	69.07
3	天津市	68.78
4	辽宁省	68.67
5	湖北省	67.95
6	吉林省	67.71
7	四川省	67.40
8	福建省	67.25
9	上海市	66.64
10	云南省	66.61

注：排名范围为各省、自治区和直辖市。

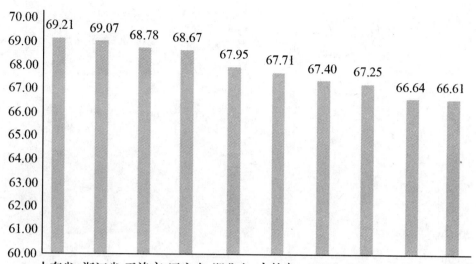

说明:排名范围为各省、自治区和直辖市。

图 A.7　本地区医疗服务的总体安全性排名(分)

表 A.8　本地区医疗服务质量的总体满意度排名

排名	地区	本地区医疗服务质量的总体满意度(分)
1	上海市	69.31
2	天津市	69.11
3	山东省	68.10
4	浙江省	67.78
5	辽宁省	67.71
6	四川省	66.63
7	吉林省	65.36
8	湖北省	65.19
9	云南省	64.86
10	福建省	64.13

注:排名范围为各省、自治区和直辖市。

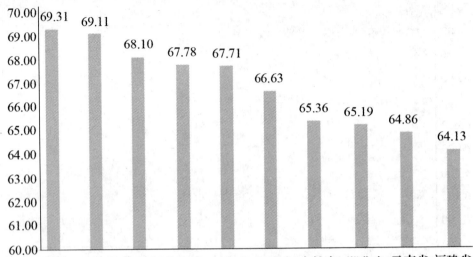

说明:排名范围为各省、自治区和直辖市。

图 A.8 本地区医疗服务质量的总体满意度排名(分)

表 A.9 本地区环境的总体安全性排名

排名	地区	本地区环境的总体安全性(分)
1	吉林省	71.64
2	云南省	71.19
3	广西壮族自治区	69.26
4	福建省	69.19
5	宁夏回族自治区	68.44
6	辽宁省	68.29
7	天津市	66.89
8	四川省	66.57
9	海南省	66.06
10	山东省	65.79

注:排名范围为各省、自治区和直辖市。

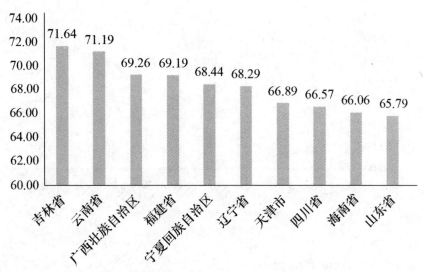

说明：排名范围为各省、自治区和直辖市。

图 A.9　本地区环境的总体安全性排名（分）

表 A.10　本地区环境质量的总体满意度排名

排名	地区	本地区环境质量的总体满意度（分）
1	云南省	71.93
2	宁夏回族自治区	70.81
3	福建省	70.69
4	广西壮族自治区	69.57
5	吉林省	68.43
6	海南省	68.33
7	辽宁省	68.25
8	天津市	67.67
9	四川省	67.04
10	山东省	65.45

注：排名范围为各省、自治区和直辖市。

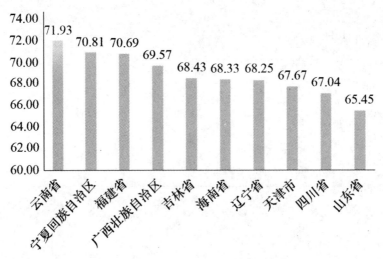

说明：排名范围为各省、自治区和直辖市。

图 A.10   本地区环境质量的总体满意度排名（分）

表 A.11   本地政府企业质量安全监管的有效性排名

排名	地区	本地政府企业质量安全监管的有效性（分）
1	天津市	65.78
2	吉林省	65.64
3	山东省	64.83
4	辽宁省	64.08
5	云南省	63.30
6	上海市	62.24
7	福建省	62.06
8	四川省	61.66
9	湖北省	61.51
10	浙江省	61.16

注：排名范围为各省、自治区和直辖市。

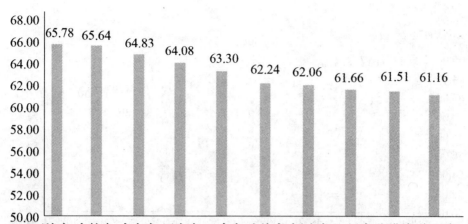

说明:排名范围为各省、自治区和直辖市。

图 A.11　本地政府企业质量安全监管的有效性排名(分)

表 A.12　政府对质量信息的公开性排名

排名	地区	政府对质量信息的公开性(分)
1	天津市	67.22
2	山东省	64.17
3	云南省	63.49
4	山西省	63.13
5	吉林省	62.43
6	浙江省	61.39
7	辽宁省	61.29
8	湖北省	60.92
9	四川省	60.77
10	福建省	60.63

注:排名范围为各省、自治区和直辖市。

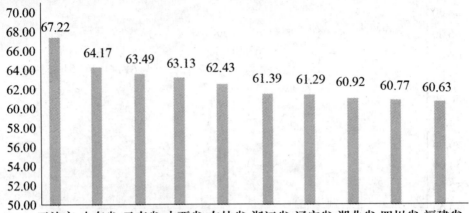

说明:排名范围为各省、自治区和直辖市。

图 A.12　政府对质量信息的公开性排名(分)

表 A.13　消费者组织对消费者权益的保护效果排名

排名	地区	消费者组织对消费者权益的保护效果(分)
1	天津市	69.11
2	上海市	66.21
3	山东省	65.17
4	浙江省	63.38
5	湖北省	63.26
6	云南省	63.12
7	吉林省	63.00
8	辽宁省	62.50
9	四川省	61.36
10	宁夏回族自治区	60.74

注:排名范围为各省、自治区和直辖市。

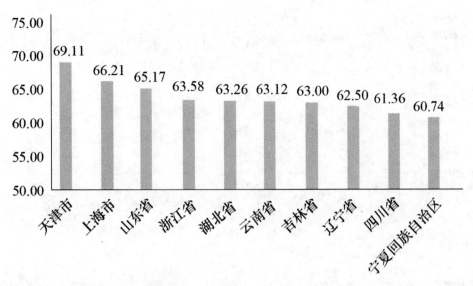

说明：排名范围为各省、自治区和直辖市。

图 A.13　消费者组织对消费者权益的保护效果排名（分）

表 A.14　对质量维权程序的了解程度排名

排名	地区	对质量维权程序的了解程度（分）
1	云南省	66.79
2	上海市	65.52
3	山东省	64.50
4	吉林省	64.50
5	广西壮族自治区	64.15
6	湖北省	63.93
7	浙江省	63.56
8	福建省	63.06
9	四川省	62.90
10	山西省	62.56

注：排名范围为各省、自治区和直辖市。

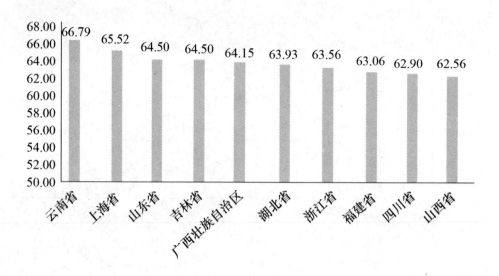

说明:排名范围为各省、自治区和直辖市。

图 A.14　对质量维权程序的了解程度排名(分)

A.2 全国主要城市关键指标排名

表 A.15　所消费产品的总体安全性排名

排名	地区	所消费产品的总体安全性(分)
1	苏州市	70.00
2	青岛市	69.90
3	杭州市	69.40
4	天津市	69.00
5	福州市	68.80
6	大连市	66.96
7	长春市	66.25
8	济南市	65.87
9	银川市	65.33
10	武汉市	65.21

注:排名范围为直辖市、副省级省市和省会城市。

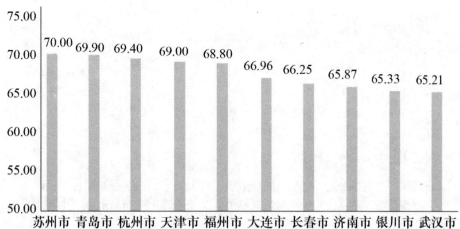

说明：排名范围为直辖市、副省级省市和省会城市。

图 A.15　所消费产品的总体安全性排名(分)

表 A.16　本地区产品质量的总体满意度排名

排名	地区	本地区产品质量的总体满意度(分)
1	青岛市	71.80
2	苏州市	71.00
3	天津市	70.67
4	福州市	69.10
5	杭州市	68.30
6	大连市	67.85
7	南宁市	67.40
8	济南市	67.33
9	长春市	64.88
10	成都市	64.50

注：排名范围为直辖市、副省级省市和省会城市。

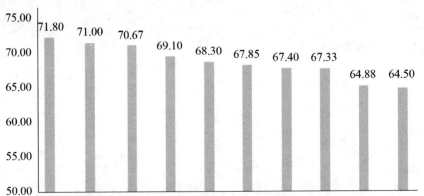

说明：排名范围为直辖市、副省级省市和省会城市。

图 A.16　本地区产品质量的总体满意度排名（分）

表 A.17　本地区食品的总体安全性排名

排名	地区	本地区食品的总体安全性（分）
1	青岛市	70.30
2	苏州市	69.73
3	天津市	68.56
4	大连市	66.96
5	太原市	66.20
6	杭州市	65.80
7	银川市	65.56
8	南宁市	65.40
9	武汉市	64.63
10	福州市	64.50

注：排名范围为直辖市、副省级省市和省会城市。

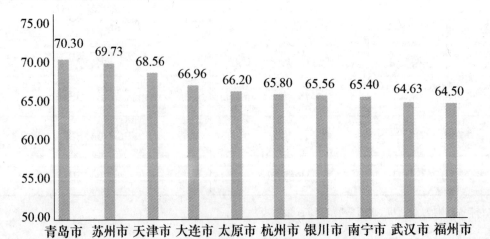

说明：排名范围为直辖市、副省级省市和省会城市。

图 A.17　本地区食品的总体安全性排名（分）

表 A.18　本地区食品质量的总体满意度排名

排名	地区	本地区食品质量的总体满意度（分）
1	苏州市	70.09
2	青岛市	69.60
3	大连市	68.89
4	天津市	68.22
5	太原市	67.00
6	上海市	66.55
7	南宁市	66.40
8	福州市	65.90
9	杭州市	65.80
10	长春市	65.38

注：排名范围为直辖市、副省级省市和省会城市。

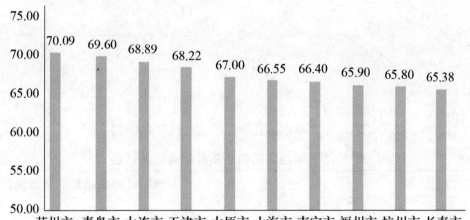

说明：排名范围为直辖市、副省级省市和省会城市。

图 A.18　本地区食品质量的总体满意度排名（分）

表 A.19　本地区乳制品的安全性排名

排名	地区	本地区乳制品的安全性（分）
1	苏州市	71.56
2	大连市	70.89
3	哈尔滨市	70.20
4	南宁市	68.40
5	济南市	68.13

表 A.19（续）

排名	地区	本地区乳制品的安全性（分）
6	贵阳市	67.30
7	杭州市	65.90
8	银川市	65.78
9	太原市	65.00
10	呼和浩特市	64.90

注：排名范围为直辖市、副省级省市和省会城市。

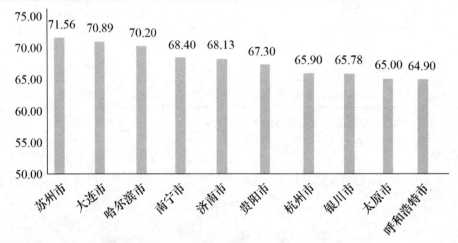

说明：排名范围为直辖市、副省级省市和省会城市。

图 A.19　本地区乳制品的安全性排名（分）

表 A.20　本地区乳制品质量的满意度排名

排名	地区	本地区乳制品质量的满意度（分）
1	苏州市	71.55
2	大连市	71.11
3	哈尔滨市	69.70
4	上海市	67.93
5	济南市	67.60
6	南宁市	67.40
7	杭州市	66.30
8	昆明市	65.92
9	西宁市	65.90
10	银川市	65.11

注：排名范围为直辖市、副省级省市和省会城市。

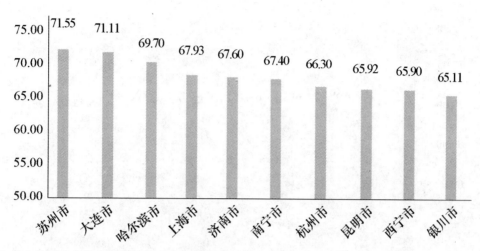

说明:排名范围为直辖市、副省级省市和省会城市。

图 A.20　本地区乳制品质量的满意度排名(分)

表 A.21　本地区医疗服务的总体安全性排名

排名	地区	本地区医疗服务的总体安全性(分)
1	苏州市	75.64
2	青岛市	71.00
3	杭州市	69.60
4	大连市	69.26
5	武汉市	69.26
6	天津市	68.78
7	长沙市	68.59
8	沈阳市	68.57
9	南宁市	68.40
10	成都市	67.57

注:排名范围为直辖市、副省级省市和省会城市。

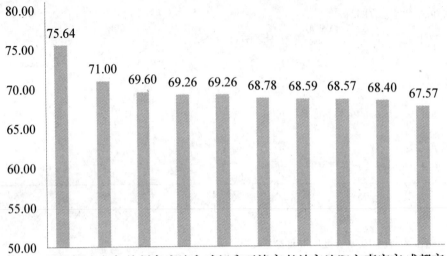

说明:排名范围为直辖市、副省级省市和省会城市。

图 A.21 本地区医疗服务的总体安全性排名(分)

表 A.22 本地区医疗服务质量的总体满意度排名

排名	地区	本地区医疗服务质量的总体满意度(分)
1	苏州市	73.64
2	青岛市	70.80
3	上海市	69.31
4	天津市	69.11
5	长沙市	68.59
6	大连市	68.30
7	杭州市	67.80
8	南宁市	67.60
9	武汉市	67.27
10	成都市	66.67

注:排名范围为直辖市、副省级省市和省会城市。

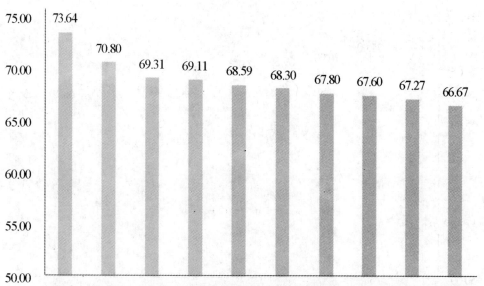

图 A.22　本地区医疗服务质量的总体满意度排名(分)

表 A.23　本地区环境的总体安全性排名

排名	地区	本地区环境的总体安全性(分)
1	苏州市	71.27
2	南宁市	71.00
3	银川市	70.00
4	大连市	69.56
5	青岛市	69.20
6	长春市	68.75
7	天津市	66.89
8	昆明市	66.73
9	福州市	66.40
10	贵阳市	66.20

注:排名范围为直辖市、副省级省市和省会城市。

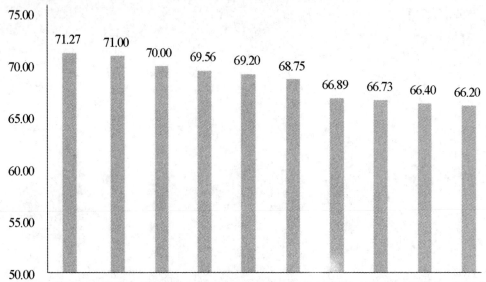

说明:排名范围为直辖市、副省级省市和省会城市。

图 A.23   本地区环境的总体安全性排名(分)

表 A.24   本地区环境质量的总体满意度

排名	地区	本地区环境质量的总体满意度(分)
1	银川市	70.22
2	大连市	70.22
3	南宁市	69.40
4	苏州市	69.36
5	青岛市	68.80
6	福州市	68.50
7	天津市	67.67
8	昆明市	65.71
9	成都市	65.05
10	海口市	64.89

注:排名范围为直辖市、副省级省市和省会城市。

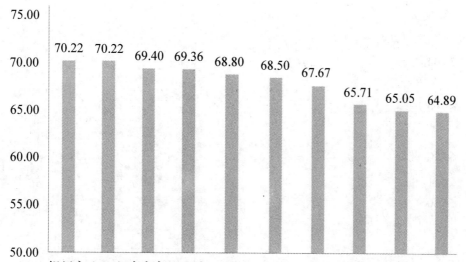

说明:排名范围为直辖市、副省级省市和省会城市。

图 A.24　本地区环境质量的总体满意度(分)

表 A.25　本地政府企业质量安全监管的有效性排名

排名	地区	本地政府企业质量安全监管的有效性(分)
1	苏州市	70.28
2	青岛市	70.10
3	银川市	67.78
4	南宁市	65.80
5	天津市	65.78
6	长沙市	65.22
7	大连市	63.93
8	武汉市	62.81
9	长春市	62.25
10	上海市	62.24

注:排名范围为直辖市、副省级省市和省会城市。

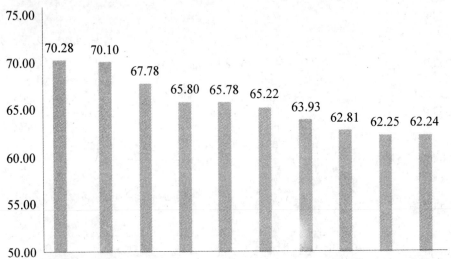

说明：排名范围为直辖市、副省级省市和省会城市。

图 A.25   本地政府企业质量安全监管的有效性排名（分）

表 A.26   政府对质量信息的公开性排名

排名	地区	政府对质量信息的公开性（分）
1	青岛市	71.00
2	苏州市	68.99
3	天津市	67.22
4	南宁市	64.60
5	武汉市	63.22
6	昆明市	62.24
7	银川市	62.00
8	长沙市	61.74
9	贵阳市	61.10
10	成都市	60.72

注：排名范围为直辖市、副省级省市和省会城市。

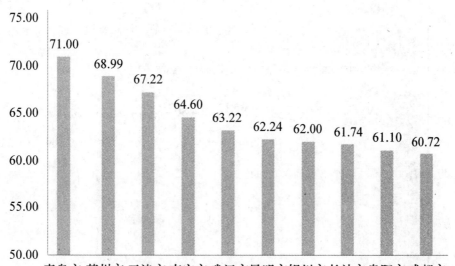

说明:排名范围为直辖市、副省级省市和省会城市。

图 A.26　政府对质量信息的公开性排名(分)

表 A.27　消费者组织对消费者权益的保护效果排名

排名	地区	消费者组织对消费者权益的保护效果(分)
1	青岛市	70.20
2	天津市	69.11
3	苏州市	68.72
4	上海市	66.21
5	武汉市	65.12
6	南宁市	64.80
7	宁波市	64.17
8	济南市	62.27
9	杭州市	61.80
10	昆明市	61.63

注:排名范围为直辖市、副省级省市和省会城市。

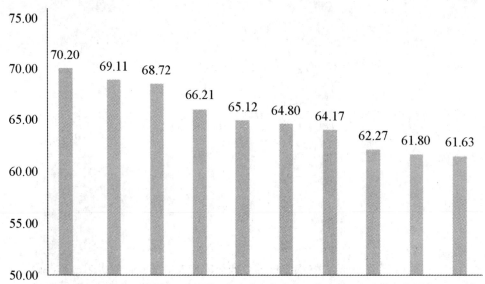

说明:排名范围为直辖市、副省级省市和省会城市。

图 A.27　消费者组织对消费者权益的保护效果排名(分)

表 A.28　对质量维权程序的了解程度排名

排名	地区	对质量维权程序的了解程度(分)
1	青岛市	71.80
2	武汉市	67.69
3	南宁市	66.60
4	上海市	65.52
5	哈尔滨市	65.40
6	昆明市	64.69
7	南京市	64.26
8	苏州市	64.04
9	银川市	64.00
10	长沙市	63.70

注:排名范围为直辖市、副省级省市和省会城市。

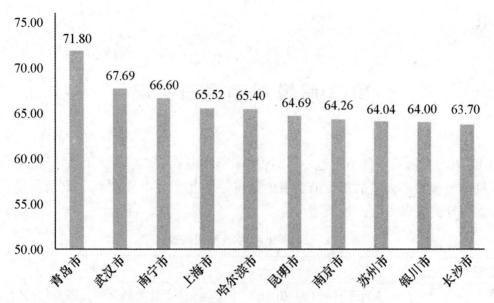

说明:排名范围为直辖市、副省级省市和省会城市。

图 A.28　对质量维权程序了解程度排名(分)

附录 B

2013 质量观测调研实况

2013 年宏观质量观测历时近一年,经历了准备阶段、实施阶段和总结阶段,为我国宏观质量评价积累了大量的基于消费者的第一手数据。表 B.1 显示了宏观质量观测调研从方案设计到表彰大会的进展情况。

表 B.1 2013 年质量观测调研进度表

阶段	时间	进度
准备阶段	3 月 5 日—3 月 20 日	质量观测调研方案的设计
	3 月 21 日—3 月 28 日	质量观测调研方案的测试
	3 月 20 日—4 月 6 日	质量观测调研方案的确定
	4 月 7 日	质量创新学社成立大会
	4 月 9 日	质量创新学社暑期调研筹备会议
	4 月 17 - 26 日	质量观测调研员的招募
	5 月 8 日	质量观测调研员第一次培训
	5 月 18 日	质量观测调研员第二次培训
实施阶段	6 月 19 日	暑期质量调研实践活动启动仪式
	7 月 7 日	调研员奔赴各质量观测点
	7 月 8 日—7 月 25 日	调研员进行入户调查与入户访谈
	7 月 26 日	第一次暑期调研情况汇总
	7 月 27 日—8 月 10 日	补充调查和补充访谈
	8 月 11 日	第二次暑期调研情况汇总
	8 月 12 日—8 月 20 日	补充调查和补充访谈
	8 月 21 日—8 月 22 日	第三次暑期调研情况汇总
	8 月 23 日—9 月 15 日	调研员对问卷数据进行录入
总结阶段	9 月 16 日—9 月 25 日	质量观测资料汇总
	9 月 26 日—9 月 30 日	质量观测数据审核
	10 月 1 日—10 月 9 日	优秀调研员及优秀成果初选
	10 月 10 日—11 月 10 日	学生优秀论文指导
	11 月 11 日	2013 年大学生质量调查论坛暨表彰大会

B.1　准备阶段

B.1.1 质量观测调研方案的确定

方案的设计：在"2012 年宏观质量观测"方案的基础之上，2013 年的观测方案进行了重大的调整。"2013 年宏观质量观测"注重发挥大学生在重大样本库建设中的作用，创造性地把学生社团与质量调研结合在一起，采取了一种全新的方法和理念来设计开展调研活动，开辟出了一条大学生自我管理、自我监督、自我开展进行实地调研的崭新途径。

方案的测试：在初步确立了 2013 年质量观测的方案之后，对方案的可行性进行了全面的论证，通过选取部分调查对象，测试了调研方案在具体实施过程中的科学性和有效性。

方案的确定：经过对质量观测调研方案的反复论证，结合调查对象反馈的意见，确定 2013 年以大学生为主体的宏观质量观测的最终方案。

B.1.2 质量创新实践学社的成立

为了激发大学生对质量问题的兴趣，并引导大家关注、了解和探索身边的质量问题，2013 年 4 月份，武汉大学大学生质量创新实践学社正式成立。大学生质量创新实践学社以寒暑期实践调研和调研成果整理分析等工作为中心，积极搭建平台，为同学们提供激发兴趣、展示能力、释放潜能的舞台。

2013 年 4 月 7 日，武汉大学大学生质量观测创新实践学社在武汉大学质量发展战略研究院召开成立大会。会上，质量院程虹院长为让大家对质量问题与质量问题研究方法有更深刻的认识，为所有参会人员做题为"观测——创新与成功之源"的讲座。通过联系自己的经历和引用钱学森、袁隆平等科学家的例子强调了分析与观察方法的重要性，成功调动了大家对质量研究及观测方法学习的热情。

B.1.3 调研人员的招募与培训

调研人员的招募：2013 年 4 月 17 日，大学生质量观测调研员招募工作正式开始，由质量创新学社实践调研部、人力资源部、活动部以及秘书处成员组成的招募队伍在武汉大学工学部、文理学部、信息学部和医学部的食堂门口设立摆点位，宣传招募调研员。同时，网络新闻部在各大网络公共平台进行大量宣传，能让更多的同学了解此次招募信息。

经过两天的招募，质量创新学社原计划招收 300 人，实则有 700 余人填写了报名表。2013 年 4 月 25、26 日晚，对暑期质量观测的调研员进行面试，最终招募到合格的调研员 247 人。

调研人员的培训：2013 年 5 月 8 日及 18 日晚，质量院分别进行了两次调研员的培训工作。由质量院项目组负责人对调研员进行初步培训，旨在让调研员了解宏观质量观测的具体要求及意义，为调研员开展调研活动提供指导，并对调研中可能遇到的问题做出了细致的解答。在培训会结束之后，将前往全国各个调研地点的调研小队进行登记分组，共形成了 107 个调研小组。

B.2 实施阶段

B.2.1 暑期质量观测实践的启动

2013 年 6 月 19 日晚,武汉大学 2013 年暑期质量观测调研实践活动启动仪式在教五多功能报告厅顺利召开。在誓师大会上,质量发展研究院院长程虹教授用简洁生动的语言,揭示了国内与国外质量标准的巨大差异,并指出:中国梦的一部分就是建设高品质的社会。接着,程院长表示对即将进行的质量观测调研活动充满了期待,同时也对调研员们提出了两点要求:志愿者们在实践中和生活中都要坚定不移;学会从实践经验中获得宝贵的人生经验。这让在场的所有调研员们深受鼓舞。

在启动仪式上,由质量学社实践调研部分管主席宣读调研章程,强调调研过程中的注意事项并简要说明了调研成绩的核算方法。最后,质量院的老师讲解了调查问卷的内容,并说明了此次质量观测调研实践活动的总体要求:一、要保证问卷质量;二、要注意自身安全;三、要有高度的责任心。在听完老师详细的讲解后,质量学社分批发放了暑期质量调研实践活动所需要的材料,至此,2013 年暑期质量活动正式启动。

B.2.2 暑期质量观测实践的实施

组织形式:此次质量观测调研,由武大质量院项目组进行总体的统筹规划,由质量创新学社负责具体调研工作的组织和实施。根据抽样方案,此次质量观测调研实践活动,分布在 92 个城市,遍布全国 107 个区(县),这些观测点皆为调研员的家乡或现居住地,方便调研员进行走访调查。

具体组织形式为,质量创新学社实践部 12 名副部长每人负责 3—4 个省份的观测点,实践部部长与分管调研部主席,2 名常务副部长共 4 人分华北,华中,华南,华东 4 个区域进行整个区域的监督工作,最后,实践部部长负责全局的掌控,并与质量院随时保持沟通,及时反映最新的调查状况。调研信息的传递过程为:每支调研队伍与所在省份负责的副部长进行沟通反馈,副部长整合的 3—4 个省份反馈信息上交给区域负责人,区域负责人一并汇总交予部长,再由部长负责将最新的信息传递给武大质量院的老师。每支队伍都有副部进行责任监督与沟通反馈,每个省份都有负责人进行资料汇总整理,这样保证了反馈信息的有效传递性,出现问题可以及时进行解决。

调研过程:按照最初的调研方案,调研人员奔赴全国各观测点,根据项目组制定的样本选取方案,选取调研对象进行问卷调查和访谈。由于本次调研人数众多,队伍又分散在全国各个省市,在客观上给整个调研的沟通协调工作造成了巨大的困难。为了解决这些问题,武大质量院与质量创新学社实践调研部制定了一些应对措施,包括工作人员与调研员时刻保持联系,及时了解调研员的需求,共同解决调研中所遇到的各种困难,并将调研中遇到的问题记录反馈,最后统一整理等。在调研过程中,项目组成员多次召开暑期质量观测阶段总结会,针对调研过程中遇到的问题进行及时沟通,为调研员们答疑解惑,帮助下阶段调研的顺利进行。在调研过程中,调研人员既要面对高温酷暑等恶劣自然因素,还随时会面对调研对象的不配合等不利的人为因素,面对各种不利因素,调研人员积极调整心态,克服困难,保证了宏观质量观测暑期调研的顺利进行。在调研过程中,我们采用地区分包制,由专人负责专门地区,使得调研活动得以有序地开展。调研员在各个观测点,用自己的实际行动,记录下中国消费者对中国质量最直观的感受。

B.2.3 暑期质量观测数据的录入

宏观质量观测问卷调查活动结束后,所有调研员需要将纸质版的质量观测调查问卷上的信息录入到宏观质量观测数据管理与分析系统,使问卷信息变为电子形式,以便进行数据分析。每个地区调研队按照所在地区的编号统一将调研队的基本信息以及所有纸质问卷上的内容包括被访者的基本信息,质量调查的所有问题等录入该系统中。系统由项目组成员负责维护和管理,在数据录入的过程中,项目组成员及时与调研员进行沟通,保证录入的规范性和准确性。数据录入按照《统计法》的规定,对于数据严格保密,无信息泄露行为发生,并且对调研员的录入情况进行评估,为以后的数据分析奠定基础。

B.3　总结阶段

B.3.1 质量观测调研资料的汇总

完成数据录入工作之后,宏观质量观测进入资料汇总阶段。调研员将调研过程中形成的一系列成果进行汇总,这些资料包括纸质版问卷、入户登记表、成果报告书、调研现场的图片和音像资料等。其中,成果报告书汇集了调研员在质量观测活动中的各种收获,既有纪录调研活动的调研日志,也有与调研对象的访谈记录,还有调研成员在调研过程中的心得体会,更有调研人员在宏观质量观测调研过程中形成的关于质量问题的深入思考,调研人员在调查问卷的数据支撑下,结合自己的科学思考,形成了一系列论文成果。

B.3.2 质量观测调研数据的审核

2013 年 9 月底,质量创新学社成员在罗连发老师指导下对问卷数据有效性、真实性进行审核查证。原收录档案的问卷数为 6220 份,最终核实有效问卷数为 5917 份。剔除的问卷主要原因是存在遗漏问卷、字迹模糊、填写内容不完整等状况,以及某些问卷的真实性存疑。在对问卷初步检查和审核后,指导老师和社团成员又进行了问卷的随机电话回访,以再度确保问卷的真实性和问卷数据的可用性。

审查完成后,审核员将真实有效问卷的所在地区进行汇总制表,并在表中标明审核员姓名,连同问卷一同存入武大质量研究院档案室中封存。

B.3.3 大学生中国质量调查论坛暨表彰大会

通过对每一个调研队伍的综合考察,包括对调查问卷的完成与录入情况、样本选取的规范程度以及成果报告书的质量等,评选出 2013 年暑期质量观测调研活动中的优秀团体和先进个人。同时,我们从调研员提交的成果报告中,初步筛选出优秀的成果报告,由武汉大学质量院的老师进行一对一的辅导,指导调研员采用规范的学术范式,将前期的成果论文化。

2013 年 11 月 11 日,"2013 年大学生中国质量调查论坛暨表彰大会"在质量院报告厅如期举行。在大学生中国质量调查论坛中,质量创新学社对 2013 年质量观测活动进行了总结,分析了实践过程中遇到的问题,并对未来的调研活动作出了展望。佛山、郑州、河北廊坊、贵州、西宁等 6 个调研团队,将他们优秀的调研成果与大家进行分享。

表 B.3.1　2013 年大学生中国质量调查论坛汇报主题

序号	主题
1	大学生质量观测调查——经验总结与数据分析 汇报人:吴冕　　指导老师:罗连发
2	佛山市顺德区质量软环境分析 汇报人:麦永波　　指导老师:李丹丹
3	绿树蓝天因何染 市民诉苦为哪般 ——对郑州市环境质量满意度的分析 汇报人:刘星滟　　指导老师:许伟
4	静默中的权利 ——对花溪区青岩镇居民质量维权现状的反思 汇报人:肖迪然　　指导老师:陈昕洲
5	河北省廊坊市空气质量影响因素实证研究 汇报人:刘迪　　指导老师:涂铭
6	有效的市场竞争造就乳制品好质量 ——西宁市乳制品质量调查报告 汇报人:刘文辉　　指导老师:余红伟

在表彰大会上,对本次调研活动中的优秀团队和先进个人进行表彰。其中,贵州省

贵阳市花溪区调研队和湖北省武汉市江汉区调研队,获团体一等奖;湖北省武汉市武昌区调研队、重庆市黔江区调研队等三支队伍,获团体二等奖;江苏省镇江市京口区等六支代表队获团体三等奖。此外,18人获得本次调研活动的先进个人。

在会议上,武汉大学质量发展战略研究院程虹院长充分肯定了本次大学生中国质量调查活动所取得的调研成果,认为这次调研过程中,调研团队亲赴问题现场,找到了研究中的"真问题",具有很重要的研究意义,而且这也是大学生在学习中极为重要的经历。他强调,实践调研活动应加强和重视数据研究方法,当前,大学生调研活动应面对问题,进一步完善和改进研究方法,在大数据的基础上,科学、全面地认识和分析我国当前的质量发展现状。

"2013年大学生中国质量调查论坛暨表彰大会"的举办,激励了更多热心质量问题的大学生参与到质量调研活动中来,同时也标志着2013年大学生宏观质量观测活动的圆满成功。

2013 年宏观质量观测调查问卷

G1. 问卷编号：_____

调查地点：_____省_____市_____县（市、区）_____乡（镇、街道）

G2. 省（自治区、直辖市）代码：_____ G3. 市代码：_____

G4. 区（县、县级市）代码：_____

G5. 调查员编号（省码加区县码）_____

调查员姓名：_____ 联络电话：_____

调查时间：_____年_____月_____日_____时

完成质量情况（审核人评定）：1 好　　2 中　　3 差

审核人姓名：_____ 联络电话：_____

宏观质量观测与创新基地

（消费者调查）

调查问卷

武汉大学质量发展战略研究院
"宏观质量观测与创新基地"课题组
2013.6

尊敬的先生/女士:您好!

受武汉大学质量发展战略研究院的委托,我们正在进行一项质量调查,目的是了解民众对质量的评价。经过严格的科学抽样,我们选中了您作为调查对象。您的合作对我们了解有关信息和制定社会政策,有十分重要的意义。对于您的回答,我们将按照《统计法》的规定,严格保密,请您不要有任何顾虑。希望您协助我们完成这次访问,谢谢您的合作!

A　基本信息

A.1 性别:1.男　2.女

A.2 年龄:1.18－30岁　2.31－40岁　3.41－50岁　4.51－60岁　5.60岁以上

A.3 户籍:1.城市　　2.农村

A.4 婚姻状况:1.已婚　　2.单身

A.5 文化程度:1.研究生及以上　2.大学　3.大专　4.中专、中技、职高
　　　　　　　5.高中　6.初中　7.小学　8.文盲或半文盲

A.6 所在单位:1.党政机关　2.企业单位　3.事业单位　4.社会团体
　　　　　　　5.个体经营　6.在校学生 7.离退休人员 8.其他

A.7 家庭总人口(常住人口与外出人口)_____ 人

A.8 家庭月平均收入(含工资性收入、家庭经营收入、财产性收入与转移支付收入等方面):_____元

A.9 家庭每月平均总支出:_____元

注意:

以下问项的回答,没有对错之分,您只要根据平时的想法和做法回答就行。1—10分的程度依次增加,6分为及格线。(如下图所示)

差/低　　　　　　　　　　及格　　　　　　　　　好/高

1　　　　　　　　　　6　　　　　　　　　10

B　质量安全与质量满意度调查

问项	选择分值
1. 所消费产品的总体安全性	1 2 3 4 5 6 7 8 9 10
2. 本地区产品质量的总体满意度	1 2 3 4 5 6 7 8 9 10
3. 对企业生产安全产品的信任度	1 2 3 4 5 6 7 8 9 10
4. 本地区食品的总体安全性	1 2 3 4 5 6 7 8 9 10
5. 本地区食品质量的总体满意度	1 2 3 4 5 6 7 8 9 10
6. 本地区粮食(米面等)安全性	1 2 3 4 5 6 7 8 9 10
7. 本地区粮食(米面等)质量的总体满意度	1 2 3 4 5 6 7 8 9 10

8. 本地区食用油的总体安全性	1	2	3	4	5	6	7	8	9	10
9. 本地区食用油质量的总体满意度	1	2	3	4	5	6	7	8	9	10
10. 本地区肉类的总体安全性	1	2	3	4	5	6	7	8	9	10
11. 本地区肉类质量的总体满意度	1	2	3	4	5	6	7	8	9	10
12. 本地区乳制品的安全性	1	2	3	4	5	6	7	8	9	10
13. 本地区乳制品质量的满意度	1	2	3	4	5	6	7	8	9	10
14. 本地区家用电器的总体安全性	1	2	3	4	5	6	7	8	9	10
15. 本地区家用电器质量的总体满意度	1	2	3	4	5	6	7	8	9	10
16. 本地区药品的总体安全性	1	2	3	4	5	6	7	8	9	10
17. 本地区药品质量的总体满意度	1	2	3	4	5	6	7	8	9	10
18. 本地区移动电话质量的总体满意度	1	2	3	4	5	6	7	8	9	10
19. 本地区电脑的总体安全性	1	2	3	4	5	6	7	8	9	10
20. 本地区电脑质量的总体满意度	1	2	3	4	5	6	7	8	9	10
21. 本地区日用消费品的总体安全性	1	2	3	4	5	6	7	8	9	10
22. 本地区日用消费品质量的总体满意度	1	2	3	4	5	6	7	8	9	10
23. 本地区化妆用品的总体安全性	1	2	3	4	5	6	7	8	9	10
24. 本地区化妆用品质量的总体满意度	1	2	3	4	5	6	7	8	9	10
25. 本地区儿童用品的总体安全性	1	2	3	4	5	6	7	8	9	10
26. 本地区儿童用品质量的总体满意度	1	2	3	4	5	6	7	8	9	10
27. 本地区服装的总体安全性	1	2	3	4	5	6	7	8	9	10
28. 本地区服装质量的总体满意度	1	2	3	4	5	6	7	8	9	10
29. 本地区汽车的总体安全性	1	2	3	4	5	6	7	8	9	10
30. 本地区汽车质量的总体满意度	1	2	3	4	5	6	7	8	9	10
31. 本地区电梯的总体安全性	1	2	3	4	5	6	7	8	9	10
32. 本地区电梯质量的总体满意度	1	2	3	4	5	6	7	8	9	10
33. 本地区农业生产资料的总体安全性	1	2	3	4	5	6	7	8	9	10
34. 本地区农业生产资料质量的总体满意度	1	2	3	4	5	6	7	8	9	10
35. 本地区服务质量的总体满意度	1	2	3	4	5	6	7	8	9	10
36. 对服务业从业人员的总体信任度	1	2	3	4	5	6	7	8	9	10
37. 本地区教育服务质量的总体满意度	1	2	3	4	5	6	7	8	9	10
38. 本地区医疗服务的总体安全性	1	2	3	4	5	6	7	8	9	10

39. 本地区医疗服务质量的总体满意度	1　2　3　4　5　6　7　8　9　10
40. 本地区公共交通的总体安全性	1　2　3　4　5　6　7　8　9　10
41. 本地区公共交通服务质量的总体满意度	1　2　3　4　5　6　7　8　9　10
42. 本地区物业服务质量的总体满意度	1　2　3　4　5　6　7　8　9　10
43. 本地区通讯服务质量的总体满意度	1　2　3　4　5　6　7　8　9　10
44. 本地区互联网服务质量的总体满意度	1　2　3　4　5　6　7　8　9　10
45. 本地区金融服务服务质量的总体满意度	1　2　3　4　5　6　7　8　9　10
46. 本地区工程的总体安全性	1　2　3　4　5　6　7　8　9　10
47. 本地区工程质量的总体满意度	1　2　3　4　5　6　7　8　9　10
48. 自住住宅的总体安全性	1　2　3　4　5　6　7　8　9　10
49. 自住住宅的质量总体满意度	1　2　3　4　5　6　7　8　9　10
50. 本地区道路的总体安全性	1　2　3　4　5　6　7　8　9　10
51. 本地区道路的质量总体满意度	1　2　3　4　5　6　7　8　9　10
52. 本地区公共建筑（如办公楼、学校、医院等）的总体安全性	1　2　3　4　5　6　7　8　9　10
53. 本地区公共建筑（如办公楼、学校、医院等）的质量总体满意度	1　2　3　4　5　6　7　8　9　10
54. 本地区环境的总体安全性	1　2　3　4　5　6　7　8　9　10
55. 本地区环境质量的总体满意度	1　2　3　4　5　6　7　8　9　10
56. 本地区水资源环境质量的总体满意度	1　2　3　4　5　6　7　8　9　10
57. 本地区空气环境质量的总体满意度	1　2　3　4　5　6　7　8　9　10
58. 本地区植被环境质量的总体满意度	1　2　3　4　5　6　7　8　9　10
59. 本地区声环境质量的总体满意度	1　2　3　4　5　6　7　8　9　10
60. 本地区土壤质量的总体满意度	1　2　3　4　5　6　7　8　9　10

C　质量公共服务调查

问项	选择分值
61. 本地政府企业质量安全监管的有效性	1　2　3　4　5　6　7　8　9　10
62. 对本地政府质量监管部门的信任度	1　2　3　4　5　6　7　8　9　10
63. 对本地政府对质量投入的重视程度评价	1　2　3　4　5　6　7　8　9　10
64. 本地政府打击假冒伪劣/专项整治的效果	1　2　3　4　5　6　7　8　9　10
65. 对本地政府质量诚信建设效果的评价	1　2　3　4　5　6　7　8　9　10

66. 本地政府对质量投诉的响应速度	1 2 3 4 5 6 7 8 9 10
67. 公民质量权益被政府重视的程度	1 2 3 4 5 6 7 8 9 10
68. 日常生活中买到假货/过期产品的可能性	1 2 3 4 5 6 7 8 9 10
69. 买到有瑕疵或者过期产品后,退换货的处理效果	1 2 3 4 5 6 7 8 9 10
(选择6分及6分以上者回答)70—1:处理效果好的最重要原因是(单选):	1)自身态度坚决,维权意识强 2)以相关行政部门的权威性或曝光处理对售卖方进行了威慑 3)售卖方有相应的较完善的退换货处理流程 4)政府质量监管部门的介入 5)新闻媒体的介入 6)其他
(选择6分以下者回答)70—2:处理效果不好的最重要的原因是(单选):	1)自身态度不坚决,维权意识弱 2)售卖方没有相应的退换货处理流程 3)难以寻求相关行政部门的帮助 4)难以寻求新闻媒体的帮助 5)其他
70. 政府对质量安全的预警效果	1 2 3 4 5 6 7 8 9 10
71. 政府对重大质量安全事件处理的及时性	1 2 3 4 5 6 7 8 9 10
72. 政府部门对质量违法者处罚的合理性	1 2 3 4 5 6 7 8 9 10
73. 对政府所发布质量信息的信任程度	1 2 3 4 5 6 7 8 9 10
74. 政府对质量信息的公开性	1 2 3 4 5 6 7 8 9 10
75. 发布质量信息的及时性(重大节假日、重大安全事件发生后等)	1 2 3 4 5 6 7 8 9 10
76. 政府发布的质量参考信息的方便性	1 2 3 4 5 6 7 8 9 10
77. 所发布质量信息对您消费的指导作用	1 2 3 4 5 6 7 8 9 10
78. 部门对质量受害者的保护力度	1 2 3 4 5 6 7 8 9 10
79. 政府进行质量的宣传与教育活动的力度	1 2 3 4 5 6 7 8 9 10
80. 消费者组织对消费者权益的保护效果	1 2 3 4 5 6 7 8 9 10

D　公民质量素质调查

问　项	选择分值
81. 对自己的质量意识评价	1　2　3　4　5　6　7　8　9　10
82. 企业能将质量信用放在首位的程度	1　2　3　4　5　6　7　8　9　10
83. 自己在日常工作中,宁愿亏本或多花些精力,也不投机取巧的可能性	1　2　3　4　5　6　7　8　9　10
84. 自己在完成某项具体工作或任务时,对标准和流程的重视程度	1　2　3　4　5　6　7　8　9　10
85. 企业对员工的质量素质的投入程度	1　2　3　4　5　6　7　8　9　10
86. 在工作和生活中会自觉检查的可能性	1　2　3　4　5　6　7　8　9　10
87. 在工作和生活中对事情后果的重视程度	1　2　3　4　5　6　7　8　9　10
88. 对于"质量好的产品,应付出更高的价格"这一说法的认同程度	1　2　3　4　5　6　7　8　9　10
89. 对常用质量知识(如 ISO 等机构、辨别真假常识、化学成分的危害性)的掌握程度	1　2　3　4　5　6　7　8　9　10
90. 对质量社会组织的了解程度	1　2　3　4　5　6　7　8　9　10
91. 对质量标识(如:QS、3C 等)的了解程度	1　2　3　4　5　6　7　8　9　10
92. 对所在单位质量保障能力的评价	1　2　3　4　5　6　7　8　9　10
93. 对"企业在质量安全中承担首要责任"的认同度	1　2　3　4　5　6　7　8　9　10
94. 对质量维权程序的了解程度	1　2　3　4　5　6　7　8　9　10
95. 公民个人素质对于质量的重要性	1　2　3　4　5　6　7　8　9　10
96. 购买东西前,了解该产品的有关质量信息的主动性	1　2　3　4　5　6　7　8　9　10
97. 对新闻媒体关于产品质量报道(曝光)的信任程度	1　2　3　4　5　6　7　8　9　10
98. 无意购买到假冒伪劣产品后,会举报的可能性	1　2　3　4　5　6　7　8　9　10
99. 无意购买到假冒伪劣产品后,您会退货的可能性	1　2　3　4　5　6　7　8　9　10
100. 消费以后留存发票(或者消费依据)的主动性	1　2　3　4　5　6　7　8　9　10
101. 使用当地质量投诉举报热线的主动性	1　2　3　4　5　6　7　8　9　10

附录 D

2013 年质量学术研究动态

本研究报告对 2013 年度全球范围内的质量及其相关论文的学术观点进行了研究归纳。文献主要来自 CNKI（中国知网）中的中国学术期刊网络出版总库，包括学术期刊、博硕士学位论文、会议论文、报纸、年鉴、专利、国内外标准、科技成果等中文资源以及 Springer 等外文资源。以 2013 年出版的重要学术期刊为研究对象，检索主题为"质量""产品安全""产品召回""供应链"等与质量相关的论文，剔除与主题无关的论文后，共获得论文 211 篇。

D.1 国内质量学术研究动态

2013 年国内质量领域学术研究大致可以归纳为质量安全、质量统计分析、供应链质量、质量能力提升以及发展质量五个方面。

D.1.1 质量安全

产品质量安全研究包括食品、药品、日用品、汽车等方面的质量安全研究，我们从食品安全、信息不对称、共同治理三个方面进行了归纳。

D.1.1.1 食品安全依然是学者关注的焦点

方伟等（2013）研究了食品企业质量控制动机及"优质优价"实现状态，进行分析后发现，品牌影响提升、产品销售额增加、产品单价上升、谈判实力增强等是当前农业龙头企业质量控制行为的主要动机和效果，指出销售总额、原料控制模式、企业产品出口与否、高层管理者年龄、高层管理者学识、企业产品质量竞争压力等是影响食品类龙头企业产品质量控制方面是否达到"优质优价"状态的关键因素。

柯文（2013）指出食品生产者和经营者见利忘义、法规制度不健全、监管体系不完善、执法监督不到位和惩治措施不给力等是食品安全屡禁不止的原因。

朱明春（2013）从发达国家和发展中国家不同发展阶段的重大食品安全事件入手，以历史的、国际的视野总结食品安全发展的阶段性特征和内在规律。通过分析发达国家不同阶段采取的食品安全治理策略，提出了适应我国现阶段食品安全和经济社会发展水平的政府管理构想，具体包括："零容忍"对待食品安全违法犯罪行为，赢得公众信心，平衡科学与价值观的选择，取得公众理解，主动告知食品安全风险，争取公众支持，提高违法犯罪成本，维护公众权益构想。

谢国娥（2013）运用恒定市场份额模型与各种指数从纵向、横向角度分析了我国食品贸易竞争力的变化状况，发现近些年我国食品贸易竞争力有衰退的趋势，提出通过完善法规、强化监管、统一标准、跟踪国际来增强我国食品贸易的国际竞争力。

王常伟(2013)提出了对低收入者补贴的政策选择,在此政策下,最优的食品安全规制水平将高于功利主义社会福利函数形式下的最优规制水平,改善了社会福利。

张金荣(2013)基于三城市公众食品安全风险感知状况的调查发现,公众对食品安全风险的感知存在着主观建构因素和人为放大效应,对多重食品安全风险的感知既存在着一致性也存在着分化性特征,对食品安全责任归咎存在着加重政府责任而相对弱化个人和企业责任的现象,指出政府应在科学全面地把握公众对食品安全风险感知的特点和规律的基础上,积极引导公众养成科学理性的风险意识,同时弱化风险的人为建构和放大效应。

李薇辉(2013)认为,政府管制规则失灵和政府管制执行失灵是食品安全问题产生的更深层次原因,并呼吁全社会营造"双灵"的市场环境,从根本上解决食品安全问题。

范春梅(2013)基于问题奶粉事件,剖析了该风险事件中公众的感知风险及其动态变化趋势,对比了不同细分人群的感知风险差异及其持久性变化情况,揭示了感知风险变化对公众应对行为和消费行为变化的影响,提出了食品安全管理建议。

尹金凤(2013)认为我国食品安全传播存在食品广告和节目传播缺乏伦理维度,食品安全新闻报道频现伦理冲突:新闻报道语言与食品安全语言内在规范冲突——污名化报道方式与企业健康发展冲突,虚假监督报道与建构媒体公信力冲突等诸多问题——对人们的饮食生活、媒体公信力建构以及社会发展都带来了诸多负面影响。

宋同飞(2013)认为政府是现代社会政治生活和公共生活的最大参与者与公共权力的拥有者。政府要在食品安全领域担负公共利益责任、监管责任与引导责任,并积极处理食品安全责任中的责任冲突。

王岳(2013)认为地方政府食品安全危机管理可以从三个方面着手:一是以合理的战略导向为指导确定政府发展战略方向和政府行为价值取向,建立健全的地方政府食品安全危机管理的价值体系;二是以科学的战略规划保障政府历史使命感、社会责任感和自身存在感的实现与增强;三是以符合国情时宜的战略形式树立并落实正确的政绩观和科学的发展观。

周应恒(2013)指出食品安全监管缺位、监管失范和监管低效等问题阻碍了我国食品安全监管绩效的改善。我国食品安全监管制度框架由监管体制与能力、监管机制和监管手段体系三部分构成。政府应创新食品安全监管制度、提高食品安全监管绩效、优化食品安全监管体制与食品安全监管机制,完善食品监管保障体系。

王常伟(2013)认为经济学者在食品安全规制政策的制定与实施中扮演着越来越重要的角色,标准的科学化、注重风险评估与一体化控制已成为全球规制的主要趋势。

涂永前(2013)指出食品安全问题需要更紧密的国际合作及全球治理,利用《国际卫生条例》协调食品安全与贸易自由冲突,突出食品安全的优先地位。针对我国现状,研究提出应在国内法中贯彻国际条约,减轻不安全食品对食品贸易产生的负面影响,提高中国食品标准。

D.1.1.2 从信息不对称角度研究质量安全是普遍的学术视野

潘丽霞(2013)提出政府应通过推进食品安全信息公开加强食品安全监管,确保食品标准的科学性,加强食品安全标准制定过程中的公众参与。

龚强(2013)指出强制企业揭示生产和交易中决定食品安全的关键环节的信息是提高食品安全的有效途径。规制者通过界定企业需要揭示哪些生产和交易环节的信息,能够为社会、第三方、相关监管部门提供监督的平台。揭示信息会增加单个企业的成本,但是整个行业的可信度得以提升,消费者支付意愿增加,最终行业利润提升,激励企业向更安全转型。

汪鸿昌(2013)发现,契约的不完全性致使传统信号发送和信息甄别制度对食品中的经验品和信任品失灵,但通过信息技术带来的信息透明和信息可追溯,可以部分解决不完全契约导致的问题。由此提出可以提高市场效率且改进社会福利的全供应链信息披露制度。

周小梅(2013)指出我国食品"人为污染"问题的原因包括:市场机制对食品安全的控制作用失灵;相关法律缺失及威慑力不足;GDP 政绩导向下的食品安全管制职能被"挤出"。

卓越(2013)基于我国监督资源的有限性、监管手段的软弱性以及风险监测的微观性和滞后性,指出利用构建预测性的食品安全监管风险评估体系来提高以抽查作为监管主要方式的现行监管体制的有效性。

D.1.1.3 质量安全的共同治理成为研究的一般性结论

刘亚平(2013)指出必须加强对大企业的监管能力,强化企业责任,组建中央垂直管理的风险评估机构,形成互补式监管网络以及调动社会力量分担食品监管责任来突破我国当前食品安全监管存在的困境。

王小龙(2013)指出可以通过建立举报制度、公众参与制度、强化违法者法律责任和尝试风险效益评估等方法,来解决中国当前食品安全风险管理存在的问题。崔焕金指出创设稳健制度环境并激励缔结多元混合合约是扭转私人治理低效的基本政策取向。

费威(2013)建立了以政府及其相关部门和以社会全体作为监管主体的两个模型,并对两个模型中抵销效应进行分析和比较,指出当食品安全问题导致的损失总和相对较小或者相对较大并严重到一定程度时,由社会全体作为食品安全的监管主体是更有效的。

王殿华(2013)从理论的角度对指导政府干预市场的不完全信息理论出现的谬误进行了修正,并在此基础上运用阶梯形曲线分析了政府在食品安全市场中的监管行为,指出政府的监管措施无法满足消费者多样化的需求是政府在食品安全市场上监管无效果的原因,提出能够使政府在食品安全市场中施行监管的政府、企业、消费者三方互动机制。

毛文娟(2013)提出社会利益框架的构建要从封闭走向开放,风险界定要从科学论证走向社会监督,监管机构要从困境突破走向能力建设,风险管理要重塑人的行为和价值观。

李名梁(2013)指出应进一步加强完善我国食品安全法律体系的构建,加大对企业伦理道德的研究,深入探讨消费者行为,加大食品安全危机公关、食品安全绿色物流与绿色供应链的研究以提高食品安全问题研究的针对性、实用性与前瞻性。

D.1.2 质量统计分析

D.1.2.1 质量研究开始侧重于宏观性和区域性的质量状况统计

徐玲玲(2013)通过对江苏省苏州、南通和淮安三个市657个消费者的实证调查,研究了消费者对食品添加剂安全风险的感知与影响因素。周国富通过设计一套较为系统且可操作性强的季度GDP评估指标体系,运用空间面板数据模型对各省区的季度GDP数据质量进行了实证检验。

朱子云(2013)引入效率体现式技术进步概念,以资本生产率与劳动生产率的综合指数来体现总体技术进步水平,构建经济增长中资本规模、劳动力规模和总体技术进步三因素贡献的分解模型,并利用中国1980—2010年的时间序列数据,对期间的技术进步贡献及其结构进行了实证分析。

林竹(2013)为衡量新生代农民工的就业质量进而对国家制定相关政策提供参考,对江苏省八个城市的735份调查问卷进行因子分析,得出新生代农民工就业质量的七个因子,即心理感受、工作与家庭和谐、工资收入、获取帮助、就业歧视、参与管理以及健康安全。并在性别、教育程度、单位性质以及行业间进行就业质量对比,从政府、企业和农民工自身三个方面提出提高新生代农民工就业质量的对策措施。

王欣(2013)依据陕西、山西、湖南、湖北、广西等10省份的农民工调查数据,在推导出农民工收入效用普适性公式的基础上,利用Logit模型对影响农民工收入质量的因素进行实证分析。袁晓玲构建了包含经济、社会、人口、资源与环境的城镇化可持续发展的评价指标体系,利用熵值法对陕西省2001—2010年的数据进行了综合分析,反映了陕西省城镇化可持续发展的动态过程,并认为陕西省城镇化可持续发展水平还处于很低的水平,原因在于社会、资源与环境问题严峻。

解佳龙(2013)以产业评价"三力模型"为依据,从自主创新力、效益贡献力、国际竞争力三个维度设定了评价指标体系,采用突变级数法构建了中心城市发展质量评价模型,并对全国4个直辖市和15个副省级城市的发展质量进行综合测算与三维空间散点聚类分析。

晏艳阳(2013)基于2006—2010年中国大陆30个省份的面板数据,采用DEA-Tobit二阶段模型核算并解释各省级政府财政支出在缩小城乡生活质量差距上的效率。

吕雄鹰(2013)借鉴"压力—状态—响应"(PSR)模型构建了一个包含自然环境、能源消耗、社会发展三个方面共20个指标的生态环境质量评价体系,并运用主成分分析法对我国生态环境质量综合指数进行测算。结果表明:从1991—2010年我国生态环境质量压力指数呈现出先上升后下降的趋势,生态环境质量状态和响应综合指数呈下降趋势,而生态环境质量综合指数则呈现出先上升后下降的趋势。

袁晓玲(2013)从空气、水、废弃物、垃圾、噪声、土壤6个方面构建包含11个指标的环境质量综合评价体系,采用基于整体差异驱动的"纵横向拉开档次"评价方法,从不同角度对全国30个省区2003—2010年的环境质量进行动态综合评价。

D.1.2.2 基于大数据统计的研究范式开始进入质量研究领域

方伟(2013)以 300 家国家级食品类农业龙头企业调研数据为样本,研究我国食品企业质量控制动机及"优质优价"实现状态。

陈伟(2013)通过引入关系质量这一中介变量,构建了供应链伙伴特性、关系质量对跨企业知识交易影响的概念模型。利用结构方程模型结合 256 家供应链上下游企业的调查数据对上述概念模型进行了实证研究。

许永兵(2013)从对河北省近 14 年的经济发展质量综合评价以及包括河北省在内的 10 个省市经济发展质量比较分析来看,河北省的经济发展质量存在产业结构不合理且层次低、最终需求结构不合理、高新技术产业薄弱、资源消耗大、民生改善需进一步加强等问题。

罗若愚(2013)将产业转移引入地方政府竞争分析框架,阐述了承接产业转移中地方政府竞争的动力机制。然后通过面板数据模型,分析了我国西部地区承接地政府竞争诸问题。

杨晓丽(2013)从 FDI 质量角度出发,使用我国 1998—2008 年省级动态面板数据考察了地方政府引资优惠竞争对 FDI 质量及 FDI 经济增长效应的影响。

魏后凯(2013)在对城镇化质量内涵进行界定的基础上,从城市发展质量、城镇化效率和城乡协调程度三个维度,构建了包含 34 个指标的城镇化质量综合评价指标体系,并基于 2010 年的系统数据,对 286 个地级及以上城市的城镇化质量进行了评价。

何平(2013)对以往研究进行了综述,建立了中国城镇化质量评价指标体系,并对全国及 31 个省市的城镇化质量进行了评价分析。

赵洪峰(2013)在以往研究和实地调查的基础上,从栖息地、食物和人为干扰三个角度选择了与朱鹮栖息地质量密切相关的 12 个主要环境因子作为评价指标,应用层次分析法(AHP)对 12 个影响因子进行两两比较并赋予权重和分值以建立朱鹮栖息地质量评估体系,应用这个评价体系对两处栖息地质量进行了评价。

咸会琛(2013)通过问卷调查,获得了青岛市居民的空气质量意识和对空气质量改善的支付意愿的相关数据。引入人口统计变量、经济变量和空气质量意识变量,建立 Logit 模型分析了影响是否支付的因素;再利用 Tobit 模型,并采用更适合误差项非正态分布和异方差的对称修剪最小二乘法(STLS)进行估计。

曹怀术(2013)在介绍了多项式概率模型及其层次贝叶斯估计方法后,利用问卷数据研究了北京市公众(大学生群体)对于改善长期空气质量的支付意愿。

D.1.3 供应链质量管理

D.1.3.1 农产品供应链质量管理成为学者研究的重点

代文彬(2013)建构了食品供应链透明的理论分析框架,使消费者、政府、企业成为食品供应链透明的主要驱动主体,促进食品质量安全标准、信息技术平台、供应链治理结构三方面主要保障条件的完善。

彭建仿(2013)建立了以企业与农户关系优化为导向的关系治理机制,强化安全农产品供应链源头治理。费威构建了新型以龙头企业为核心的食品供应链模式。

贺华丽(2013)构建了由市场准入、多级检测、信息追溯三个流程整合而成供应链封闭化运行模式。结合调查数据,从外在推力、市场拉力及企业自身三个方面对实施障碍进行了剖析,从政府和企业两个角度提出了推进实施超市农产品供应链封闭化运行模式的政策建议。

陆彬(2013)提出应使供应链内部生产、加工、包装、运输、配送、销售到消费每一个环节协同,加强供应链外部的法律、行政和技术等层面的监督。

张东玲(2013)从质量安全的视角,针对农产品供应链的质量控制与风险评估问题,构建农产品供应链的质量系统集成结构,然后根据良好农业规范标准建立农产品供应链质量安全风险评估指标体系,采用语言信息处理方法,将对呈现出面板数据特征的评价信息进行有效集结,进行质量安全风险预警。

祝捷(2013)指出基于乳制品供应链的构成与运行特征,改革乳制品监管方法可以采取构建对称型供应链、统一乳制品安全监管机构、建立基于双重检验的信任符号提供机制以及引入消费者参与机制等措施。

潘丽霞(2013)指出食品安全信息公开既是政府的一种义务亦是一种权力,政府在食品安全监管工作中具有信息获取权与发布权。食品安全日常监管信息、食品安全风险评估、风险警示信息、食品生产的供应链信息以及食品安全事故信息等是食品安全信息公开的肯定性范围。

D.1.3.2 更深入开展了供应链中各主体之间的博弈行为研究

朱立龙(2013)基于博弈论和委托代理理论,研究在两级供应链中质量控制契约的设计,运用最优化原理,建立生产商和购买商的期望收益函数模型。

陈伟(2013)引入关系质量作为中介变量,构建了供应链伙伴特性、关系质量对跨企业知识交易影响的概念模型,利用文化相容、资源依赖和知识距离。

张东玲(2013)根据农产品供应链的质量系统集成结构,建立了农产品供应链质量风险评估的系统方法。常广庶提出企业应当按照 ISO 26000 的社会责任思想来影响和规范供应链质量控制体系,使所有供应链成员企业都能够主动参与质量工作,并对整个供应链体系进行有效的质量监督与控制。

D.1.4 质量能力提升

D.1.4.1 强调通过标准的竞争提高质量能力

程虹(2013)提出我国现行标准体制的根本问题是制定者与使用者在利益上缺乏高度的一致性,存在强制与自愿、稳定与变动、制定和执行的利益冲突,应该建立由政府标准和团体标准(包括联盟标准)共同构成的国家标准体系,实现政府标准制定主体与社会标准制定主体的共建、政府标准与团体标准的共治、标准基础性功能与创新性功能的共享。

廖丽(2013)认为法律通过权利义务的设置对质量安全事件具有预防和惩戒功能,而标准则是保证我国质量安全的技术支撑,两者在维护市场秩序和社会稳定方面,特别是质量安全方面,起着不可替代的作用。标准作为一种软法,提供了硬法通常欠缺的灵活性、合意性、选择性和自我约束性,软法标准所倡导的价值在质量安全治理中发挥着硬法不能替代的作用,标准与法律在质量的公共治理中发挥着相辅相成、协同共生的作用。

陶忠元(2013)通过引入双寡头市场分析,在综合考察"标准产品"用户和质量的基础上,发现转换成本对用户临界规模及其稳定性有重要影响,较高质量的"标准产品"会在临界规模方面具备一定的优势。

周勤等(2013)认为在网络外部性条件下,当标准的质量领先超过临界时,在市场规模足够大的情况下,后发技术在面对现有技术时也可以成为事实标准,使我国凭借技术优势能够在国际标准竞争中取得胜利,将更多的自主标准推行为国际标准。

孙秋碧等(2013)则从标准联盟所有权控制的角度进行分析,认为标准联盟的核心在于利益分配,选择不同所有权控制模式的共同目标都是如何协调联盟合作成员相互之间的利益关系,使各个能力互补的独立组织或企业形成有效的合作,从而形成联盟竞争优势;通过对技术标准联盟治理中控制权的配置与决策的分析,认为共同控制模式是实现联盟成员企业之间按充分知识共享的唯一决策模式。

D.1.4.2 着重于质量文化的构建对质量能力提升的研究

张星久(2013)认为,忠诚、服从、合作、求精、敬业等观念的文化土壤创造了日本的质量奇迹。他认为好的制度既能对人形成一种外在的控制力,又能对人形成一种激励机制,而好的质量又源于整体层次功能的发挥,日本质量的成功是宏观政府规制、中观企业制度以及深层文化传统共同作用并且长期坚持的结果,这三个层次的有序存在和相互作用,共同推动了日本质量。企业的信用是质量文化的重要体现,质量信用是企业信用的重要组成部分。

熊伟等(2013)认为质量信用评价体系的建立,对于准确评价企业的质量信用水平,进而预防质量信用风险具有重要意义,他基于浙江省456家制造业的实证分析,通过理论分析和实证遴选,从"企业质量信用品质"和"企业质量信用能力"两个维度,建立了包含11项指标的质量诚信评价指标集,完成了质量诚信评价体系建设的基础性工作。

张永忠(2013)提出了基于信誉的产品质量风险评估模型,来更准确和公正地引导客户网上购物。许月恒等构建了包括专业技能、企业声誉、企业承诺和沟通4个要素的物流服务品牌概念模型,通过对物流行业的客户进行问卷调查,运用结构方程模型展开实证研究,指出声誉对质量感知有显著影响,专业技能和承诺对客户信任有显著影响,沟通对质量感知和客户信任均具有显著影响。

D.1.4.3 引入认证、收入分配结构、直接投资等研究角度观察质量能力的提升

邓少军(2013)从农产品的角度出发,认为在农产品市场中信息不对称的特点尤为明显,农产品认证作为解决市场中农产品信息不对称的措施,对提高农产品质量具有极大的优势。

朱丽莉(2013)认为由于农产品生产企业与认证机构的博弈模型存在纳什均衡,农产品存在虚假认证行为,为提高农产品质量认证有效性,应不断优化农产品质量认证制

度、加大政府对认证机构监管频率与违规处罚力度、健全农产品安全事件的信息披露制度以及农产品质量认证标准等。有学者研究收入分配如何提升产品质量能力。

文建东(2013)认为"假冒伪"的产品质量缺陷与信息不对称有关,但是"劣"的产品质量缺陷是由收入水平和生产力决定的,他认为中国现阶段产品质量问题产生的根本原因在于经济发展程度不够和收入分配不平等。因此,要想从根本上解决产品质量问题,一方面需要改善收入的初次分配,从而降低产品成本,增加低收入群体对高质量产品的购买能力;另一方面需要采取特定方式的收入再分配改善措施,从需求层面减少劣质产品的比例。

李坤望(2013)认为在国际贸易中,我国正在从没有资本、技术主要依靠大规模廉价劳动力获取贸易利益的初期发展阶段向自主创新、提升出口产品质量升级的长期发展阶段转变,对于资本密集型行业和高外资进入行业而言,外商直接投资(FDI)的存在有利于出口产品质量升级。而劳动密集型行业和低外资进入行业中,外商直接投资(FDI)的存在不利于出口产品质量升级。此外,研发密度、人均工资等也对出口产品质量升级起到积极的作用,而资本劳动比的影响则恰好相反。

D.1.5 发展质量

D.1.5.1 以质量强国为重点的发展研究取得系列成果

程虹(2013)提出独特的"大国质量"和过渡的"转型期质量"是我国面临的特殊质量国情,而复杂的"大数据质量"对我国的质量管理来说既是机遇也是挑战,面对着"大国"与"转型"叠加的现实国情,加快建设质量强国,必须继续深化改革,创新质量治理模式,构建政府主导的多方参与质量治理模式。

程虹(2013)提出了质量强国的战略框架,并依据这一战略框架,重点研究了影响质量强国战略实施的必要性、环境、目标、内容、市场、社会和政府等10个方面的重大问题,从而建立了通过质量实现强国目标的基本理论、逻辑关系、路径方法与制度体系,得出质量强国战略框架的实现模型。

D.1.5.2 经济增长质量研究突出宏观调控和结构调整

任保平(2013)在理论上探讨国际收支失衡与经济增长质量之间的相互关系,对数据的实证检验表明中国国际收支失衡通过宏观经济稳定性影响经济增长质量的变化,国际收支失衡与经济增长质量负相关,因此调节国际收支失衡有利于促进宏观经济稳定和经济增长质量的提高。

罗若愚(2013)等从产业转移和地方政府竞争的角度论述了西部地区的经济增长,将产业转移引入地方政府竞争分析框架,阐述了承接产业转移中地方政府竞争的动力机制。

罗文(2013)从工业发展质量的角度论述了经济增长质量,他认为,随着深层次问题和矛盾的不断凸显,加快向质量效益型发展模式的转变势在必行,因此需要构建一套科学合理的指标体系,来客观反映和评价工业发展的质量,引导并推动工业结构优化升级,实现发展方式的根本性转变。

黄志基(2013)则从制造业创新投入的角度论述了经济增长质量。他认为在我国现有的经济体制环境下,创新投入有利于经济增长水平的提升。因此,我国城市经济增长质量的提升依赖于创新投入的增长,要通过各种方式促进城市制造业企业的创新活动。在提高创新投入的基础上,要提高城市创新投入的多元化,促进产业间创新活动溢出效应,支撑城市整体经济发展质量的提升,而各城市或地区应充分利用技术进步带来的空间溢出效应,积极融入我国区域经济增长的总体布局中。

D.1.5.3 城镇化质量研究的重点是构建质量评价指标体系

郭叶波(2013)认为有关城镇化质量评价的理论基础还十分薄弱,其中一个最为基本的问题是尚未对城镇化质量的本质内涵形成共识,因此学者们都是以城镇化质量的内涵为指导来建立指标体系。

何平(2013)认为城镇化质量是指城镇化发展的综合水平,同时还包括其发展的集约性、公平性(均等化)和可持续性,他据此建立包含人口就业、经济发展、社会发展、公共安全、居民生活、资源环境和城乡一体化共 7 个一级指标的指标体系,并考虑到数据的可得性选取了 29 个二级指标。

中国社科院"城镇化质量评估与提升路径研究"创新项目组(2013)在对城镇化质量内涵进行界定的基础上,从城市发展质量、城镇化效率和城乡协调程度三个维度,构建了包含 34 个指标的城镇化质量综合评价指标体系,并基于 2010 年的系统数据,对 286 个地级及以上城市的城镇化质量进行了评价。

D.1.5.4 空气质量成为环境质量研究的重点

李健军(2013)具体分析了 PM2.5 的污染问题,认为有关 PM2.5 的污染问题,同时也是区域性复合大气污染问题,PM2.5 显著影响我国东部和中部城市群的环境空气质量,特别是在人口密集的超大城市及其周边地区,影响尤其突出,形成大范围区域尺度影响规模。

韩文科(2013)认为我国空气质量日益恶化的主要原因在于城市化发展质量严重滞后,表现为城市经济结构和能源结构长期不合理、机动车排放控制不力、大气污染防治措施不到位以及城市周边区域发展严重不平衡。下一步我国必须通过转变经济发展方式、优化能源结构等措施大幅度提高城市能源的清洁化率。

陈潇君(2013)则认为煤炭消费总量大、地区分布不均衡、消费结构不合理及技术水平低等因素,造成了严重的大气污染问题,为了改善城市及区域的空气质量,需要推动能源生产和消费的革命。支付意愿是公众改善环境之意愿的最直接体现,通过问卷调查的形式,可以具体了解公众对于改善长期空气质量的支付意愿。

咸会琛(2013)对青岛市居民的空气质量意识和对空气质量改善的支付意愿的调查显示,空气质量意识对是否愿意支付的影响最大,而收入水平对支付数额的影响最大,居民目前对改善空气质量的总支付意愿为每年 11.84 亿元,并且随着收入水平和空气质量意识的提高会不断增加。

曹怀术(2013)通过对北京市公众(大学生群体)进行问卷调查的数据显示,为了在 20 年内北京市空气质量良级天数(API < 100)达到 90% 以上,公众的支付意愿为未来 5

年 47 元/人/月,支付意愿随时间的贴现率大约为 3.8%。

D.2　国外质量学术研究动态

国外学者对于质量领域的研究主要从微观角度入手,大致上可以分为供应链质量、产品质量缺陷和召回、产品标准三个方面。

D.2.1 产品供应链质量

Pharmaceutical Supply Chain Networks with Outsourcing under Price and Quality Competition (Nagurney, Anna, et al. ,2013)利用数学模型构建出最佳制造或购买决策的模型,并建立博弈论模型,管理供应链间随产品流、质量水平及价格演变的动态调整过程各个平衡条件。

Quality Control and Supply Chain Management:A Contextual Perspective and A Case Study (Jraisat, Luai, E. , et al. ,2013)探讨了供应链中质量控制(QC)的因素,用概念框架帮助管理者理解供应链质量控制的因素。

Contract Design for Two stage Supply Chain coordination:Integrating Manufacturer-quality and Retailer marketing Efforts(Ma, Peng, et al. ,2013)提出要关注控制社会和环境方面的客户和标准化计划的不断增长的期望值,重视可持续供应链管理(SSCM)。

Fresh product Supply Chain Management with Logistics Outsourcing (Cai, Xiaoqiang, et al. , 2013)构想了一个供应链,并为供应链的三个成员得出最优决策,提出了一个激励方案以协调供应链,力争消除三层供应链中存在"双重边缘化"的两个来源,并诱导供应链三方的协调行动。

Supply Chain Quality Management Practices and Performance:An Empirical Study (Zeng, Jing, et al. ,2013)提出了一个概念模型,用以研究供应链质量管理(SCQM)的三个维度以及对两种类型质量绩效(一致性品质、客户满意度)的影响。研究发现,下游QM 可以调和内部 QM 与客户满意度的关系,而上游 QM 对两种质量绩效没有直接影响。认为内部质量管理在供应链质量管理中占主导地位,下游质量管理可以调和内部QM 与客户满意度的关系。

D.2.2 产品召回和产品缺陷

The Effects of Automobile Recalls on the Severity of Accidents (Bae, Yong Kyun, et al. ,2013)通过调查研究美国汽车召回的数量后发现,如果在第一年发出了召回模型,那么其后一年中交通事故受伤的严重程度将会连续减小,这是在不受召回的汽车中找不到的。这一方面是因为汽车的缺陷在不断被修复,另一方面也因为驾驶员们在此期间更谨慎地驾驶。为了最大限度地减小有缺陷汽车在行驶过程中带来的损失,需要快速及时地召回这些车辆,并将更多的细节信息推送给这些车辆的车主。

Sudden Unintended Used Price Deceleration? The 2009 - 2010 Toyota Recalls (Hammond, Robert G. ,2013)使用从车辆转售市场获得的数据,测试了消费者对于安全问题

所引起大规模产品召回的反应。将丰田车的二手车价格与其他国内外各大厂家的二手车价格进行对比。发现企业声誉在很大程度上建立在高质量产品的声誉上。

Traceability, Recalls, Industry Reputation and Product Safety（Pouliot, et al. ,2013）就如何通过增强可追溯性、限制召回规模来保护行业声誉进行了研究,并通过研究某个竞争行业中一部分相同的小型农场,展示了可追溯性与食品安全级别之间的关系,并通过集体行为来设置规范和标准。此外,也有学者研究了产品缺陷。

Linking Cyclicality and Product Quality（Sosa, Manuel, E. , et al. ,2013）研究了架构决策对产品缺陷水平的影响,为产品质量与周期性(组件对其他组件的依赖程度)之间的关系提供了实证证据。

D. 2.3 产品标准

Adoption of Food Safety and Quality Standards among Chilean Raspberry Producers-Do Smallholders Benefit? (Handschuch, Christina, et al. ,B2013)研究了食品质量和安全标准在国际市场对农民在全球生产和销售中的影响,使小规模生产的农民受益于使用标准化带来的更好的市场准入和技术升级,且识别了食品安全和质量认证标准如何影响智利覆盆子农民的农场管理和收入的几个因素。

Guiding Criteria for Hygienic Design of Food Industry Equipment (Costa, Carlos, Alberto,et al. , 2013)认为食品工业设备设计应考虑除了性能、成本和质量要求以外,还要进一步关注卫生和食品方面安全。文章讨论了信息与卫生方面如何被用作食品工业设备设计取向标准。这项研究是基于专业文献和国家及国际标准建立估值卫生标准设计,建立了 85 项标准。

Standards Battles in China：Opening up the Black Box of the Chinese Government(Van de Kaa, Geerten, et al. ,2013)等专注于中国标准之争的研究,并通过研究标准之争的案例,开启了政府的黑箱,找到了整体上降低强制实施标准化政策效果的政府内部矛盾与竞争的方法。

Generic Definition of Standardization and the Correlation between Innovation and Standardization in Corporate Intellectual Property Activities(Tamura,Suguru,2013)探讨了在标准化的定义及在日本标准化与企业创新精神的数据相关性。通过计量分析,测试了标准化定义基础的有效性:策划、谈判和支持,指出在日本电机行业的案例中,在企业创新与和知识产权相关的标准化活动之间,存在着显著的正相关关系。

Academic Institutions in Search of Quality：Local Orders and Global Standards (Paradeise,et al. ,2013)研究了有助于建立一个更广泛的组织性研究议题:在软实力压力下明显提高标准的全球环境中,本地订单如何应对处理市场与层次结构动态。这一研究质疑了"铁笼"假说的影响,并指出实际上多样性与标准化共存。

参考文献

[1]曹怀术、廖华:《公众改善环境之意愿的层次贝叶斯分析》,《管理学报》2013年第2期。

[2]常广庶:《社会责任思想在供应链质量控制中的应用》,《上海管理科学》2013年第1期。

[3]陈伟、张旭梅:《供应链伙伴特性对跨企业知识交易影响路径的实证研究——基于关系质量的中介效应》,《商业经济与管理》2013年第1期。

[4]陈潇君、孙亚梅、杨金田、雷宇:《构建区域煤炭消费总量控制框架》,《环境保护》2013年第8期。

[5]陈昕洲:《环境质量满意度影响因素研究》,《宏观质量研究》2013年第1期。

[6]程虹:《2012年中国质量状况——消费者感知与模型构建》,《宏观质量研究》2013年第1期。

[7]程虹、陈昕洲、罗连发:《质量强国若干重大问题研究》,《宏观质量研究》2013年第3期。

[8]程虹、李丹丹:《加快建设质量强国》,《人民日报》2013年7月10日第7版。

[9]程虹、刘芸:《利益一致性的标准理论框架与体制创新——"联盟标准"的案例研究》,《宏观质量研究》2013年第2期。

[10]崔焕金、李中东:《食品安全治理的制度、模式与效率:一个分析框架》,《改革》2013年第2期。

[11]代文彬、慕静:《面向食品安全的食品供应链透明研究》,《贵州社会科学》2013年第4期。

[12]邓少军、樊红平:《农产品质量安全信息不对称与农产品认证》,《中国农业资源与区划》2013年第1期。

[13]杜仪方:《建立综合性食品安全法律责任体系——关于〈食品安全法〉法律责任修订的若干意见》,《宏观质量研究》2013年第2期。

[14]范锐敏:《中国消费者组织质量社会监督职能的消费者评价——基于我国宏观质量观测数据的实证分析》,《宏观质量研究》2013年第2期。

[15]方伟、梁俊芬、林伟君、万忠:《食品企业质量控制动机及"优质优价"实现状态分析——基于300家国家级农业龙头企业调研》,《农业技术经济》2013年第2期。

[16]费威、夏春玉:《以龙头企业为核心的食品供应链安全问题研究——以"速成鸡"事件为例》,《价格理论与实践》2013年第1期。

[17]龚强、张一林、余建宇:《激励,信息与食品安全规制》,《经济研究》2013年

第3 期。

　　[18] 龚向前:《技术性国际争端解决的"全球行政法"思路——基于 WTO 食品安全案例的分析》,《华东政法大学学报》2013 年第 1 期。

　　[19] 郭而郅、郭文生:《天津:新型防治措施着力解决大气污染》,《环境保护》2013年第 5 期。

　　[20] 郭叶波:《城镇化质量的本质内涵与评价指标体系》,《学习与实践》2013 年第 3 期。

　　[21] 郭叶波、魏后凯:《中国城镇化质量评价研究述评》,《中国社会科学院研究生院学报》2013 年第 2 期。

　　[22] 韩文科、朱松丽、高翔、姜克隽:《从大面积雾霾看改善城市能源环境的紧迫性》,《价格理论与实践》2013 年第 4 期。

　　[23] 何平、倪苹:《中国城镇化质量研究》,《统计研究》2013 年第 6 期。

　　[24] 贺华丽、苟建华:《超市农产品供应链封闭化运行模式研究》,《财经论丛》2013年第 3 期。

　　[25] 黄志基、贺灿飞:《制造业创新投入与中国城市经济增长质量研究》,《中国软科学》2013 年第 3 期。

　　[26] 贾国栋:《对我国特种设备检验监管的思索——基于新公共管理理论的视角》,《宏观质量研究》2013 年第 2 期。

　　[27] 姜百臣、朱桥艳、林利:《客家文化导向下的梅州旅游景区农村居民感知与态度分析》,《南方农村》2013 年第 5 期。

　　[28] 解佳龙、雷殷:《基于"三力"突变级数的中心城市发展质量差异化比较研究》,《中国科技论坛》2013 年第 1 期。

　　[29] 琚磊、李勇:《完善产品召回的致力之点》,《理论探索》2013 年第 3 期。

　　[30] 柯文:《食品安全是世界性难题》,《求是》2013 年第 11 期。

　　[31] 李丹丹:《政府质量监管满意度影响因素——基于质量观测数据的分析》,《宏观质量研究》2013 年第 1 期。

　　[32] 李酣:《从市场失灵到政府失灵——政府质量安全规制的国外研究综述》,《宏观质量研究》2013 年第 2 期。

　　[33] 李酣:《中国政府质量安全责任的消费者评价及影响因素——基于 2012 年全国调查问卷的实证研究》,《宏观质量研究》2013 年第 1 期。

　　[34] 李酣、马颖:《过度问责与过度规制——中国质量安全规制的一个悖论》,《江海学刊》2013 年第 5 期。

　　[35] 李鸰、宋华琳:《中国药品监管收费制度及其改革》,《宏观质量研究》2013 年第 2 期。

　　[36] 李健军:《PM2.5 监测能力建设与重点区域大气污染防治》,《环境保护》2013年第 5 期。

　　[37] 李景平:《山西:强力攻坚换来三晋蓝天白云》,《环境保护》2013 年第 5 期。

［38］李娟伟、任保平:《国际收支失衡、经济波动与中国经济增长质量》,《当代财经》2013 年第 1 期。

［39］李坤望、王有鑫:《FDI 促进了中国出口产品质量升级吗? ——基于动态面板系统 GMM 方法的研究》,《世界经济研究》2013 年第 5 期。

［40］李名梁:《我国食品安全问题研究综述及展望》,《西北农林科技大学学报(社会科学版)》2013 年第 3 期。

［41］李腾飞、王志刚:《食品安全监管的国际经验比较及其路径选择研究——一个最新文献评介》,《宏观质量研究》2013 年第 2 期。

［42］李婷婷、李艳军:《产品伤害危机研究述评》,《经济问题探索》2013 年第 4 期。

［43］李勇建、许磊、杨晓丽:《产品预售、退货策略和消费者无缺陷退货行为》,《南开管理评论》2013 年第 5 期。

［44］廖丽:《中国消费者权利保护现状研究——以联合国〈保护消费者准则〉为基准》,《宏观质量研究》2013 年第 1 期。

［45］廖丽、程虹:《法律与标准的契合模式研究——基于硬法与软法的视角及中国实践》,《中国软科学》2013 年第 7 期。

［46］林竹:《新生代农民工就业质量测量与分析》,《贵州社会科学》2013 年第 1 期。

［47］刘辉:《技术标准下的专利池对我国企业自主创新机制的影响研究》,《科技管理研究》2013 年第 4 期。

［48］刘慧:《产品质量升级的出口效应分析——基于企业异质性视角》,《西安电子科技大学学报(社会科学版)》2013 年第 3 期。

［49］刘鹏:《省级食品安全监管绩效评估及其指标体系构建——基于平衡计分卡的分析》,《华中师范大学学报(人文社会科学版)》2013 年第 4 期。

［50］刘鹏:《风险程度与公众认知:食品安全风险沟通机制分类研究》,《国家行政学院学报》2013 年第 3 期。

［51］刘三江:《顶层设计视角下的特种设备检验体制改革研究》,《宏观质量研究》2013 年第 2 期。

［52］刘亚平:《英国现代监管国家的建构:以食品安全为例》,《华中师范大学学报(人文社会科学版)》2013 年第 4 期。

［53］刘芸:《中国医疗服务质量核心影响因素:技术还是功能?》,《宏观质量研究》2013 年第 1 期。

［54］陆杉、瞿艳平:《论农产品供应链的质量安全保障机制》,《江汉论坛》2013 年第 3 期。

［55］罗连发:《我国存在城乡产品质量二元性吗? ——基于我国宏观质量观测数据的实证分析》,《宏观质量研究》2013 年第 1 期。

［56］罗若愚、张龙鹏:《地方政府竞争、产业转移与我国西部经济增长》,《理论讨论》2013 年第 3 期。

［57］罗文、徐光瑞:《中国工业发展质量研究》,《中国软科学》2013 年第 1 期。

［58］罗英:《共享与善治:质量公共服务对质量监管效果的影响——基于我国宏观质量观测数据的实证分析》,《宏观质量研究》2013 年第 1 期。

［59］罗英:《基于共享权的共治型社会管理研究》,《法学论坛》2013 年第 1 期。

［60］吕雄鹰:《我国生态环境质量的统计测算》,《统计与决策》2013 年第 6 期。

［61］毛文娟:《环境安全与食品安全风险的利益框架和社会机制分析》,《经济问题探索》2013 年第 2 期。

［62］彭建仿:《安全农产品供应链源头治理——从关系优化与界面规则的视角》,《云南社会科学》2013 年第 2 期。

［63］邱晓燕、施显东、李宁、李宝珠:《食品安全监管政策研究》,《经济问题探索》2013 年第 4 期。

［64］冉小霞:《重庆:继续实施"蓝天行动"再创主城蓝天历史新高》,《环境保护》2013 年第 5 期。

［65］任保平、郭晗:《经济发展方式转变的创新驱动机制》,《学术研究》2013 年第 2 期。

［66］宋海英:《质量安全标准的贸易效应分析:以浙江食品出口日本为例》,《华东经济管理》2013 年第 5 期。

［67］宋同飞:《食品安全中的政府责任研究》,《湖南科技大学学报(社会科学版)》2013 年第 1 期

［68］隋军:《SPS 措施通报应用的发展及对中国的启示》,《暨南学报(哲学社会科学版)》2013 年第 8 期。

［69］孙秋碧、任劭喆:《基于技术标准化的技术创新演进路径构建与协调》,《求索》2013 年第 10 期。

［70］孙秋碧、任劭喆:《技术标准联盟治理中控制权的配置与决策》,《东南学术》2013 年第 5 期。

［71］孙树垒、吴士亮、孟秀丽:《产品质量保险作用下的质量控制策略分析》,《工业技术经济》2013 年第 11 期。

［72］唐良富、唐榆凯、杨德屏、张旻旻、丁萍、姚波:《美国创新战略(2011)中标准发展布局分析》,《科技管理研究》2013 年第 9 期。

［73］陶忠元、张红旗:《"标准产品"竞争双寡头市场消费者均衡分析》,《商业研究》2013 年第 4 期。

［74］涂永前:《食品安全的国际规制与法律保障》,《中国法学》2013 年第 4 期。

［75］汪鸿昌、肖静华、谢康、乌家培:《食品安全治理——基于信息技术与制度安排相结合的研究》,《中国工业经济》2013 年第 3 期。

［76］王常伟、顾海英:《基于委托代理理论的食品安全激励机制分析》,《软科学》2013 年第 8 期。

［77］王常伟、顾海英:《食品安全:挑战、诉求与规制》,《贵州社会科学》2013 年

第 4 期。

［78］王殿华、苏毅清:《食品安全市场监管效果的检验及分析》,《软科学》2013 年第 3 期。

［79］王殿华、翟璐怡:《全球化背景下食品供应链管理研究——美国全球供应链的运作及对中国的启示》,《苏州大学学报(哲学社会科学版)》2013 年第 2 期。

［80］王冀宁、缪秋莲:《食品安全中企业和消费者的演化博弈均衡及对策分析》,《南京工业大学学报(社会科学版)》2013 年第 3 期。

［81］王金南、曹国志、曹东、於方、毕军:《国家环境风险防控与管理体系框架构建》,《中国环境科学》2013 年第 1 期。

［82］王敏、丁社教:《食品安全监管中的制度激励悖论探讨》,《科学·经济·社会》2013 年第 1 期。

［83］王明益:《内外资技术差距与中国出口产品质量升级研究——基于中国 7 个制造业行业数据的经验研究》,《经济评论》2013 年第 6 期。

［84］王小龙:《论我国食品安全法中风险管理制度的完善》,《暨南学报(哲学社会科学版)》2013 年第 2 期。

［85］王欣、孔荣:《影响农民工收入质量的因素研究——基于 10 省份调查数据的实证分析》,《统计与信息论坛》2013 年第 4 期。

［86］王燕玲:《我国食品安全犯罪刑事政策反思与调整》,《中国社会科学院研究生院学报》2013 年第 1 期。

［87］王岳、潘信林:《战略管理:地方政府食品安全危机管理合目的理性与工具理性的双重需要》,《湘潭大学学报(哲学社会科学版)》2013 年第 1 期。

［88］魏后凯、王业强、苏红键、郭叶波:《中国城镇化质量综合评价报告》,《经济研究参考》2013 年第 34 期。

［89］文建东、潘亚柳:《对称信息条件下经济发展程度、收入分配差距对产品质量的影响》,《福建论坛(人文社会科学版)》2013 年第 10 期。

［90］吴定玉:《供应链企业社会责任管理研究》,《中国软科学》2013 年第 2 期。

［91］武汉大学质量发展战略研究院中国质量观测课题组:《2012 年中国质量发展观测报告》,《宏观质量研究》2013 年第 1 期。

［92］咸会琛、胡萌:《青岛市居民对改善空气质量的支付意愿研究》,《城市发展研究》2013 年第 8 期。

［93］谢国娥、杨逢珉、陈圣仰:《我国食品贸易竞争力的现状及对策研究——基于食品安全体系的视角》,《国际贸易问题》2013 年第 1 期。

［94］熊伟、范间翩、胡玉蓉:《企业质量信用评价指标体系的构建——基于浙江省 456 家制造业的实证分析》,《华东经济管理》2013 年第 11 期。

［95］熊伟、王娟丽:《政府质量奖实施效果及其对企业绩效的影响机理研究——基于浙江省 424 家企业调查的实证分析》,《宏观质量研究》2013 年第 2 期。

［96］徐玲玲、山丽杰、钟颖琦、吴林海:《食品添加剂安全风险的公众感知与影响因

素研究——基于江苏的实证调查》,《自然辩证法通讯》2013 年第 2 期。

[97] 徐茵、王高、赵平:《质量属性变化对满意与忠诚关系的调节作用》,《南开管理评论》2013 年第 4 期。

[98] 许永兵:《河北省经济发展质量评价——基于经济发展质量指标体系的分析》,《河北经贸大学学报》2013 年第 1 期。

[99] 许月恒、张明立、唐塞丽:《基于多维视角的工业服务市场服务质量对客户行为意向的影响研究》,《管理学报》2013 年第 8 期。

[100] 严可仕、刘伟平:《国外食品安全监管研究述评及对我国的启示》,《福建论坛(人文社会科学版)》2013 年第 10 期。

[101] 闫海、唐屾:《食品风险公告:范畴,规制及救济》,《大连理工大学学报(社会科学版)》2013 年第 1 期。

[102] 晏艳阳、宋美喆:《中国省级政府财政支出在缩小城乡生活质量差距上的效率及影响因素分析》,《财贸研究》2013 年第 2 期。

[103] 杨晓丽:《我国区域知识密集型服务业功能发展的实证研究——基于 1999—2008 年省级面板数据》,《科技信息》2013 年第 16 期。

[104] 尹金凤:《食品安全传播问题初探:伦理与传播的综合视角》,《伦理学研究》2013 年第 2 期。

[105] 应飞虎:《食品安全有奖举报制度研究》,《社会科学》2013 年第 3 期。

[106] 郁玉兵、熊伟、曹言红:《国外供应链质量管理研究述评与展望》,《管理现代化》2013 年第 3 期。

[107] 袁晓玲、梁鹏、曹敏杰:《基于可持续发展的陕西省城镇化发展质量测度》,《城市发展研究》2013 年第 2 期。

[108] 张东玲、朱秀芝、邢恋群、杨雪、杨泽慧:《农产品供应链的质量系统集成与风险评估》,《华南农业大学学报(社会科学版)》2013 年第 1 期。

[109] 张红霞、安玉发、张文胜:《我国食品安全风险识别、评估与管理——基于食品安全事件的实证分析》,《经济问题探索》2013 年第 6 期。

[110] 张继宏:《区域质量满意度影响因素差异分析与比较》,《宏观质量研究》2013 年第 1 期。

[111] 张继宏:《特种设备质量安全检验博弈分析》,《宏观质量研究》2013 年第 2 期。

[112] 张金荣、刘岩、张文霞:《公众对食品安全风险的感知与建构——基于三城市公众食品安全风险感知状况调查的分析》,《吉林大学社会科学学报》2013 年第 2 期。

[113] 张卫枚:《新生代农民工就业质量分析与提升对策——基于长沙市的调查数据》,《城市问题》2013 年第 3 期。

[114] 张小海:《质量管理体系标准中的质量技术及应用》,《工业工程与管理》2013 年第 1 期。

[115] 张星久、闫帅:《文化传统、制度创新与日本的"质量奇迹"》,《宏观质量研

究》2013 年第 2 期。

[116] 张永忠、于小丛:《基于信誉的在线交易产品的质量风险评估模型》,《统计与决策》2013 年第 3 期。

[117] 张云峰、李翠霞:《乳品质量安全监管对策分析》,《学习与探索》2013 年第 3 期。

[118] 章志远:《食品安全有奖举报制度之法理基础》,《北京行政学院学报》2013 年第 2 期。

[119] 赵洪峰、罗磊、侯玉宝、付志超、谢辉、高学斌:《基于层次分析法的朱鹮栖息地质量综合评价》,Resources Science 2013 年第 1 期。

[120] 中国社会科学院"城镇化质量评估与提升路径研究"创新项目组:《中国城镇化质量综合评价报告》,《经济研究参考》2013 年第 31 期。

[121] 钟真、郑力文:《印度乳品质量安全管理体系的经验》,《世界农业》2013 年第 4 期。

[122] 周国富、吴丹丹:《各省区季度 GDP 数据质量评估》,《统计研究》2013 年第 3 期。

[123] 周勤、龚洁、赵驰:《怎样实现后发国家在技术标准上超越?——以 WAPI 与 Wi-Fi 之争为例》,《产业经济研究》2013 年第 1 期。

[124] 周小梅:《我国食品安全"人为污染"问题探究》,《价格理论与实践》2013 年第 1 期。

[125] 周应恒、王二朋:《中国食品安全监管:一个总体框架》,《改革》2013 年第 4 期。

[126] 朱立龙、于涛、夏同水:《两级供应链产品质量控制契约模型分析》,《中国管理科学》2013 年第 1 期。

[127] 朱丽莉、王怀明:《农产品质量认证中信息失真的原因分析——基于信息发布博弈视角》,《江西财经大学学报》2013 年第 2 期。

[128] 朱明春、何植民、蒋宇芝:《食品安全发展的阶段性及我国的应对策略》,《中国行政管理》2013 年第 2 期。

[129] 朱艳新、陈春梅:《我国食品物流安全问题研究——"白酒塑化剂"事件引起的反思》,《价格理论与实践》2013 年第 1 期。

[130] 朱子云、朱土兴:《效率体现式技术进步对经济增长的贡献分析》,《经济理论与经济管理》2013 年第 4 期。

[131] 祝捷:《基于供应链的乳制品安全监管方法研究》,《宏观质量研究》2013 年第 2 期。

[132] 卓越、于湃:《构建食品安全监管风险评估体系的思考》,《江苏行政学院学报》2013 年第 2 期。

[133] Bae, Yong-Kyun, et al. , 2013, "The Effects of Automobile Recalls on the Severity of Accidents", *Economic Inquiry*, Vol. 51, pp. 1232-1250.

[134] Cai, Xiaoqiang, et al. ,2013, "Fresh-product Supply Chain Management with Logistics Outsourcing", *Omega*, Vol. 41, pp. 752-765.

[135] Cho, Insu, et al. ,2013, "The relationship between Organisational Culture and Service Quality through Organisational Learning Framework", *Total Quality Management & Business Excellence*, Vol. 24, pp. 753-768.

[136] Costa, Carlos, Alberto, et al. ,2013, "Guiding Criteria for Hygienic Design of Food Industry Equipment", *Journal of Food Process Engineering*, Vol. 36, pp. 753-762.

[137] Derek, de Solla Price, et al. ,1963, *Little Science*, *Big Science*, Columbia Press.

[138] Ding, Yulian, et al. ,2013, "The Influence of Trust on Consumer Behavior: An Application to Recurring Food Risks in Canada", *Journal of Economic Behavior & Organization*, Vol. 92, pp. 214-223.

[139] Hammond, Robert G. ,2013, "Sudden Unintended Used-Price Deceleration? The 2009 – 2010 Toyota Recalls", *Journal of Economics & Management Strategy*, Vol. 22, pp. 78-100.

[140] Handschuch, Christina, et al. ,2013, "Adoption of Food Safety and Quality Standards among Chilean Raspberry Producers-Do Smallholders Benefit?", *Food Policy*, Vol. 40, pp. 64-73.

[141] Harms, Dorli, et al. ,2013, "Strategies in Sustainable Supply Chain Management: An Empirical Investigation of Large German Companies", *Corporate Social Responsibility and Environmental Management*, Vol. 20, pp. 205-218.

[142] Jraisat, Luai, E. , et al. ,2013, "Quality Control and Supply Chain Management: A Contextual Perspective and A Case Study", *Supply Chain Management: An International Journal*, Vol. 18, pp. 194-207.

[143] Lin, Ka. ,2013, "A Methodological Exploration of Social Quality Research: A Comparative Evaluation of the Quality of Life and Social Quality Approaches", *International Sociology*, Vol. 28, pp. 316-334.

[144] Ma, Peng, et al. ,2013, "Contract Design for Two-stage Supply Chain coordination: Integrating Manufacturer-quality and Retailer-marketing Efforts", *International Journal of Production Economic*, Vol. 146, pp. 745-755.

[145] Nagurney, Anna, et al. ,2013, "Pharmaceutical Supply Chain Networks with Outsourcing under Price and Quality Competition", *International Transactions in Operational Research*, Vol. 20, pp. 859-888.

[146] Paradeise, et al. ,2013, "Academic Institutions in Search of Quality: Local Orders and Global Standards", *Organization Studies*, Vol. 34, pp. 189-218.

[147] Pouliot, et al. ,2013, "Traceability, Recalls, Industry Reputation and Product Safety", *European Review of Agricultural Economics*, Vol. 40, pp. 121-142.

[148] Powell, Thomas, C. ,1995, "Total Quality Management as Competitive Advantage:

A Review and Empirical Study", *Strategic Management Journal*, Vol. 16, pp. 15-37.

[149] Sosa, Manuel, E., et al., 2013, "Linking Cyclicality and Product Quality", *Manufacturing & Service Operations Management*, Vol. 15, pp. 473-491.

[150] Tamura, Suguru, 2013, "Generic Definition of Standardization and the Correlation between Innovation and Standardization in Corporate Intellectual Property Activities", *Science and Public Policy*, Vol. 40, pp. 143-156.

[151] Van de Kaa, Geerten, et al., 2013, "Standards Battles in China: Opening up the Black Box of the Chinese Government", *Technology Analysis & Strategic Management*, Vol. 25, pp. 567-581.

[152] Zeng, Jing, et al., 2013, "Supply Chain Quality Management Practices and Performance: An Empirical Study", *Operations Management Research*, Vol. 6, pp. 19-31.

后　记

　　基于全国大范围实证调查的《2013年中国质量发展观测报告》最终得以出版,需要特别感谢社会各界对这项事业提供的无私帮助。首先,感谢中国王力集团对本项目的大力资助。质量观测是我国质量建设的基础性工作,需要社会的大力支持,正是他们的鼎力支持使得全国性的调查网络得以建立。其次,感谢国家技术总局以及全国各地的政府部门,他们对质量观测的调查工作给予充分的便利,特别是对我们的研究成果给予了积极肯定和高度的重视,并将这些成果运用到了政策实践中,这是质量观测得以持续进行的制度保障。最后,感谢武汉大学近300名来自全国不同地区的大学生们,他们在整个调查过程中发扬了吃苦耐劳的精神,克服了高温酷暑对调查工作带来的重重困难,保证了调查的完整性。此外,这份报告的写作是集体研究的成果,除本书著者以外,武汉大学质量院的许多老师和研究生以及行政人员均付出了辛勤的劳动,他们是陈昕洲、李艳红、张继宏、宋时磊、余红伟、许伟、罗英、范寒冰、范锐敏、李酣、邓悦、余凡、刘志亮、刘芸、陈川、杨仙娇等,中国社会科学出版社田文、徐申等人在本书出版过程中付出了辛勤的劳动,在此一并表示由衷地感谢。

作者

2014年5月于樱顶